DREW PLUNKETT

Zeichnen für
Interior Designer

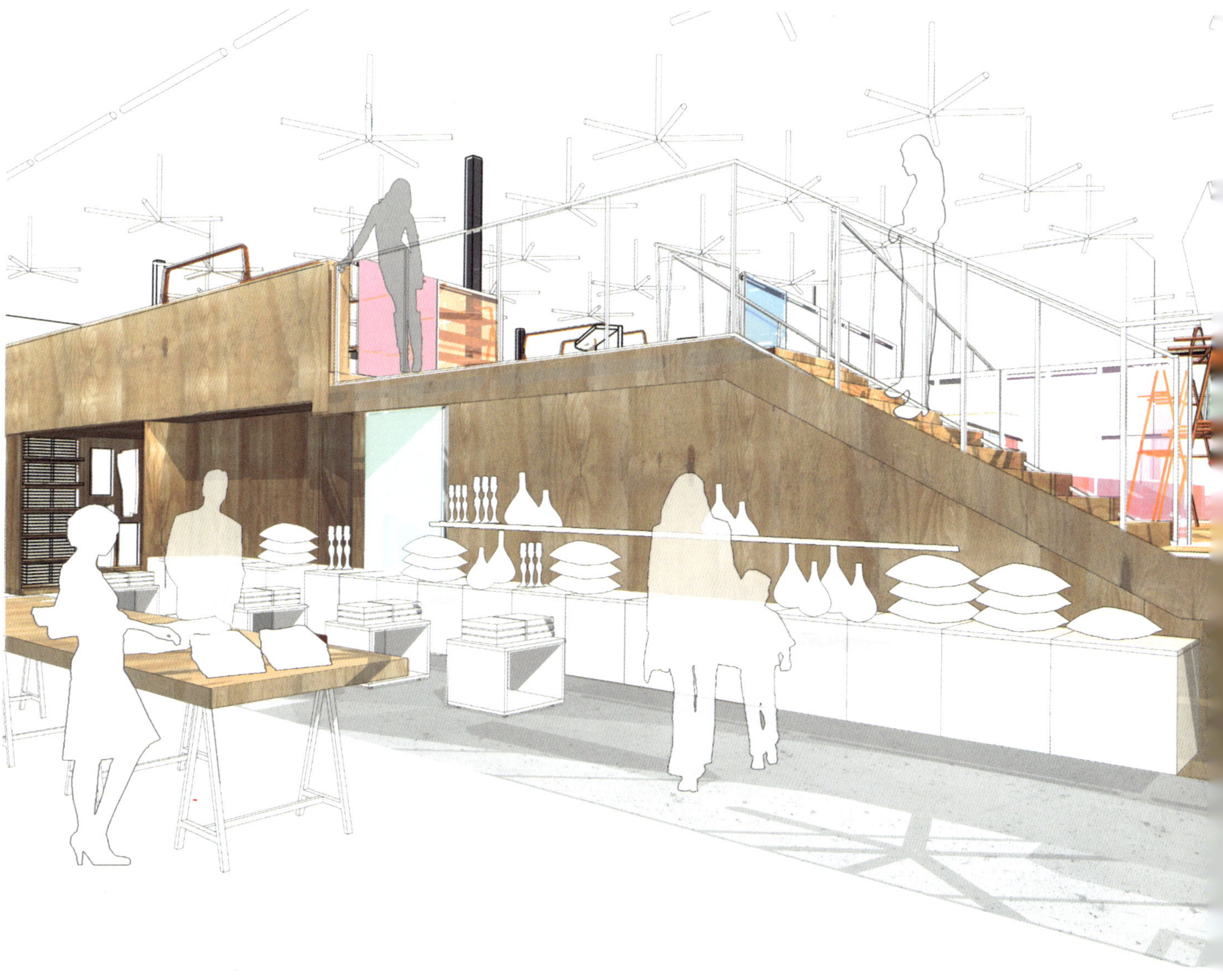

Die englische Ausgabe dieses Buches erschien 2009 unter dem Titel „Drawing for Interior Design" bei Laurence King Publishing Ltd., London.

Aus dem Englischen von der MCS Schabert GmbH, München, unter Mitarbeit von Bettina Fanselau, Anke Wellner-Kempf und Otto Schertler (alle Übersetzung).

Bibliografische Information der Deutschen Bibliothek
Die Deutsche Bibliothek verzeichnet diese Publikation in der Deutschen Nationalbibliografie; detaillierte bibliografische Daten sind im Internet über ←http://dnb.ddb.de→ abrufbar.

Printed in China

www.stiebner.com

ISBN-13: 978-3-8307-1371-5

DREW PLUNKETT

Zeichnen für
Interior Designer

stiebner

Inhalt

Einführung 06

Warum zeichnen wir? 06

Der Einfluss des Computers 09

Die Zukunft 17

Modelle 20

Über dieses Buch 21

Die Grundlagen 22

Die Notwendigkeit der Vermessung 24

Grafische Möglichkeiten 30

In die dritte Dimension 32

Händisch zeichnen 34

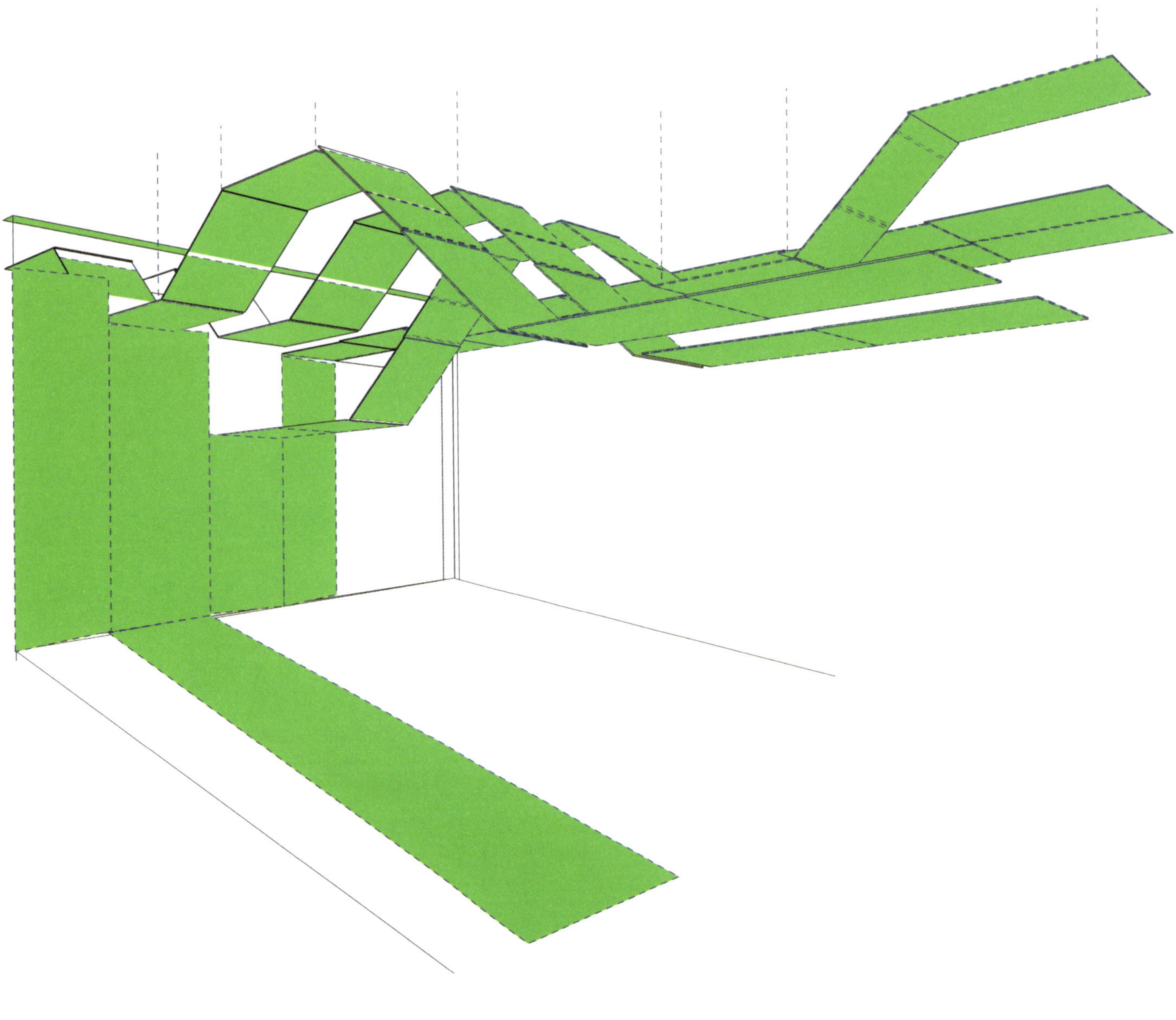

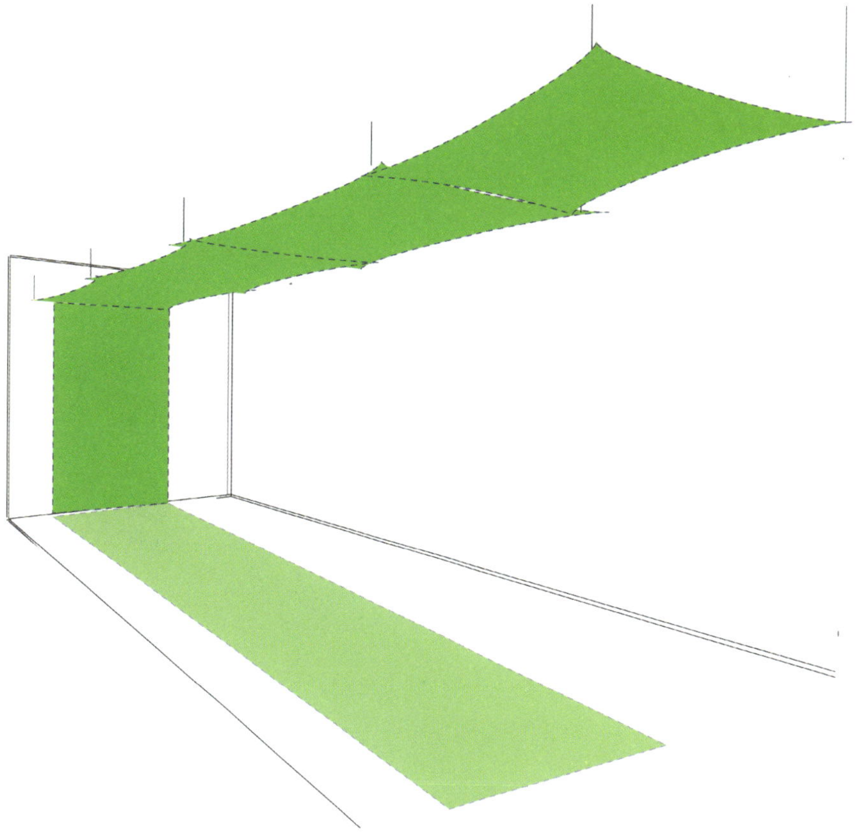

Die Konzeption 58

Probezeichnungen 60

Der Grundriss 64

Der Innenaufriss 66

Die ersten Präsentationen 67

Die Konzeptentwicklung 68

Die Details 74

Zeichnen für das Team 79

Mit dem Computer skizzieren 82

Kompositbilder 84

Ideenentwicklung am Computer 86

Die Präsentation 90

Präsentationen vor Kunden und anderen 92

Erfolgreiches Präsentationsmaterial 93

Die Elemente einer Präsentation 97

Die Seite aufbauen 134

Den Entwurf erklären 138

Text 144

Modellbau 146

Die Fertigung 154

Die Rolle des Architekten 156

Fertigungszeichnungen 159

Mit Vertragspartnern zusammenarbeiten 174

Glossar 182

Register 186

Bildnachweis 190

Dank des Autors 192

Einführung

Warum zeichnen wir?

Ein gutes innenarchitektonisches Konzept beginnt nicht mit einer Zeichnung, sondern mit einer Idee, einem schemenhaften Bild, das für einen Moment auftaucht und bei diesem Aufblitzen dem inneren Auge nur schemenhaft sichtbar wird. Das Erstellen eines Designs ist dann die faktische Umsetzung dieses Bildes, der Versuch, es genauer zu definieren, ihm eine Form zu geben, es zu untersuchen und seinen Wert abzuschätzen sowie nach und nach mehr objektive Entscheidungen zu treffen, um diese Ideen zu Ende zu führen und dem Kunden in Gestalt von Zeichnungen und den Handwerkern in Form von Anweisungen zu vermitteln.

Das Zeichnen, zunächst skizzenhaft, später genau und maßstabsgetreu, bildet das beste Mittel, um festzustellen, wie ein abstraktes Konzept lebendig und realitätsnah umgesetzt werden kann. Es mag durchaus sein, diese Konzepte vorstellbar und anschaulich zu vermitteln, ohne sie zu zeichnen, doch wäre es widersinnig zu leugnen, dass der schnellste und effektivste Weg, ein Design zu erstellen, Zeichnungen sind – aber diese können sehr unterschiedlich ausfallen. Sie müssen nicht unbedingt und sollten vielleicht auch gar nicht länger ausschließlich Handzeichnungen mit Blei- oder Zeichenstift auf konventionellem Papier sein. Stattdessen sollten sie jeweils auf die Art und Weise erstellt werden, wie es jedem Designer am geeignetsten erscheint. Sie sollten auch den besonderen Anforderungen jeden Projekts entsprechend unterschiedlich ausgeführt sein, denn sie stellen die ultimative Möglichkeit dar, Ideen auszudrücken.

Oben
Eine per Computer angefertigte Konzeptzeichnung, bei der Linien und farbige Blöcke durch gescannte Gegenstände und Strukturen belebt werden.

Oben rechts
Der Erfolg der meisten innenarchitektonischen Konzepte beruht hauptsächlich auf ihren zwei- und weniger den dreidimensionalen Ausführungen. Der Computer erlaubt die Darstellung der wesentlichen Aspekte beider auf genaue und überzeugende Weise in Verbindung mit einem kleinen dramatischen Effekt.

Rechts
Eine gescannte Handzeichnung wurde am Computer eingefärbt.

Dabei ist der Inhalt wesentlich wichtiger als Zeichentechnik oder -stil, denn die sprechen für sich selbst und müssen nicht weiter kommentiert werden.

Mit wachsender Erfahrung bei der Erstellung von Zeichnungen greift ein Designer instinktiv zur richtigen Technik und kommt so zu einer unmittelbaren Darstellung seiner Ideen. Diese muss noch nicht einmal sorgfältig ausgearbeitet sein, aber man erkennt, was gemeint ist, weil Zeichnungen mit eigenem Charakter und von Suggestivität entstehen, wenn jemand intensiv, konzentriert und vertieft an unterschiedlichen Lösungsmöglichkeiten arbeitet und sich dieses mit einem geschulten Auge und ausgeprägter Vorstellungskraft paart. Egal um welchen Vorschlag es geht, effektives und anschauliches Zeichnen stärkt das Vertrauen in die eigenen Ideen – und das wirkt sich auch auf die Glaubwürdigkeit gegenüber dem Kunden aus.

Der Akt des Zeichnens gibt dem Denken wie der Entwicklung von Ideen Zusammenhang und Struktur. Sein besonderes Potenzial wird nicht zuletzt durch die Vorsichtsregel deutlich, nach der man mit der ersten Zeichnung etwas warten sollte, um den Ideen vorher genügend Raum zur Entfaltung zu geben. Denn der Fluss der Gedanken endet, sobald diese eine grafische Form angenommen haben und damit die Identität des Projekts sowie seine Entwicklungsrichtung so gut wie festgelegt sind. Jeder Designer kennt den Moment der Frustration, wenn eine fruchtlose Idee zwanghaft immer wieder aufs Papier gebracht wird, als ob sich die Hand beharrlich weigern würde, der Vorstellung eine neue Richtung zu geben. Um in diesem Fall noch einen Fortschritt zu erzielen, muss man mit dem Zeichnen aufhören und erneut zur Ideenfindung zurückkehren, um so der Vorstellungskraft noch die Chance auf einen Neuanfang zu geben.

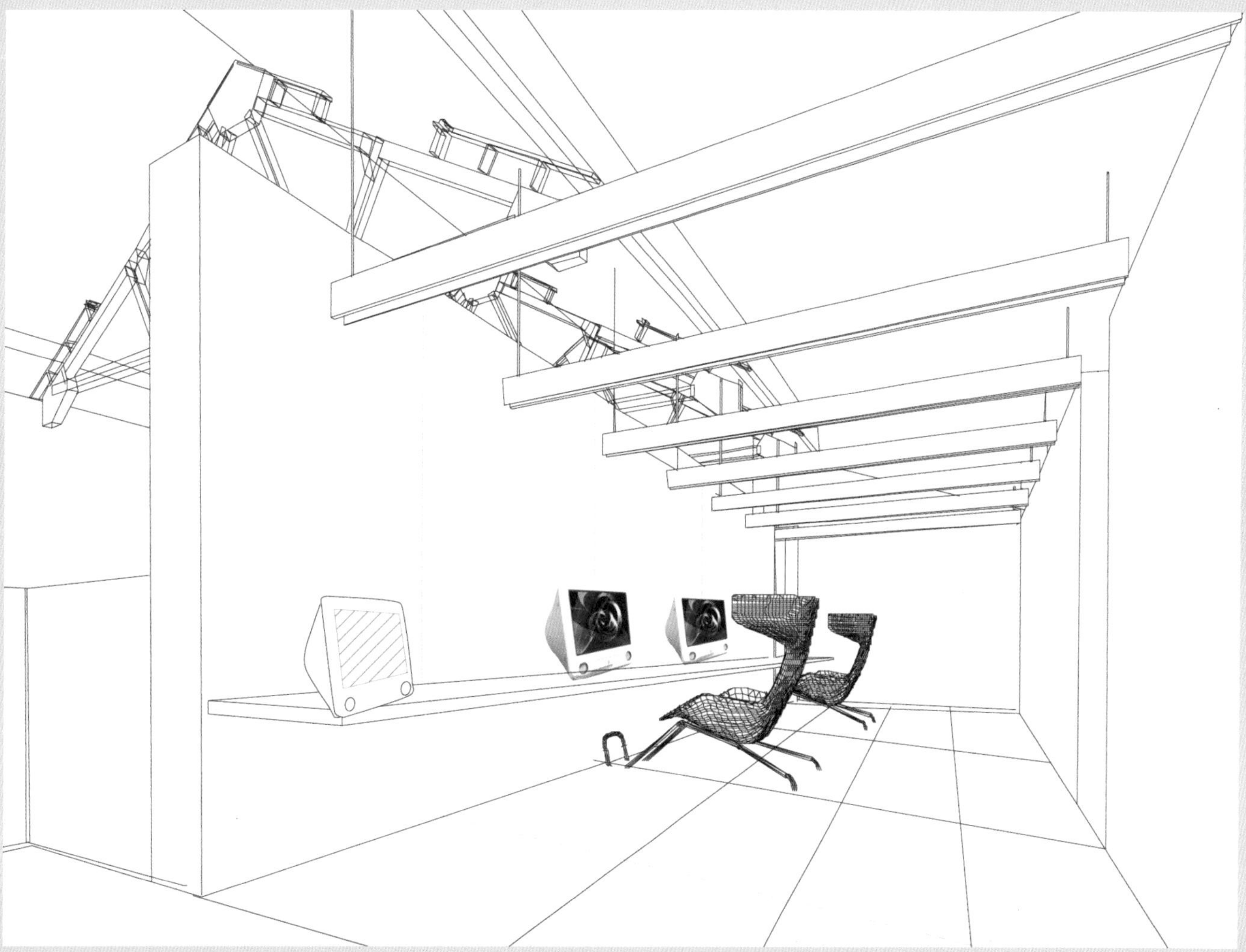

Oben
Die Darstellung der Beziehung zwischen neuen und bestehenden Strukturen ist mit Hilfe des Computers leichter zu bewerkstelligen. Das Bild aus Plänen und Einzelteilen kann auf dem Bildschirm gedreht werden, um den besten Blickwinkel auszuwählen.

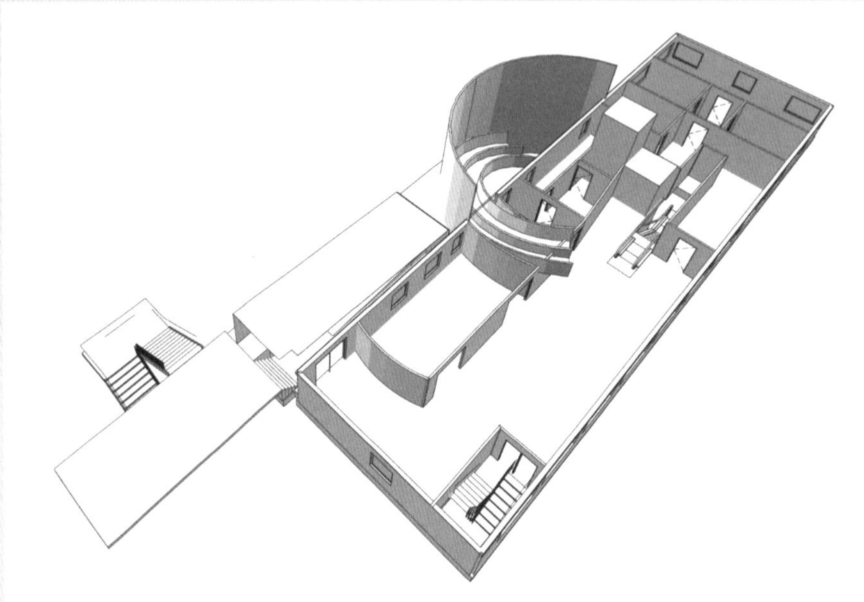

Oben links
Diese Skizzen stellen die ersten Versuche eines Designers dar, einer vagen Idee Gestalt zu geben. Für die weitere Ausarbeitung benötigt man eine genauere Darstellung und Nachprüfungen.

Oben
Maßstabsgetreue Zeichnungen stellen präzise die Interaktion einzelner Elemente eines Projekts dar und erlauben die Festlegung der Proportionen. Einfache dreidimensionale, per Computer erstellte Bilder helfen ebenso, dem Kunden die Zusammensetzung und Organisation eines Projekts zu verstehen.

Bis auf die abschließende haben daher alle im Verlauf eines Projekts angefertigten Zeichnungen ihre Mängel. Alle werden in der optimistischen Erwartung erstellt, dass sie bereits die endgültige Lösung darstellen. Aber bei objektiver Prüfung wird man bei allen Unvollständigkeiten entdecken, obwohl auch einige von diesen Entwürfen ermutigende Fortschritte erkennen lassen. Es ist diese Identifikation der Mängel, die nicht nur darüber Auskunft gibt, welcher Richtung die Entwicklung des Designs folgen sollte, sondern auch über die damit zusammenhängenden Fragen. Denn diese werden unvermeidlich komplexer, da man zu verstehen beginnt, wie sich die Vorgaben eines bestehenden Gebäudes auf die Möglichkeiten auswirken. Die Empfindungen des Kunden üben darüber hinaus ebenso Einfluss aus wie andere Begrenzungen. Die Vorschläge des Kunden und seine Zustimmung sind wesentlich für den Fortschritt eines jeden Projekts und die Gründe für Entscheidungen müssen anschaulich genug vermittelt werden. Dafür stellen gut ausgeführte Zeichnungen den effektivsten Weg dar.

Die Ausführung einer guten Zeichnung erfordert Praxis und das Verständnis dafür, wie die Zeichnung am besten Informationen vermittelt. Obwohl alle Zeichnungen – wie alles, was ein Designer ausführt – schön sein sollten, so liegt doch ihr primärer Zweck in der Vermittlung von Information und ihr Erfolg lässt sich letztlich daran messen, inwieweit sie dem Rechnung trägt. Ideen müssen objektiv bewertet werden, unabhängig von der Qualität der Zeichnung, die sie darstellt. Allerdings ist die Vorstellung nicht unvernünftig, dass eine gute Idee auch eine gute Zeichnung hervorbringt, und zwar eine, die fähig ist, sowohl das Wesentliche einer Idee einzufangen – in diesem Fall die Atmosphäre eines Raumes – als auch praktische Realitäten darzulegen.

Unterschiedliche Stufen im Prozess des Designs erfordern unterschiedliche Arten von Zeichnungen. Wenn das Design präziser definiert wird, werden auch die Zeichnungen genauer. Anfängliche Skizzen sind möglicherweise auffallend und prall vor Imagination und kreativem Moment. Daher sind sie wegen ihrer Spontaneität oberflächlicher als die folgenden nüchterneren Pläne, Aufrisse und Details, die genau darlegen, wie ein Gebäude beschaffen sein soll. Genau in diesen maßstabsgetreuen Zeichnungen, die wenig zeichnerische Höhepunkte vermitteln, wird der Designer zunehmend von der Realität seines Vorschlags in Anspruch genommen, wobei die Vorstellungskraft intensiv beansprucht wird und Nebensächlichkeiten weniger Bedeutung zukommt.

Die Geräte und Materialien, mit denen Designer ihre Zeichnungen erstellen, befinden sich immer in Weiterentwicklung und die Möglichkeiten besonderer Medien haben unvermeidlich Einfluss darauf, wie Designer ihre Ideen „sehen" und wie sie und andere diese annehmen. Erst in jüngster Zeit wurde die langsame Entwicklung von Blei-, Zeichen- und Filzstift einschneidend unterbrochen.

Der Einfluss des Computers

Man ist sich immer noch nicht darüber einig, ob man per Computer erstellte Bilder überhaupt „Zeichnungen" nennen sollte. Die Zweifler haben ein unbestimmtes Gefühl, demzufolge eine Zeichnung etwas darstellt, was mit der Hand ausgeführt sein muss, und das Zusammenwirken von Hand, Auge und Verstand über eine Macht verfügt, die den einzig wahren Weg zu visueller Kreativität eröffnet.

Es gibt so etwas wie eine gefühlsmäßige Vermutung, dass eine Handzeichnung eine in größerem Maße „künstlerische" Angelegenheit ist als Zeichnen per Computer. Doch dies ist ein Argument, das gewöhnlich von denen verwendet wird, deren begründetes Interesse daran in ihren eigenen, gut ausgeprägten händischen Zeichenfertigkeiten liegt. Außerdem leugnet es historische Entwicklungen. Papier und Bleistift stellen eine Verbesserung gegenüber einem Stock und den damit in Erde oder Sand eingeritzten Linien sowie Feder und Pergament dar. Papier und Bleistift ermöglichten einen verbesserten Zeichenstandard und erweiterten die Möglichkeiten der Zeichner hin zu besserem Ausdruck. Der Computer bewirkt dasselbe, aber weit dramatischer.

Der Computer ist, obwohl er auf dem Gebiet der Innenarchitektur in großem Stil erst seit etwas mehr als zehn Jahren benutzt wird, zum Zeichengerät der ersten Wahl geworden. Er ist nämlich das effektivste Instrument zur Darstellung innenarchitektonischer Zusammenhänge und das damit erstellte Material ist von Natur aus mit der neuen, überall verfügbaren digitalen Datentechnologie der globalen Kommunikation verwendbar. Der Gebrauch dieses Materials

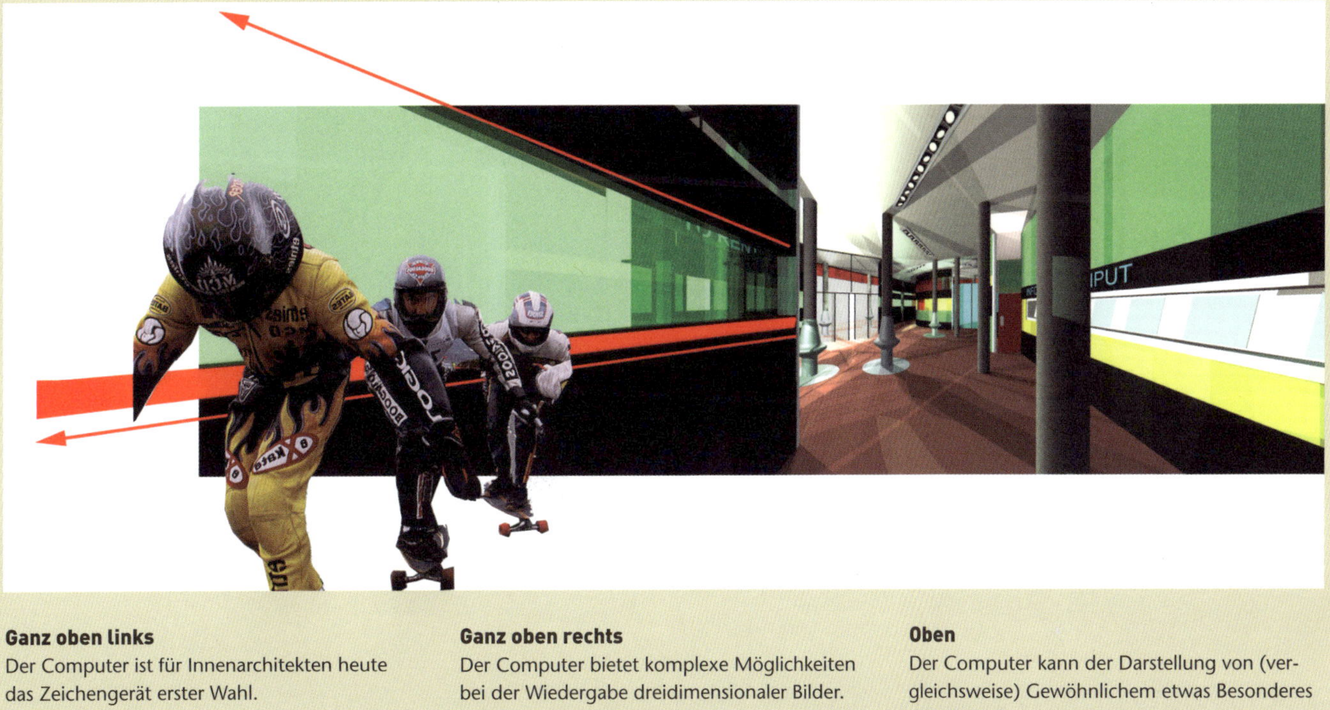

Ganz oben links
Der Computer ist für Innenarchitekten heute das Zeichengerät erster Wahl.

Ganz oben rechts
Der Computer bietet komplexe Möglichkeiten bei der Wiedergabe dreidimensionaler Bilder.

Oben
Der Computer kann der Darstellung von (vergleichsweise) Gewöhnlichem etwas Besonderes verleihen.

ist immer einfacher zu handhaben und diese Entwicklung setzt sich wahrscheinlich fort, solange die Hersteller von Hard- und Software miteinander im Wettbewerb stehen, benutzerfreundliche und deshalb von ihrem Standpunkt aus kommerziell erfolgreiche Möglichkeiten anzubieten.

Während sich die übertriebenen Ansprüche der ersten Computerhersteller mit der Behauptung, diese Geräte würden den kreativen Prozess übernehmen, nicht bewahrheitet haben und das wahrscheinlich auch nicht in Zukunft können werden, so ist es doch Tatsache, dass sie einen fundamentalen Einfluss darauf hatten, wie heute innenarchitektonische Konzepte erstellt werden. Die wesentlichen Eigenschaften für gutes innenarchitektonisches Design – Aufhellungen, Farben, Strukturen, Durchsichtigkeit und Spiegelungen – sind mit Hilfe traditioneller manueller Techniken extrem schwierig, manche sogar unmöglich zu gestalten. Jedoch ist es mit Computern vergleichsweise einfach, diese wesentlichen Dinge in einem hohen, manchmal sogar aufregenden Maß realistisch darzustellen. Die im Gebrauch der manuellen Techniken ausgebildeten und darin unterschiedlich geübten Designer mussten widerwillig zugeben, dass der Computer derartige Arbeiten besser erledigt, als sie das je könnten.

Befürchtungen, dass mit Computern erstellte Bilder zwangsläufig eine Uniformität der Darstellung und damit auch der Architektur mit sich bringen würden, sind durch die Praxis zerstreut worden. Das neue Medium hat sich in die kreative Palette eingefügt und ermöglicht sogar mehr Kreativität und Differenzierung, statt sie zu unterdrücken. Gute oder schlechte Zeichnungen können sowohl von Hand als auch am Computer entstehen. Das entsprechende Verdienst ist auf eine ausgefeilte Technik und ebensolchen Geschmack zurückzuführen. Was eine Zeichnung gut macht, ist vielmehr ein kritisches Auge, weniger die Hand oder der Computer.

Der Einwand, alle per Computer erstellten Zeichnungen und die darauf beruhende Innenarchitektur würden gleichförmig aussehen, ist eben genannt worden, denn alle per Computer erstellten Bilder haben dennoch ein bestimmtes Aussehen. Jedoch verfügen auch Handzeichnungen über einen eigenen Ausdruck und ebenso wie hier führt vermehrte Praxis und Perfektionierung beim Gebrauch von Software auch bei Computerzeichnungen zu einem individuellen Stil. Die Maxime, die für die traditionelle Zeichentechnik gilt, nach der sich die Identität des Zeichners in einer guten Zeichnung immer offenbart und dass allen schlechten

Links oben und links
Das per Computer erstellte Bild ist der anschaulichste Weg zur Darstellung von Materialität und Atmosphäre.

Oben
Dieses Bild konzentriert sich auf die vorherrschenden Elemente im Raum – Produkte und Auslage – und richtet sich so danach aus, wie es auch das Auge eines Kunden tun würde. Andere, weniger wichtige Elemente des Gebäudes werden hier dagegen nur angedeutet.

Rechts
Entscheidende Konstruktionsdetails sind hier zweidimensional in zwei Maßstäben dargestellt, einmal in 1:50 oder in 1:20 und dann noch größer in 1:5, und zwar dann zusammen mit technischen Erklärungen. Wenn der Konstruktionsprozess schwierig und innovativ ist wie in diesem Beispiel, fällt in die Endphase oftmals noch eine Diskussion mit Fachberatern und Herstellern.

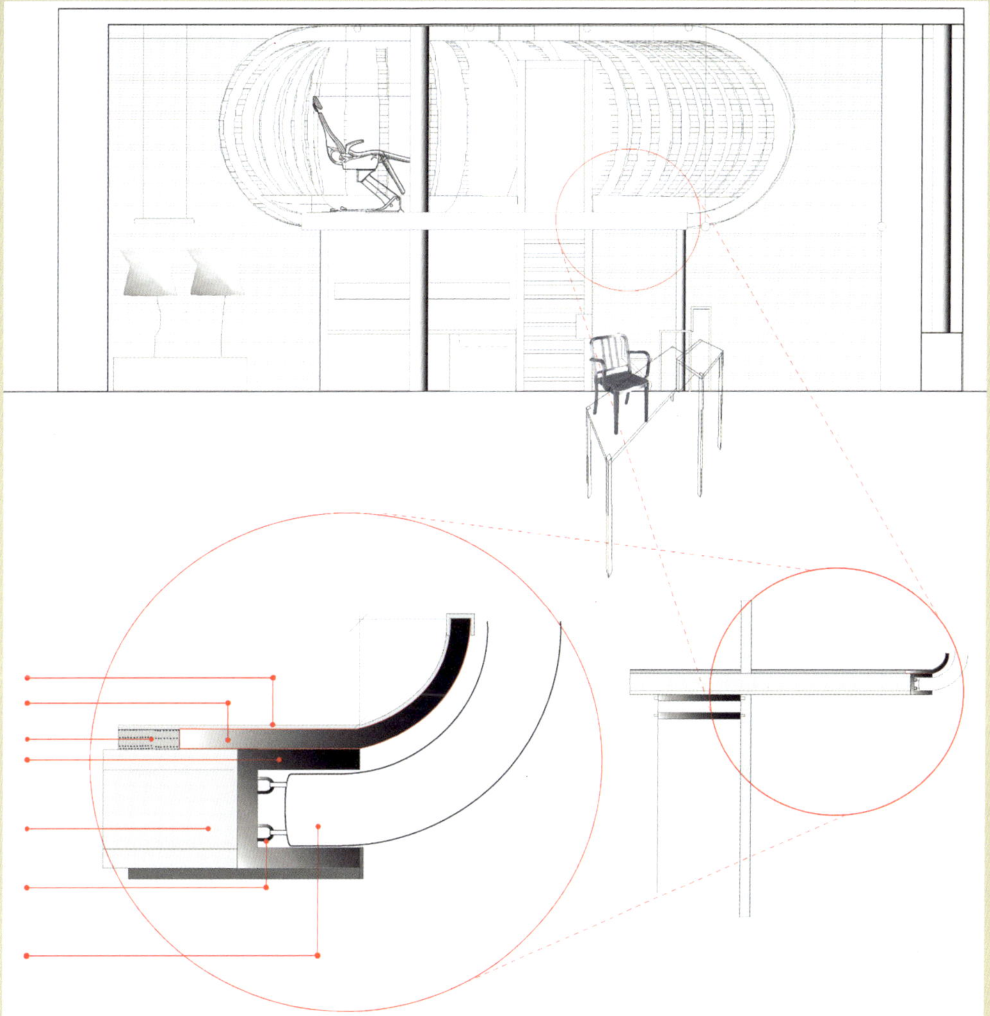

Zeichnungen eine anonyme und nicht zuordnungsfähige Unfähigkeit zu eigen sei, trifft auf Computerzeichnungen genauso zu. Eine mechanische, leidenschaftslose und nicht experimentierfreudige Anwendung der Vorgaben eines Softwarehandbuchs wird nur die einfachste Darstellung der Realität ermöglichen. Aber nachweislich ist es so, dass für jeden Designer, unabhängig von der Qualität seiner kreativen Arbeit, die einfachste Handhabung des digitalen Zeichnens bedeutend besser ist als eine schlechte Handzeichnung.

Designer, die Software auf kreative Art verwenden, verfügen damit für sich selbst und andere über eine Möglichkeit einer reichhaltigeren, genaueren und informativeren Darstellung ihrer Ideen. Wenn man akzeptiert, dass die Meinung eines Kunden ein wesentliches Element der Entwicklung eines Projekts darstellt, dann werden Ideen umso klarer und genauer dargestellt, je produktiver der Dialog ist.

Wenn Computer die Möglichkeiten von Untersuchung und Vermittlung der Gestaltung eines Vorschlags bedeutend erweitern, so haben sie auch einen gewaltigen Einfluss bei der Erstellung von Fertigungszeichnungen, die die Informationen beinhalten, die nötig sind, um die Ideen des Designers umzusetzen. Diese Zeichnungen sind von außerordentlicher Genauigkeit und auf einfache Weise zu beschriften, ohne mühsam mit Schablonen schreiben zu müssen. Auch die Änderungen, die unvermeidlich im Verlauf der Entwicklung eines Projekts auftauchen, können so nahtlos und schnell eingefügt werden.

Die Kompatibilität der Zeichenprogramme mit Informations- und Kommunikationstechnologien ermöglicht das sofortige weltweite Verschicken von Zeichnungen und den Austausch von Ideen, das die Effektivität jeden Postdiensts bei weitem übertrifft. Dies macht die kreative Zusammenarbeit mit Fachberatern und Herstellern einfacher und spontaner. Probleme auf der anderen Seite des Globus können digital fotografiert und sofort zum Designer geschickt werden. Der erkennt das Problem somit sofort und kann genauso schnell eine Lösung ausarbeiten und anbieten. Eine Einschränkung mag allerdings darin liegen, dass die Möglichkeit und die damit zusammenhängende Verpflichtung zu einer schnellen Antwort die ausgedehnte Betrachtung, die für die Bewältigung eine kritisches Problems nötig sein könnte, nicht mehr zulässt.

Computerbasiswissen

Die meisten Zeichenprogramme bieten eine vernünftige Qualität hinsichtlich dreidimensionaler Darstellung und sie erfüllen beinahe alle Voraussetzungen zur Entwicklung und Präsentation von Ideen. Doch zur Erstellung der schönsten und realistischsten Bilder benötigt man oft eine Kombination von Programmen und ebenso, wie sich auf unterschiedlicher Hard- und Software gezeichnete Bilder sehr ähneln können (wie auch Handzeichnungen), so sind auch die grundlegenden Schritte für ihre Erstellung im Wesentlichen die glei-

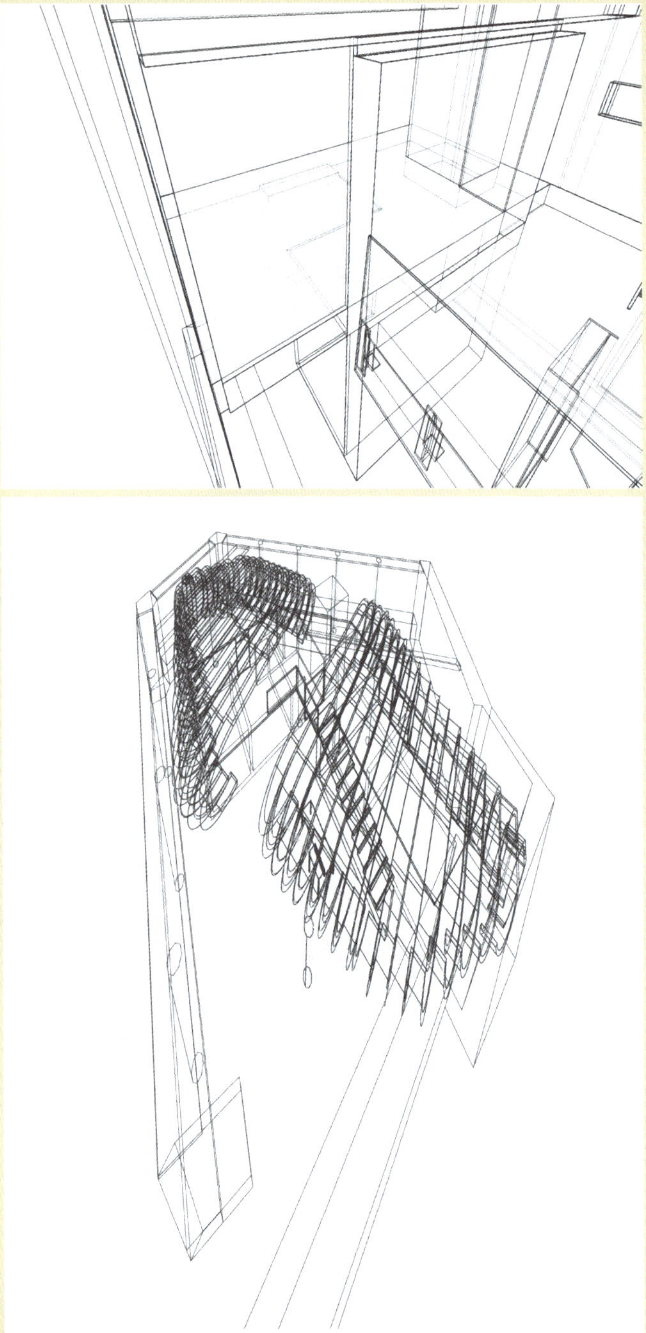

01
Beim ersten Schritt – dem „Drahtgerüst“ – sind alle Linien sichtbar, die durch die Projektion des Planes entstanden sind.

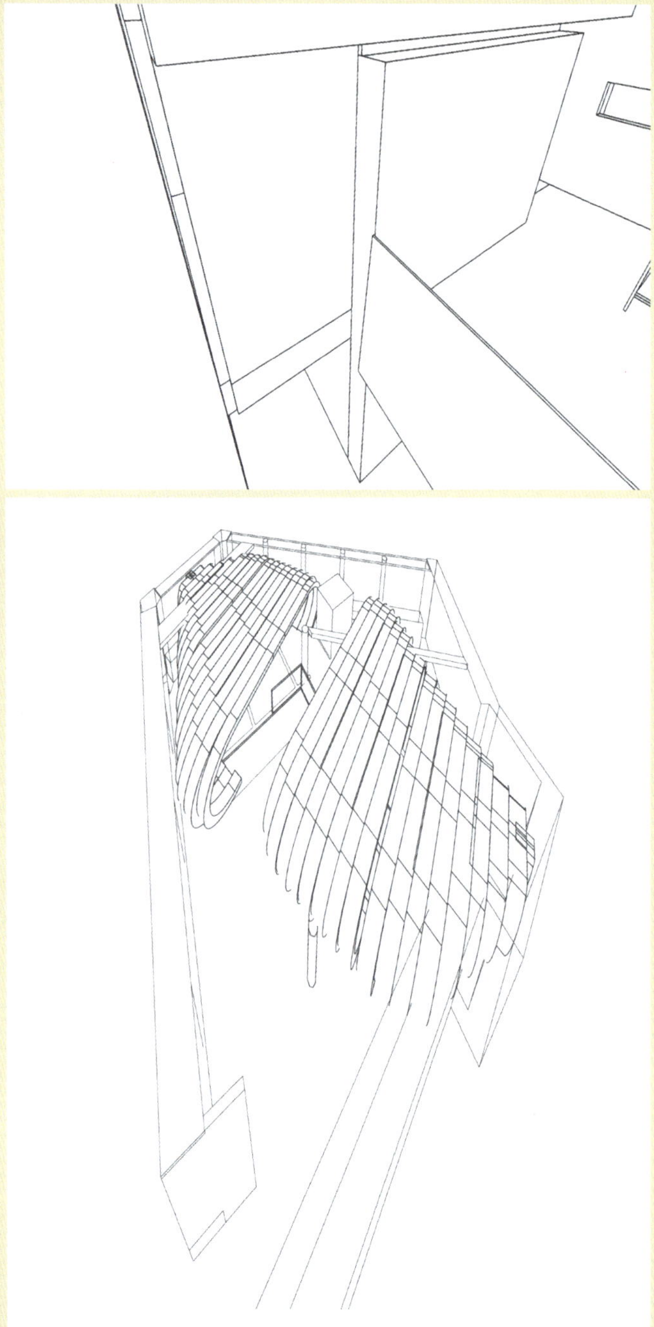

02
Die „verborgenen“ Linien – durch Wände, Fußboden, Decke und andere massive Strukturen verdeckt – werden gelöscht, um das erste klare dreidimensionale „Raummodell“ zu erhalten.

chen. Zwei Beispiele mögen dies veranschaulichen: Das eine, links, von Richard Smith zeigt hauptsächlich Materialien; das andere, rechts, von Olga Valentinova Reid, stellt Formen dar. Für jedes wurde unterschiedliche Hardware und eine Kombination verschiedener Programme verwendet.

03
Erste Andeutungen von Materialien, Oberflächenstrukturen und Ausleuchtung werden hinzugefügt. Diese Stufe erlaubt eine Abschätzung hinsichtlich der Zusammensetzung des Bildes.

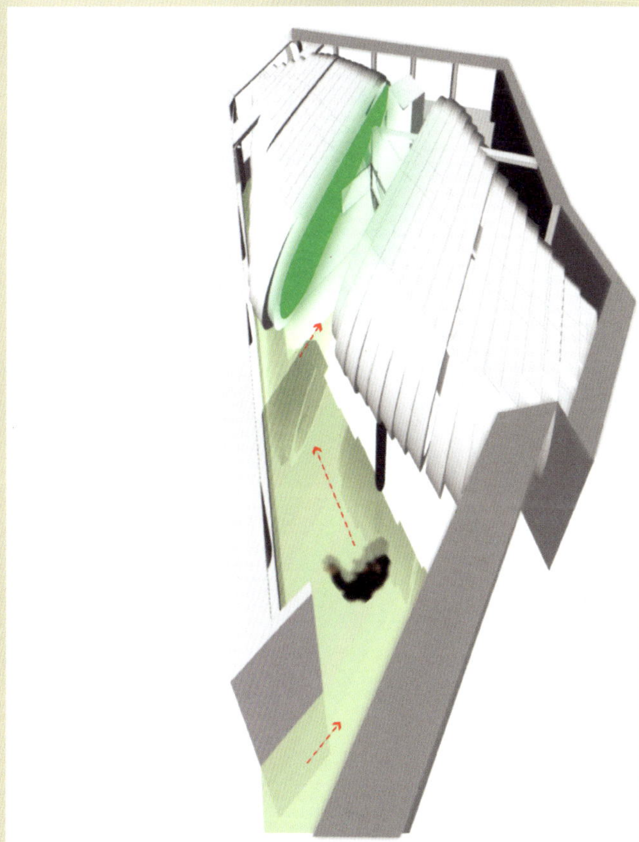

04
Ausleuchtung und Materialien werden nun feiner abgestimmt.

In diesem Buch sollen nicht die besonderen Vorzüge unterschiedlicher Softwarepakete dargestellt werden. Die meisten Spezialprogramme erfüllen die wesentlichen Erfordernisse zufriedenstellend. Jedes davon befindet sich in ständiger Weiterentwicklung, wodurch immer mehr nützliche Anwendungen zum Basisprogramm hinzugefügt werden, was oft zu sehr ähnlichen Versionen erfolgreich miteinander konkurrierender Programme führt. Daher wird es immer einfacher, von einem Programm zum anderen zu wechseln. Die Vergleiche von Bildern, die mit unterschiedlicher Software und Kombinationen von Softwarepaketen erstellt wurden, zeigen, dass alle ein vergleichbares Niveau an Vervollkommnung erreichen können.

Die Personen, die als erste Computer zur Erstellung von Designs nutzten, lernten dabei nicht nur eine ungewöhnliche Art des Arbeitens, sondern sie hatten es auch mit einer technischen Ausstattung zu tun, die bedeutend schwieriger zu handhaben war als heutige (und wohl auch zukünftige) Versionen. Ebenso versuchten sie sich, von den Gewohnheiten des Handzeichnens zu lösen, indem sie in der Art, wie sie eine Zeichnung zusammenstellten, ungewöhnliche Wege beschritten. Die schwerfälligen, nicht in der Praxis getesteten frühen Programme erforderten wahrscheinlich ein bedeutendes Maß an Computerwissen und Erfahrung. Heutzutage wäre jemand ein kurzsichtiger Arbeitgeber, der einen talentierten Designer mit der Begründung ablehnte, er wäre nicht mit der bei ihm verwendeten Software vertraut (allerdings mag dies auch weiterhin ein nützlicher diplomatischer Weg sein, unliebsame Bewerber abzulehnen).

Jede gute Schule für Innenarchitektur sollte heute ihre Studenten zu Beginn des Studiums in den Umgang mit Computern einführen und ihnen dabei erlauben, im

Alle Abbildungen
Die grundlegenden dreidimensionalen Bilder für diese drei Projekte wurden mit unterschiedlicher Software erstellt. Zur Ausarbeitung von Oberflächenstrukturen, Materialien, Möblierung und weiteren Objekten dienten Spezialprogramme.

Umgang mit diesem wichtigen Gerät ihren eigenen Stil zu finden und weiterzuentwickeln. Genauso wie man bei einer Handzeichnung nicht auf den Bleistift in der Hand achten sollte, so sollte man im Idealfall auch bei der Erstellung eines Bildes per Computer nicht an die technischen Abläufe denken, die hierbei erfolgen.

Die wesentliche Fähigkeit bei der Erstellung einer effektiven Zeichnung, besonders bei realistischer Darstellung von Innenräumen, besteht darin, sich diesen bildlich vorzustellen – die gleiche Fähigkeit, die man auch für eine gute Handzeichnung benötigt. Da das „Bild im Kopf" das grundlegende Element bei der Bestimmung des „Aussehens" einer Zeichnung darstellt, ist es wahrscheinlich, dass es zu mehr Varianz in der Arbeit zweier Einzelpersonen kommt, die das gleiche Programm benutzen, als bei zwei Zeichnungen eines Designers, der zwei unterschiedliche Programme verwendet.

Die hier unten einander gegenübergestellten Zeichnungen zeigen, wie der Computer die Erstellung von Bildern ermöglicht, die ausreichend unterschiedlich sind, aber den Stil der Projekte, die sie darstellen, ergänzen.

Wenn erfahrene Designer ihre Fertigkeiten im Umgang mit Bildprogrammen vervollkommnet haben, wird es unmöglich, die verwendeten Programme und deren Einfluss auf das Ergebnis der Arbeit zu identifizieren. Die individuelle Art des Designers zu sehen wird zum entscheidenden Faktor beim Ausdruck von Ideen. Der Computer ermöglicht eine außergewöhnliche Unterschiedlichkeit von Bildern und führt nicht zu zeichnerischer Gleichförmigkeit, wie man früher gerne behauptet hat – und das gelegentlich auch heute noch tut. Die Beispiele auf dieser Seite belegen dies – und es handelt sich bei jedem Paar um die Arbeit ein und desselben Designers.

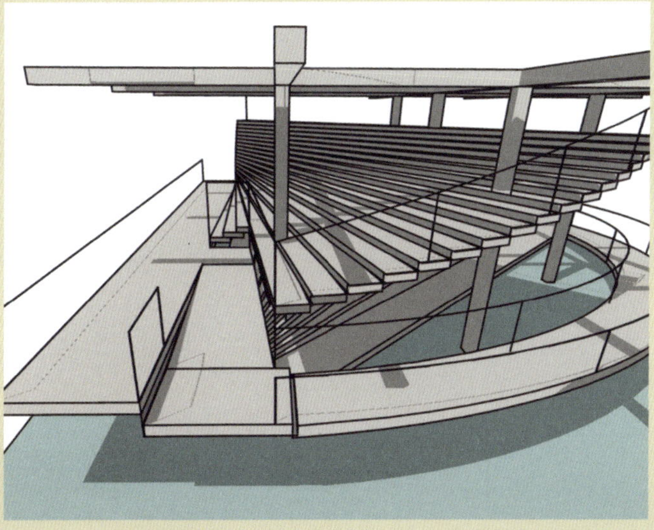

Oben und oben rechts
Die Beschränkungen der Handzeichnung erlauben keine derartig extremen Unterschiede des Ausdrucks.

Unten und unten rechts
Der einzigartige Charakter jedes Konzepts kommt anders zur Geltung, wobei die komplexen Details überzeugend realisiert wurden.

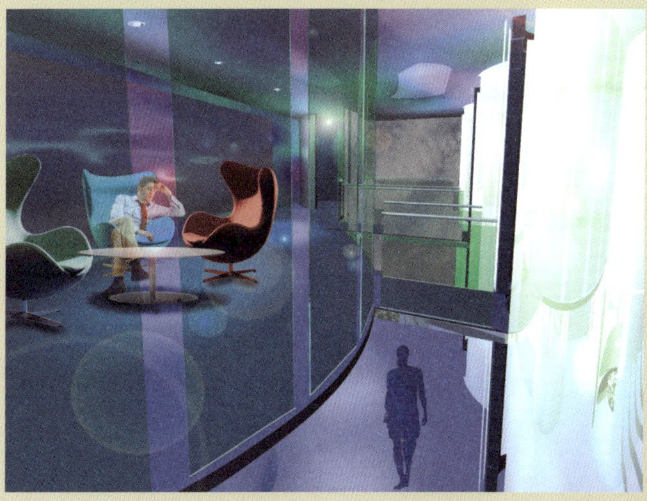

Links außen und links
Bei der Arbeit von Designern mit viel Erfahrung im Umgang mit Computern ist es manchmal unmöglich, die verwendeten Programme nur anhand des Ergebnisses zu identifizieren – die Art, wie ein Designer die Dinge sieht, wird zum entscheidenden Faktor bei der Umsetzung von Ideen, nicht so sehr die Software.

Mitte
Das spezielle „Auge" jedes einzelnen Designers wird bei diesen beiden sehr unterschiedlichen Bildern deutlich. Der Computer löscht die individuellen Merkmale nicht.

Links außen und links
Unterschiedliche und unkonventionelle Bilder wie diese beiden entkräften Argumente, die besagen, die Verwendung von Computern würde zu grafischer Gleichförmigkeit führen.

Die Zukunft

Die oft aufwühlende Geschichte von Voraussagen hinsichtlich künftiger Technologieformen zeigt, dass jede Spekulation, die zu rechthaberisch ausfällt, weitgehend falsch liegt. Die außerordentlich schnelle Entwicklung der Bilderstellung per Computer macht deutlich, dass diese Aktivität sich auch weiterhin bedeutend ändern wird. Aber es ist vielleicht möglich über die Richtung nachzudenken, die die Entwicklung von Hard- und Software wohl einschlagen wird.

Vermutlich werden die Möglichkeiten und Abläufe von Programmen stärker aufeinander abgestimmt sein, da berufliche Vorlieben und Prioritäten deutlicher sichtbar werden. Die Programmabläufe werden wahrscheinlich immer besser kompatibel sein. Die wahrscheinlich aufregendste Veränderung werden die Verbesserungen der digitalen „Zeichenbretter" sein, die die digitale Umwandlung von „Freihandskizzen" in genaue „technische" Zeichnungen am Ort des Projekts ermöglichen.

Mit der Entwicklung der computergestützten Fertigung (CAM) werden sich auch deren Möglichkeiten in Bezug auf das computergestützte Design (CAD) verbessern. Die heute bei der Massenproduktion und Serienfertigung angewandten Techniken werden abgestimmt auf die Besonderheiten der Innenarchitektur. Software und Technologie, die zum schnellen Aufbau von Prototypen dienen (der Konstruktion von maßstabsgetreuen dreidimensionalen Modellen), und das Schneiden mit Laser – wodurch eine extreme Genauigkeit beim Aus- bzw. Einschneiden komplexer Formen aus/in flache Materialien erzielt wird – stellten bereits einen günstigen Weg zur Herstellung dreidimensionaler Modelle dar und diese Technologien sind nicht nur für den Modellbau, sondern auch in allen anderen Größenordnungen anwendbar.

Zeichenprogramme erlauben Designern immer mehr die Konzeption dreidimensionaler Bilder, die automatisch in zweidimensionale Pläne oder Teilpläne umgewandelt werden können. Dies ist wesentlich, um die nötige Genauigkeit zu erreichen, die für Pläne und Detaildarstellung erforderlich ist, damit die praktische Umsetzung danach auch funktioniert. Es ist absehbar, dass Daten von Plänen und Teilen eines bereits bestehenden Rohbaus in den Computer eingegeben werden zusammen mit dem entsprechenden anthropometrischen und ergonomischen Material, wodurch die Software angibt, welche Möglichkeiten sich für das Design daraus ergeben. Damit bildet die zweidimensionale Prüfung einen integrierten Teil der dreidimensionalen Standortbegehung.

Die Fähigkeit des Computers, animierte „Spaziergänge" durch Innenräume zu schaffen, bildet eine bewährte, wenn auch teure Möglichkeit der Präsentation. Dies wirkt anfangs oft spektakulär, entspricht aber dennoch nur einer Kompromisslösung. Die Erfahrungen eines Betrachters, der sich durch einen Raum bewegt, vor allem wenn man das auf einem Bildschirm sieht, sind begrenzt und den Bildern fehlt die dreidimensionale Tiefe eines echten Modells. Dieses Problem kann vielleicht durch eine großflächige digitale Projektion überwunden werden, denn die ist anschaulicher für Betrachter, die nicht im Lesen gezeichneter Pläne geübt sind. Die weitere Entwicklung von Hard- und Software wird wohl auch zunehmend die Schaffung dreidimensionaler Bilder erlauben, die über die nötige Tiefenwirkung verfügen. Der Erfolg wird letztendlich darauf beruhen, inwieweit die Verbesserung der Darstellung von Materialien auf den Bildern erreicht wird, und auf der Leichtigkeit, mit der ein Betrachter seine Bewegungen durch fiktive Innenräume kontrollieren kann. Im Idealfall sollte das Bild der Blickrichtung des Betrachters folgen. Wenn diese visuellen Verbesserungen erreicht sind, wird es wünschenswert sein, die Sinneswahrnehmung zu vervollständigen, indem Klänge, der Tastsinn und vielleicht, sofern gewollt, auch der Geruchssinn mit einbezogen werden.

Es wird auch weit Außergewöhnlicheres und heute vollkommen Unerwartetes realisiert werden. Designer, die ihr Handwerk noch in vordigitaler Zeit erlernt und ausgeübt haben, werden natürlicherweise weniger werden und die Art der bildlichen Darstellung und damit auch das innenarchitektonische Denken wird sich ändern. Der kreative Prozess von Innenarchitekten bezieht sich nicht darauf, wie, sondern was man zeichnet und dabei werden die effektivsten Gerätschaften unvermeidlich ihren Siegeszug fortsetzen.

Fallstudie: Außergewöhnliche Zeichnungen

Mit der Zeit werden Designer immer intensiver in die Entwicklung eines Projekts eingebunden und damit nimmt die Art der Zeichnungen, mit denen sie das Projekt darstellen, eine besondere Eigenart an, die in ihrer Einzigartigkeit dem zugrunde liegenden Konzept angemessen ist. Derartige Zeichnungen stellen meist den besten Weg dar, einem Kunden den Geist eines Projekts zu vermitteln, vielleicht auch nur unterbewusst. Diese beiden Zeichnungen von Yoshi Sugimoto zeigen, dass der kreative Gebrauch des Computers dem einzelnen Designer mit Leichtigkeit nicht nur unterschiedliche Zeichenstile ermöglicht, sondern auch, dass diese sowohl durch den Geist des Projekts inspiriert als auch ergänzend dazu wirken. Die Absicht beider Zeichnungen besteht in der Vermittlung des Konzepts jedes Projekts; und ihre Originalität zeigt ein kreatives Selbstvertrauen, das aus dem Eintauchen des Designers in den Gestaltungsprozess erwachsen ist und das ihn wesentlich weiter über die ersten Lösungsansätze hinausgeführt hat.

Rechts
Dasselbe Trompe-l'œil-Muster (Augentäuschung), das bei der unteren Etage die Decke und bei der oberen den Fußboden bildet, dominiert das Bild ebenso, wie dies bei einem realen Innenraum der Fall sein würde. Bei beiden Etagen wurde die Einzelpunktperspektive unabhängig angewandt, aber die Kombination beider Standpunkte gibt dem Bild Mehrdeutigkeit und dem Trompe-l'œil-Muster größere Bedeutung. Jede Etage zeigt Variationen gemeinsamer Themen: Sternenmotive auf ähnlichen, aber unterschiedlich gemusterten Hintergründen, jeder davon mit einem unpassenden Kleidungsstück dekoriert, die halbkugeligen Stühle oben auf dem Fußboden und unten von der Decke hängend die Silhouetten von Tieren und Vögeln. Die Sterne auf beiden Seiten der Zeichnung wiederholen ein wichtiges Dekorationsmotiv und verleihen der Zeichnung die Illusion von Tiefe. Die Schwarz-Weiß-Figuren betonen die Spiegelung der Ebenen.

Rechte Seite
Auch bei diesem Beispiel bestimmt das Wesen des Entwurfs die Art der Zeichnung. Der Innenraum in Gestalt einer einfachen Zellstruktur wird zu etwas Besonderem durch eine eklektizistische Ansammlung von Elementen, von denen sich alle, einschließlich der Ausführung der Wände, entscheidend auf die Charakterisierung jeder Etage auswirken. Jedes Objekt ist gleichermaßen gegen den gemeinsamen schwarzen Hintergrund gesetzt und entfaltet so seinen individuellen Charakter, während die kurzen beigefügten Beschreibungen ihre Normalität und Verfügbarkeit hervorheben. Die Farben der Figuren, die die Größenverhältnisse und die Funktion jeder Etage anschaulich machen, vervollständigen und bereichern die Etage, die sie bewohnen. Die Darstellung des Mondes bezieht sich auf die Funktion des Gebäudes als einen vorwiegend nachts genutzten Ort.

perspective

Modelle

Es gibt einen entscheidenden Bereich beim Designprozess, bei dem nach wie vor weder die Hand- noch die Computerzeichnung den bestmöglichen Weg bietet. Dabei handelt es sich um die Darstellung komplexer Räume. Von Hand erstellte Modelle stellen Perspektiven genau dar und, obwohl der Computer dies ebenso mühelos schafft, „flacht" er wegen der zweidimensionalen Umsetzung den Raum zwischen Wänden, Fußböden und Decken ab.

Ein echtes Modell gibt im Gegensatz zu einem virtuellen, dreidimensionalen Modell einen komplizierten dreidimensionalen Raum realistischer wieder. Da wir hier nun gerade dabei sind, die wesentlichen Gerätschaften zur optischen Darstellung zu diskutieren, ist es auch unbedingt notwendig, den Modellbau zu würdigen und sich darüber Gedanken zu machen.

Derartige Modelle müssen nicht peinlich genau gebaut sein. Sie können schnell und einfach wie eine zeichnerische Skizze erstellt werden. Man kann sie in Minuten auseinandernehmen und wieder zusammenbauen, aber wie die Skizze wirken sie überzeugend, wenn sie durch einen erfahrenen Modellbauer erstellt werden. Daher ist ihr Beitrag zur Diskussion eines Projekts nützlich.

Links
Selbst ein Modell, das während des Designprozesses mehrmals geändert wurde, ist immer noch ein nützliches Hilfsmittel, um einem Kunden die dreidimensionale Gestaltung eines Projekts zu erklären.

Links unten
Ein fertiges Modell bildet eine verständliche Erklärung, wie die Elemente einer komplexen Innenraumgestaltung miteinander interagieren. Bei diesem Beispiel wird die Beziehung des Innenraums zum Verlauf der Straße ansprechend dargestellt. Die Figuren veranschaulichen die Größenverhältnisse.

Über dieses Buch

Dieses Buch erörtert Fragen, die sich um das Warum von Zeichnungen drehen, sowie Techniken und Fähigkeiten, die man benötigt, um gute Zeichnungen zu erstellen. Jede Zeichentechnik kann nur durch andauernde selbstkritische Praxis verbessert werden. Darüber hinaus lernt man von anderen nicht nur, wie sie erfolgreich Zeichnungen angefertigt haben, sondern auch, warum sie dies getan haben. Der Innenarchitekt muss gänzlich unterschiedliche Zeichenarten beherrschen, wobei jede ihre eigenen Merkmale besitzt, die das Ergebnis einer langen Erfahrung und Praxis sind. Diese Entwürfe mögen in einen einheitlichen Abschlussentwurf münden, aber es wäre kontraproduktiv die frühen Entwürfe willkürlich abzulehnen.

Ein großer Teil der Darlegungen über das Zeichnen in diesem Buch handelt unvermeidlich auch von der Natur des Designprozesses. Das soll nicht Abschweifen in fremdes Gebiet sein, sondern zeigen, dass der Akt des Zeichnens – zwei- oder dreidimensional, von Hand oder per Computer – ein so enger Bestandteil des Designgedankens ist, dass man die beiden als Einheit betrachten muss.

Dieses Buch bietet Vorschläge, wie man erfolgreich Zeichnungen und Modelle von Hand anfertigt, aber es macht nicht den Versuch der Erklärung des Gebrauchs besonderer Computerprogramme. Diese stehen in einem beständigen Entwicklungsprozess samt entsprechender Verbesserungen. Eine Einführung in das Arbeiten damit findet sich in den zugehörigen Handbüchern.

Jeder Designer verfügt über seine eigene Art des Zeichnens, die genauso individuell ist wie seine Handschrift. Darin drücken sich persönliche Fähigkeiten und Vorlieben aus, aber, allgemein gesprochen, wird sie geformt durch das persönliche Variieren einer großen Anzahl von Fähigkeiten und Techniken, die sich in der Berufspraxis bewährt haben. Die endgültige Erscheinungsform von Ideen hängt mit persönlichen Vorlieben zusammen und unvermeidlicherweise spiegelt sich im Zeichenstil auch der Stil eines innenarchitektonischen Konzepts. Wer Auffälligkeiten in seine Konzepte einbringt, zeichnet auch gerne pompös und vermeidet technische Präzision so lange als möglich – oft länger als gut ist. Andere kommen sehr schnell zu einer genauen Darlegung ihres Konzepts und lassen daher unvorhergesehene Ideen außen vor, die eine weniger kontrollierte Darlegung noch eröffnen würde. Da es jedoch einfacher ist, gerade Linien und rechte Winkel zu errichten, führt die kontrolliertere Technik höchstwahrscheinlich eher zum Ergebnis eines realisierbaren Bauwerks. Schwierige, ausgefeilte Formen erfordern mehr Aufwand. Gewöhnlich muss der Designer hier für das gleiche Honorar mehr Mühe aufwenden als für ein konventionelles Projekt.

Es scheint eine klare Beziehung zwischen dem Erfolg der Arbeit eines Designers und der Strenge seiner Arbeitsmethoden zu geben. Ein Naturtalent kann sich nur entfalten, wenn es durch intensive, harte Arbeit unterstützt wird. Eine Idee zu haben ist nicht schwierig, aber ihre Umsetzung in gebaute Realität ist es.

Der Computer macht das Erstellen von Zeichnungen breiter zugänglich, als dies beim Handzeichnen der Fall ist, da man nicht über das gleiche Maß an manueller Fertigkeit verfügen muss. Denn das wichtigste Ziel bleibt die Schaffung eines wundervollen Bauwerks und daher schiebt dies den Designer in eine andere Richtung, nämlich so, dass die Zeichnung nun einer genaueren Prüfung unterzogen wird, und das Lob geht nicht länger nur an eine erfolgreiche Leistung bei der Erstellung einer schönen Handzeichnung. Der Computer stellt jedermann eine große Zahl von Arbeitstechniken zur Verfügung, die ein erfolgreiches Ergebnis beinahe garantieren. Das Aufpolieren der Fähigkeiten liegt im eigenen Ermessen, aber dieses Buch und die Analyse der Zeichnungen hierin bieten Beispiele, die in eine Vielzahl lohnender Richtungen des Experimentierens zeigen.

Über die Zeichnungen in diesem Buch

Die Zeichnungen in diesem Buch sind im Rahmen der Erstellung, Präsentation und Verwirklichung von Projekten entstanden, manche durch Innenarchitekten, manche durch Studenten. Viele der Designer sind mit den Arbeiten der anderen vertraut und einige dieser Arbeiten zeigen, wie Zusammenarbeit zu einer produktiven gegenseitigen Befruchtung durch Ideen führen kann oder, noch wichtiger, wie eine gemeinsame Idee durch unterschiedliche kreative Individuen auf individuelle Weise entwickelt wird.

Es ist sinnvoll, die Arbeit von Studenten zu betrachten, besonders ihre Präsentationszeichnungen, denn sie haben die Zeit, sich auf die Entwicklungen von Techniken zu konzentrieren und diese bis an ihre Grenzen auszuloten, um damit Vorschläge zu machen, die notgedrungen auf das Papier beschränkt bleiben müssen. Innenarchitekten machen derartige Zeichnungen nur von Zeit zu Zeit und sind daher weniger geübt und weniger experimentierfreudig. Sie bleiben lieber bei gewohnten Techniken und haben keine Zeit, um neue Richtungen anzugehen. Studenten sind in ihrer Arbeit mit Computern auch entspannter und wagen deshalb gerne Experimente, da sie mit dem Computer aufgewachsen sind und ihn als selbstverständlichen Teil ihres Alltagslebens betrachten.

Kapitel 1

Die Grundlagen

Die Notwendigkeit der Vermessung 24

Grafische Möglichkeiten 30

In die dritte Dimension 32

Händisch zeichnen 34

Die Notwendigkeit der Vermessung

Bei der Erstellung eines Innenraumdesigns, besonders mit komplexer Raumaufteilung, ist es wichtig, die genauen Raummaße zu ermitteln. Denn Entscheidungen über neue Elemente beruhen auf der ursprünglichen Struktur. Nicht in allen Fällen stehen die Pläne von Gebäuden noch zur Verfügung – aus welchen Gründen auch immer – und selbst wenn man auf Pläne zurückgreifen kann, ist es gut möglich, dass diese nicht viel Vertrauen bezüglich der Genauigkeit zulassen. Dann ist es nötig, die Maße selbst zu nehmen und eigene, exakte Pläne und detaillierte Ansichten zu erstellen. Auch bei Gebäuden aus jüngerer Zeit ist es ratsam, die Genauigkeit der Maße in den Plänen zu überprüfen, da sich im Verlauf der Bauarbeiten meist Fehler oder Abweichungen ergeben, die nicht vermerkt werden, und bereits eine kleine Ungenauigkeit kann zu Problemen führen.

Falls kein Plan existiert, ist es üblich, einen solchen vor Ort – zumeist händisch – zu zeichnen und gleichzeitig systematisch alle Maße zu nehmen; sie genau genug abzuschätzen ist unmöglich und für die nachfolgenden Arbeitsschritte sind exakte Maße unerlässlich. Selbst wenn alles klar und offensichtlich zu sein scheint, ist es trotzdem sicherer, die Maße zu nehmen bzw. nachzuprüfen, da meist etwas übersehen wird. Solche Fehler werden erst durch eine maßstabsgetreue Zeichnung offensichtlich.

Das Vermessen

Es ist üblich, „laufende" Abmessungen vorzunehmen, statt jedes Element einzeln zu vermessen und zu beschreiben. Dazu nimmt man die Maße aller signifikanten Punkte etwa an einer Wand, von einem klar identifizierten Punkt aus, gewöhnlich einer Ecke. Dies verhindert eine Kumulation von Irrtümern, wenn viele einzelne Abmessungen in einem Plan zusammengefasst werden. Zusätzlich eröffnet sich die Möglichkeit der Korrektur bei jeder einzelnen Ablesung. Dies ist wesentlich, besonders da sich die Bedingungen für das genaue Maßnehmen an den meisten Örtlichkeiten nicht immer günstig gestalten. Bewohnte Innenräume sind häufig mit Möbeln zugestellt, während Rohbauten üblicherweise schlecht ausgeleuchtet und mit Werkzeug und Baumaterialien belegt sind.

In einigen Fällen ist es offensichtlich, dass man nur einige wenige Maße benötigt. Dann ist es ausreichend, einzelne Maße zu nehmen. Dies ist auch die einfachere Methode, falls man allein arbeiten muss.

Natürlich ist es besser, wenn zwei Personen beim Maßnehmen zusammenarbeiten: Die eine Person am Ende des Maßbands notiert gleichzeitig die von der anderen genommenen Maße auf dem Plan. Diese hält auch die

Maßbandrolle und bewegt sich damit entlang der Wand. Wird das Maßband über eine größere Distanz hinweg hochgehalten, hängt es durch und damit erhöhen sich die Maßangaben; es empfiehlt sich also, das Maßband auf dem Boden laufen zu lassen. Wenn dies wegen Hindernissen nicht möglich ist, sollten größere Distanzen besser in zwei oder mehr Abschnitten gemessen werden.

Man kann eigentlich nie davon ausgehen, dass Ecken auch wirklich rechtwinklig sind. Obwohl es für das Auge meist so scheint, ist es besonders in älteren Gebäuden, fast nie der Fall. Dabei ist es wichtig, dass die Winkelmaße auf dem Plan genau sind. Dafür ist es unerlässlich, die Diagonale der Räume abzumessen. Eine Diagonale ergibt zusammen mit zwei Wänden die Seiten eines Dreiecks. Wenn dieses maßstabsgetreu gezeichnet ist, dann ergibt sich auch der genaue Winkel der beiden aufeinander zulaufenden Wände.

Das Messen von Diagonalen ist leicht, ebenso leicht vergisst man die Höhen zu messen. Die Bestimmung der Höhe von Decken, Fensterstürzen und -simsen, Stufen in Fußböden und Decken, die Breite von Balken und anderer baulicher Elemente, die die Besonderheiten jeweiliger Räume bilden, ist absolut notwendig. Zur Unterscheidung von den horizontalen Abmessungen in der Zeichnung ist es üblich, die senkrechten Maße mit einem Kreis zu umgeben und sie außerdem möglichst weit entfernt von den horizontalen Maßen einzutragen.

In jedem Gebäude gibt es Stellen, an denen man eine größere Anzahl von Maßen nehmen muss. Diese Bereiche sollten in größerem Maßstab eingezeichnet werden, sodass darauf genug Raum für die größere Anzahl von Informationen bleibt.

Ratsam ist es auch, die maßstabsgetreue Zeichnung, die auf der Vermessung beruht, so schnell als möglich anzufertigen – solange die Eindrücke noch frisch sind. Auch sollte man immer Fotografien eines Raumes anfertigen, besonders von komplexen oder problematischen Stellen. Dies Digitalfotografie erleichtert das heutzutage wesentlich.

Ebenso ist es sinnvoll, den Ort noch einmal zu begehen, um Unklarheiten auszuräumen und Fehler zu korrigieren. Taktvoll wäre es natürlich, Bewohner bzw. Besitzer des Gebäudes vorher zu informieren. Dies sollte man geschickterweise als normalen Teil des Arbeitsprozesses und nicht als eine Art Korrekturmaßnahme deklarieren.

Die Arbeit mit Lasermessgeräten ersetzt zunehmend das traditionelle Messen mit dem Maßband. Mit der zugehörigen Software kann man sogar Flächen und Volumen berechnen. Die meisten Basismodelle können Entfernungen bis zu 100 Metern bei einer Genauigkeit von plus/minus 1,5 Millimetern messen. Die meisten verfügen über eine Libelle zum horizontalen Einrichten und sie projizieren einen schwachen Lichtpunkt auf die Oberfläche, der die Messlinie genau anzeigt. Dadurch werden falsche Messungen durch Hindernisse oder Vorsprünge vermieden. Mit diesen Geräten kann man die Vermessung auch gut allein ausführen.

TIPP MESSGERÄTE

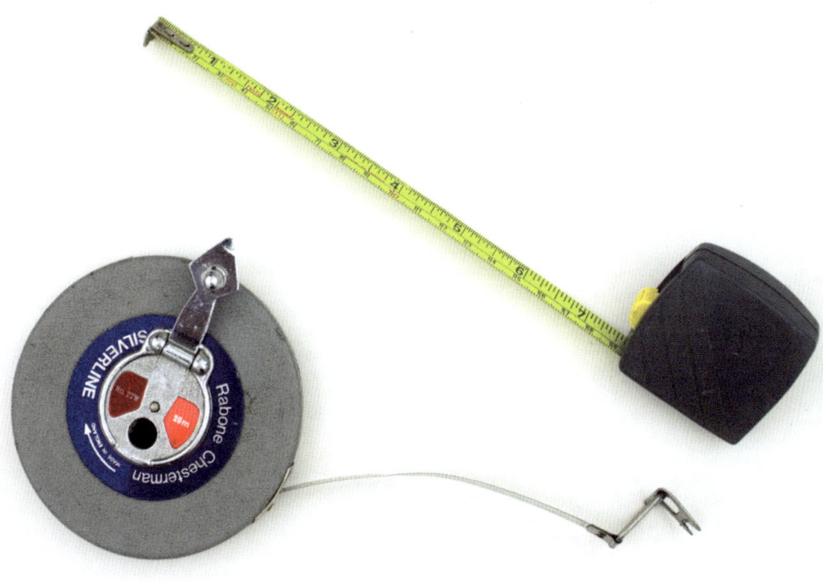

Das Maßband oben verfügt über eine Länge von 3 m und ist starr. Es wird zum Messen kleinerer Räume und Höhen verwendet.

Das Maßband unten besteht meist aus beschichtetem Gewebe oder biegsamem Metall und ist 30 m lang. Man benutzt es für horizontale Messungen.

Fallstudie: Begehung vor Ort

Ein mit freier Hand gezeichneter Plan wird in ein Skizzenbuch (siehe unten) eingetragen. Dies ist gut, wenn die Proportionen stimmen. Doch manchmal mögen diese verschoben sein, um mehr Platz auf der Seite zu gewinnen, da mehrere Maße auf kleinem Raum unterzubringen sind. In diesem Fall listet die Skizze nicht die Maße aller Winkel auf; das erscheint dann erst bei der maßstabsgetreuen Umzeichnung (s. S. 74). Derartige Diskrepanzen können beunruhigend sein, wenn sie erst wieder im Büro sichtbar werden, und dann mag es zur Nachprüfung notwendig sein, sich noch einmal vor Ort zu begeben. Wenn jedoch die Begehung ordnungsgemäß durchgeführt wurde und es genügend zusammenhängende Maße gibt, kann man davon ausgehen, dass auch die Winkelmaße korrekt sind.

Die „laufenden" Maße jeder einzelnen Wand werden normalerweise von der linken Ecke aus genommen. Wenn nötig, werden die Breiten einzelner Elemente entlang der Wand dadurch berechnet, dass man das linke Maß vom rechten abzieht. Die Diagonalen werden gemessen, die Höhenmaße in Kreise gesetzt, um sie von horizontalen zu unterscheiden. Einige Teile der Zeichnung werden zur Differenzierung schattiert, etwa die Fenster oben rechts und zur Kennzeichnung auch die Säule in der Mitte.

Die Position der Säule wird durch die Entfernung ihres Mittelpunkts rechtwinklig zu zwei Wänden ermittelt. Dabei ist es wichtig anzugeben, dass sich das Maß auf die Wand bezieht und nicht auf die Vorderseite des hervorkragenden Ziegelpfeilers. Die Tiefe der Kragung des Pfeilers ist nicht verzeichnet. Dies mag aus dem Grund erfolgt sein, da es sich hier um einen Ziegelpfeiler handelt und dieser aus genormten Ziegelsteinen besteht, sodass man sich an dessen Ausdehnung leicht erinnern könnte und diese deswegen nicht verzeichnet sein müsste. Jedoch ist es wahrscheinlich, dass er später dennoch einmal in Augenschein genommen werden muss, besonders da der Pfeiler eine kritische Beziehung zur neuen Konstruktion aufweist.

Der Plan auf der rechten Seite zeigt im Besonderen die Lage der Fenster in der oberen Etage, die Maße der Wände sind durch diejenigen des unteren Stockwerks vorgegeben. Die gestrichelte und punktierte Linie deutet einen Balken oberhalb und die beigefügte Notiz gibt seine Höhe unterhalb der Decke an. Ein nicht biegsamer Holz- oder Metallstab ist für vertikale Messungen das geeignete Werkzeug.

Die beiden Pläne unten links auf jeder Seite geben die Maße der Tür- und Fensteröffnungen an. Diese Elemente bleiben wahrscheinlich von den Arbeiten am Projekt unberührt, aber ihre genaue Darstellung auf den Plänen und Teilplänen verleiht späteren Zeichnungen Glaubwürdigkeit und erinnert den Innenarchitekten an die Tiefe der Laibungen. Das kann später bei der Entscheidungsfindung über Details der Innenausstattung noch eine Rolle spielen.

Es gibt aber auch Projekte, bei denen keine Neukonstruktionen geplant sind oder bei denen die Platzierung neuer Elemente samt deren Maßen bereits festgelegt ist. Beim Beispiel auf der rechten Seite sind die wenigen Maßangaben bereits ausreichend, um die Position eines über Kopf laufenden Balkens an der Unterseite der Zeichnung und der Geometrie des Erkerfensters oben festzulegen.

Falls eine erneute Begehung vor Ort nötig ist, um zusätzliche Informationen zu bekommen, weiß man genau, was nötig ist. Daher sind einige wenige Maße ausreichend. Eine zweite Begehung muss nicht immer mit Messarbeiten verbunden sein, sondern dient einfach der Bestätigung, dass der nach der Skizze angefertigte Plan genau genug ist. Bei schwierigen Begehungen werden oft Zweideutigkeiten und offensichtliche Diskrepanzen erst klar und können dann überprüft werden.

Die untere Skizze listet die Maße eines Türrahmens auf und da man davon ausgehen kann, dass die für ein derartiges Element nötigen rechten Winkel sehr genau sind, sind die angegebenen Maße ausreichend für alles Weitere.

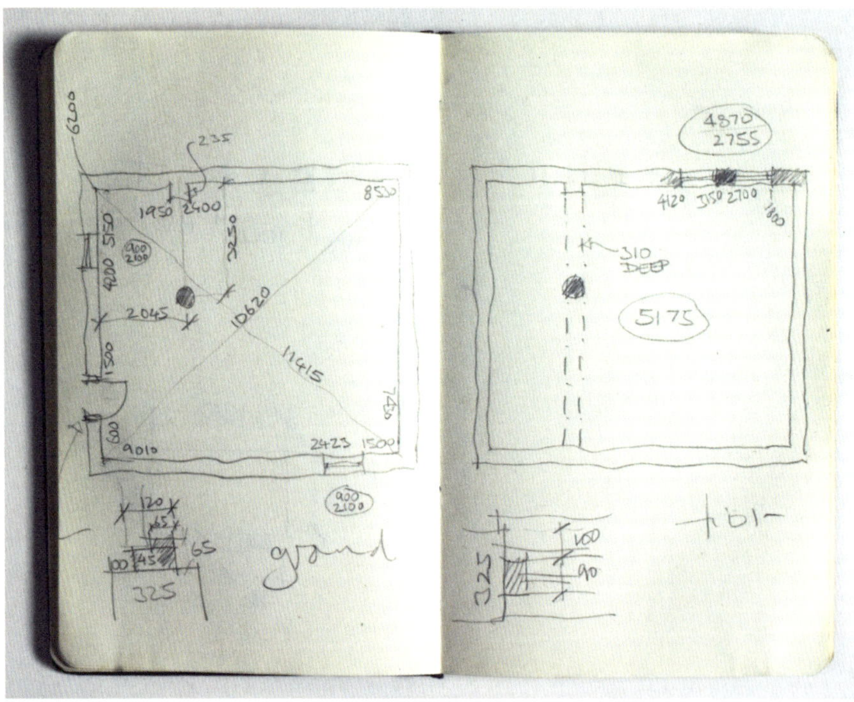

Linke Seite
Ein Notizbuch mit ersten freihändigen Skizzen von der Begehung. Die Zeichnung auf der linken Seite listet die Maße der Wände und der Diagonalmessungen auf. Die Zeichnung auf der rechten Seite listet die Maße auf, die sich auf eine Säule und einen Ziegelpfeiler am Boden des Raumes beziehen.

Rechts
Eine einfache Maßskizze für einen Raum, bei dem keine Einbauten notwendig sind.

Rechts unten
Eine Skizze mit der Auflistung von Maßen eines Türrahmens.

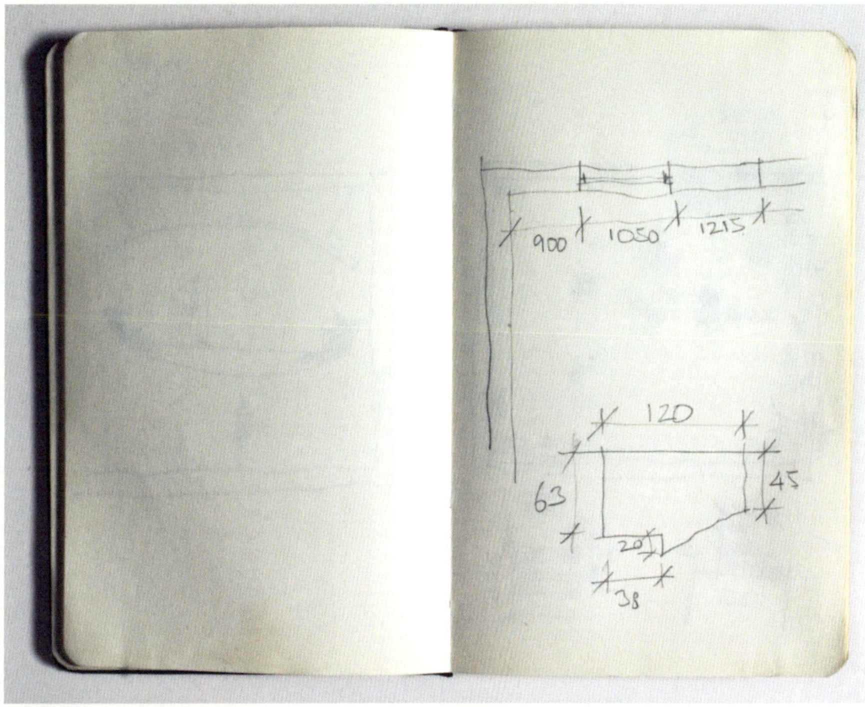

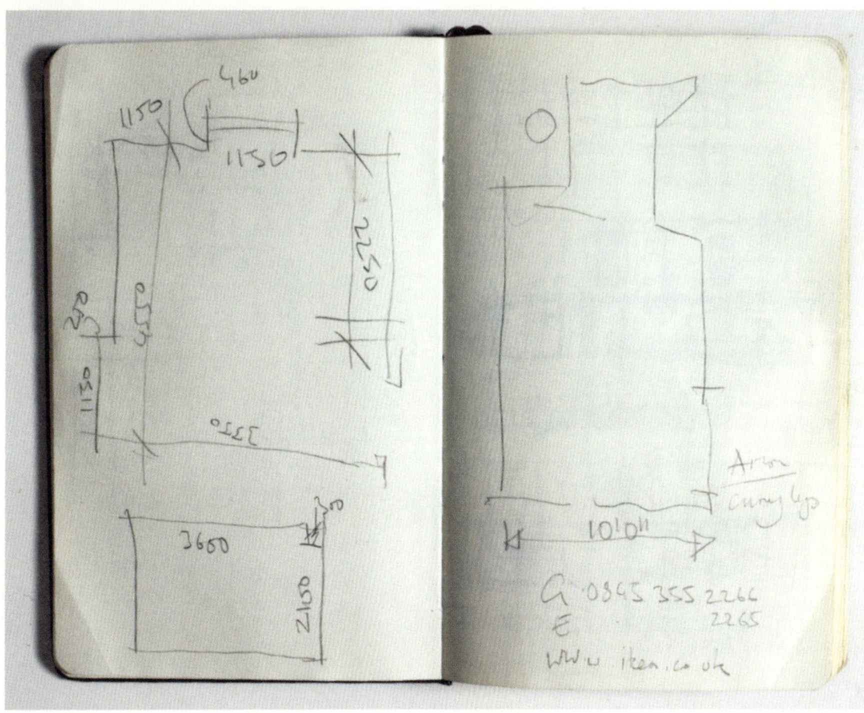

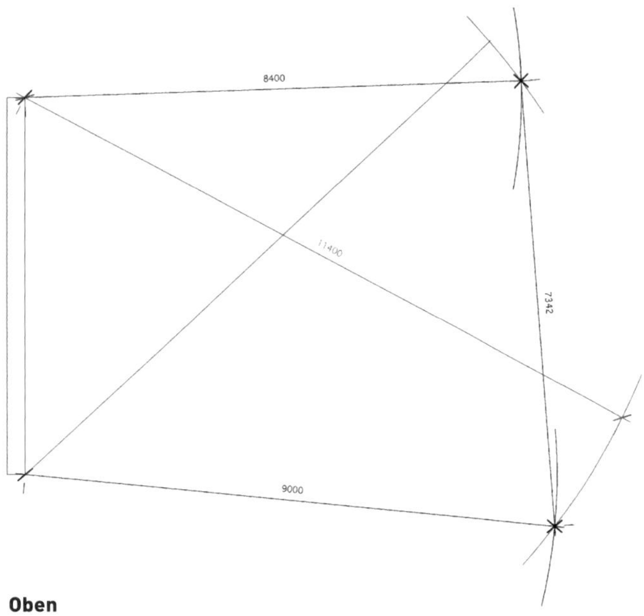

Oben
Eine maßstabsgenaue Skizze. Sie gibt die Maße der umlaufenden Wände an.

Nach der Begehung einen Plan zeichnen

Alle Linien sind maßstabsgetreu. Die Wand zwischen den Ecken A und B ist vertikal gezeichnet (am Computer ist es einfacher, diese als Kasten, der die Breite der Wand darstellt, zu zeichnen, als bei einer Handzeichnung einzelne Linien zu verwenden). Die Schnittpunkte der Bogen, die die Länge der Mauer von B nach C und der Diagonale von A darstellen, lokalisieren C. Die Schnittpunkte der Bogen, die die Länge der Mauer von C nach D und von A nach D darstellen, lokalisieren D. Das lässt sich überprüfen, indem man die Diagonale von B zeichnet, die Ecke D schneiden sollte. Es ist unwahrscheinlich, dass dies genau der Fall sein wird, da die Vermessung Fehlern unterliegt. Aber der Computer nimmt eine extrem genaue Interpretation der Messdaten vor.

Wenn die Winkel der Außenwände festgelegt sind kann man die Details des Planes hinzufügen. Bei der Zeichnung wurden die üblichen Regeln zur Identifizierung von Türen und Fenstern beibehalten. Kleinere Veränderungen könnten hinzugefügt werden, wenn sie sich im Großen und Ganzen an die übliche Gestaltung halten. Gibt es zu viele Veränderungen, dann werden die Zeichnungen nicht mehr gut verstanden. Die gestrichelt-gepunktete Linie – das zeichnerische Mittel für Elemente höher als 1200 Millimeter über dem Niveau des Fußbodens, auf dessen Höhe Pläne üblicherweise erstellt werden – stellt den Trägerbalken in Deckenhöhe im Plan des oberen Stockwerks dar.

Ist eine genaue Darstellung des Gebäudes erstellt, kann der Designprozess beginnen. Abschnittspläne können gezeichnet werden, indem man sich der Informationen und Höhendaten der Begehungspläne bedient.

Die wesentliche Information über jedes Projekt wird durch die Zusammenstellung von Plänen vermittelt. Die Anzahl dieser Pläne orientiert sich an der Anzahl der Etagen. Aber die Menge der Abschnittspläne beruht auch auf der Art des Vorschlags. Der Abschnittsplan erklärt die Interaktion zwischen den Stockwerken. Deshalb muss man entscheiden, wie viele davon nötig sind und wo jeder „Schnitt" am effektivsten ansetzt. Das Ansetzen der Schnitte bestimmt, wie viel nützliche Informationen die Zeichnung enthalten wird. Außerdem ist es wichtig, die Lage des Abschnittsplans auf den anderen Plänen mit Hilfe einer „Abschnittsplanlinie" zu markieren.

Die grafische Interpretation von Plänen ist eine Frage des Geschmacks. Daher sollte man ihre Verträglichkeit mit dem „Geist" des Projekts prüfen. Wie auch immer die Entscheidung ausfällt, immer ist es ratsam, neue und bestehende Bauelemente verschieden zu kennzeichnen. Dies befähigt den Kunden sofort, das Ausmaß der geplanten Arbeiten zu erkennen. Ohne eine solche Differenzierung ist es für den Kunden schwierig, damit zu einer realistischen Kostenabschätzung zu kommen.

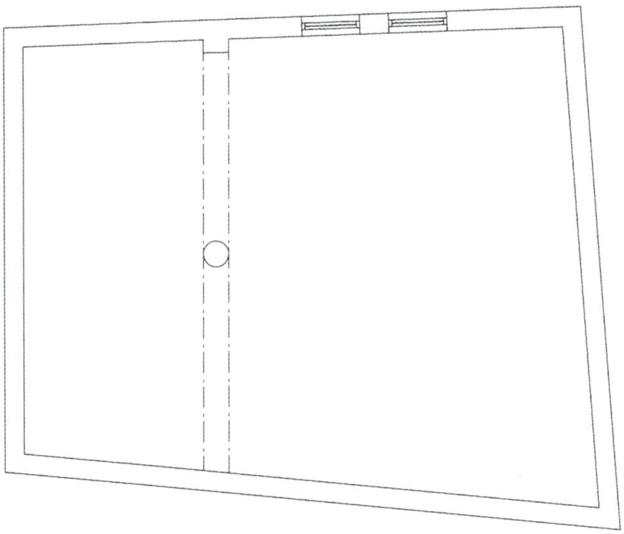

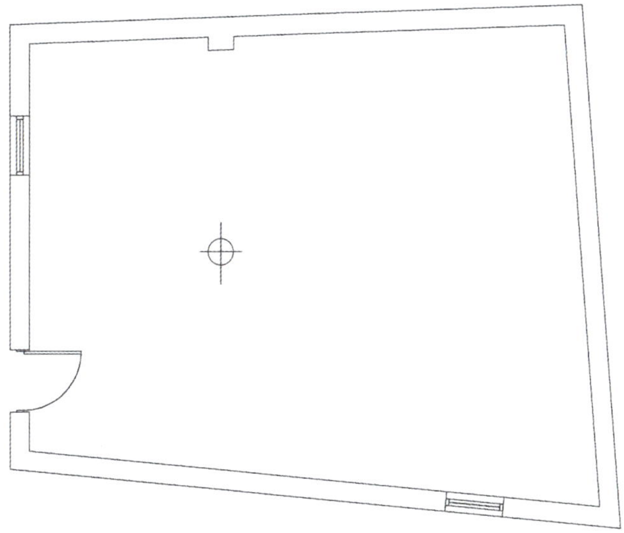

Oben links und rechts
Nach dem Anlegen der Winkel der umlaufenden Wände werden die Details der Innenwände, Türen und Fenster hinzugefügt. Die gepunkteten Linien zeigen den Regeln zufolge Elemente an, die sich höher als 1200 mm über dem Niveau des Fußbodens erstrecken – in diesem Fall ein Deckenbalken.

TIPP AUFRISSLINIEN

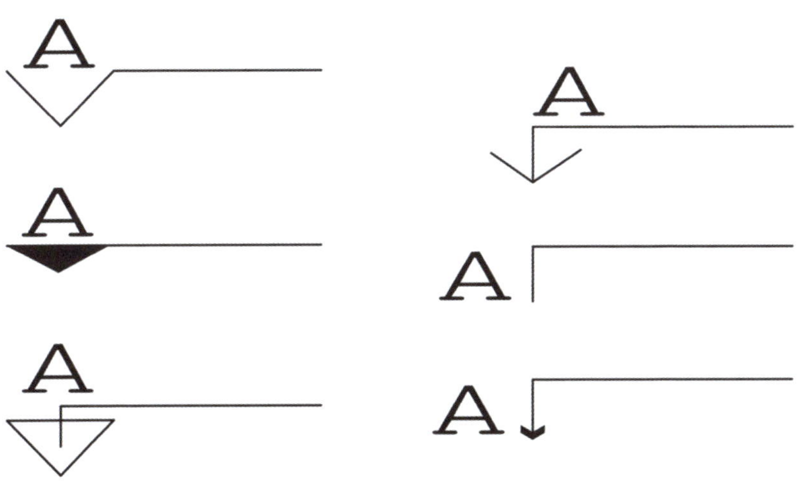

Die Aufrisslinie, die die Stelle des Schnittes markiert, muss nicht vollständig über den gesamten Grundriss verlaufen, denn zusätzliche Linien komplizieren das Lesen der Linien, die Bauelemente repräsentieren. Es reicht aus, die Position am Rand des Grundrisses anzuzeigen, aber Pfeile an jedem Ende müssen die Orientierung des Aufrisses zeigen. Diese Pfeile sind gute Beispiele dafür, wie persönliche Vorlieben den grafischen Stil einer Zeichnung beeinflussen. Sie können jede Form annehmen, solange sie eindeutig sind.

Grafische Möglichkeiten

Die in der ersten Spalte (unten links) angewandte Lösung ist akzeptabel und unterscheidet deutlich zwischen Alt und Neu. Allerdings tendiert das massive Schwarz der alten Strukturen dazu, die neuen Elemente in den Hintergrund zu drängen.

Das mäßige Grau bestehender Wände und anderer Elemente in den Zeichnungen der zweiten Spalte (unten rechts) hebt die in Gelb gehaltenen neuen Wände hervor. Dies ist besonders nützlich, weil es die Aufmerksamkeit auf die schlanke neue Stützsäule zieht.

Der nivellierten Darstellung von Alt und Neu in den Grundrissen der dritten Spalte (rechte Seite links) fehlt damit eine augenscheinliche Unterscheidung, aber der stärkere Farbton der neuen Wände macht die Unterschiede immerhin noch deutlich. Ebenso verhält es sich mit der stärkeren Linienführung für die Wände in der untersten Zeichnung.

Die vierte Spalte (rechte Seite rechts) löst das Problem am wenigsten deutlich, denn Schraffur bestehender Elemente bedeutet eine visuelle Beeinträchtigung.

Dennoch sind alle diese Schemata mehr oder weniger brauchbar. Jedes Zeichensymbol ist annehmbar, solange die Zeichnung leicht verständlich bleibt. Um dies sicherzustellen, müssen einige Regeln beachtet werden.

Wichtige Regeln

Auf den Grundrissen des Erdgeschosses zeigen die gestrichelt-punktierten Linien den Rand des Obergeschosses an. Auf den Grundrissen des ersten Stockwerks gibt die gestrichelte Linie den Wandverlauf des Raumes darunter an.

Rechts
In dieser ersten Spalte links zeigt die Reihe von Grundrissen einen Weg, wie man Wände und bestehende Elemente darstellt, indem man dicke Linien verwendet. Die neuen Elemente sind weniger stark gezeichnet. Der Aufriss unten zeigt die Standardmethode zum Zeichnen von Treppen.

Rechts innen
In der zweiten Spalte werden die bestehenden Wände in heller schattiertem Grau wiedergegeben. Dies erlaubt die Hervorhebung der in Gelb gezeichneten neuen Elemente.

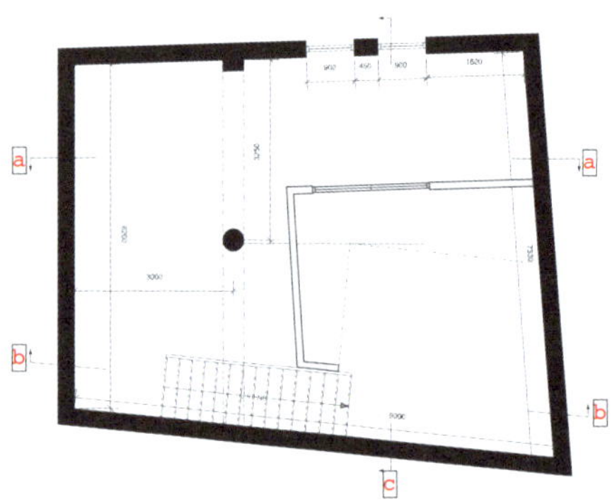

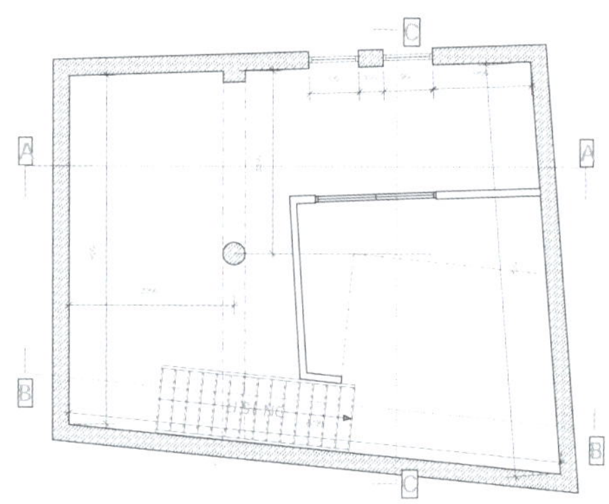

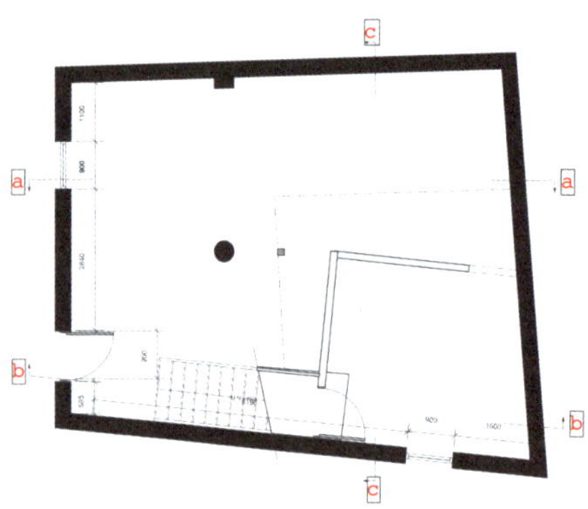

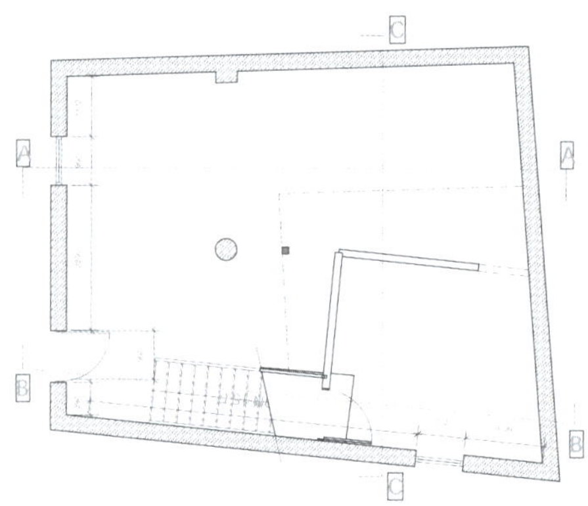

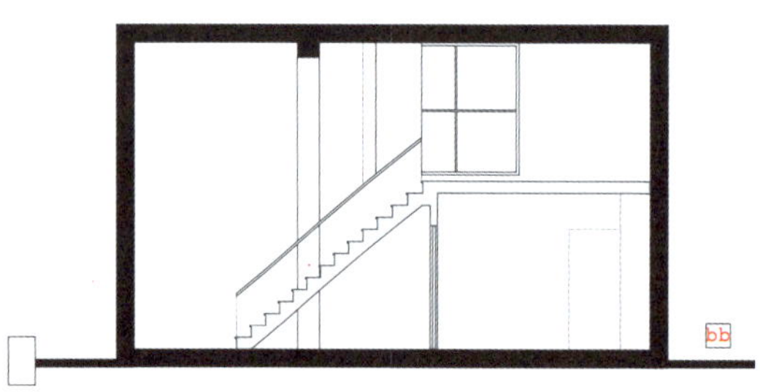

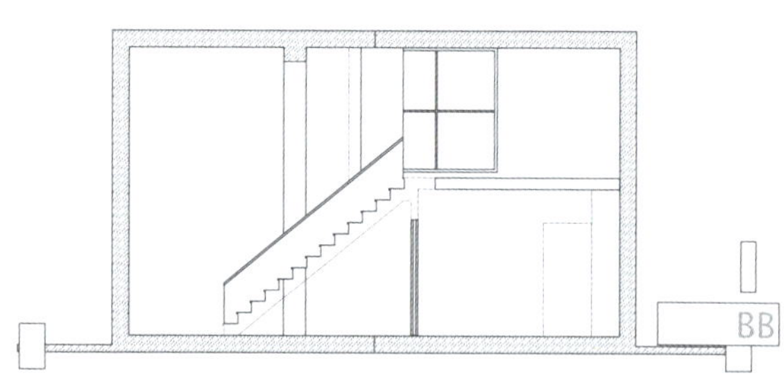

Bei den Grundrissen handelt es sich im Wesentlichen um horizontale Ebenen, die auf einer Höhe von 1200 Millimetern oberhalb des Fußbodenniveaus erstellt werden. Das bedeutet, dass sie durch die meisten Fenster schneiden. Das ist erwünscht, weil sie dadurch diese wichtigen Raumelemente zeigen. Ein erhöht liegendes Fenster sollte durch eine gestrichelt-punktierte Linie angedeutet werden, da das wahrscheinlich einen bedeutenden Einfluss auf die Gestaltung des Innenraums haben wird.

Es soll auch kurz die Standardpraxis hinsichtlich des Zeichnens von Treppen erwähnt werden. Eine Treppe wird, wenn sie nicht zu einem Niveau führt, das weniger hoch als 1200 Millimeter über dem Hauptfußboden liegt, immer im Schnitt gezeigt und der Regel zufolge abgeschnitten auf einer Höhe von 1200 Millimetern oberhalb des Bodenniveaus. Dadurch lässt sich die Baukonstruktion unterhalb darstellen: bei diesem Beispiel ein Geschäftsraum, den man vom Raum in der unteren rechten Ecke her betreten kann. Ein Pfeil zeigt immer in die Richtung des oberen Endes der Treppe. Bei den oberen Stockwerken ist die gesamte Treppe sichtbar, denn sie befindet sich unterhalb des Levels des „Grundrissschnitts“.

Rechts
Die Unterscheidung zwischen bestehenden und neuen Elementen in dieser dritten Spalte ist abgeschwächt worden, obwohl der Farbton, der den Wänden im Aufriss hinzugefügt wurde, die Unterscheidung deutlich macht.

Rechts außen
In der vierten Reihe werden die bestehenden Elemente durch Schraffur angezeigt.

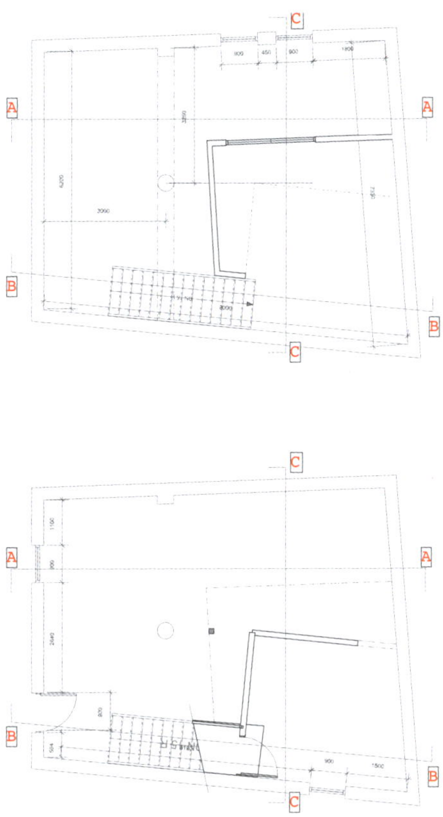

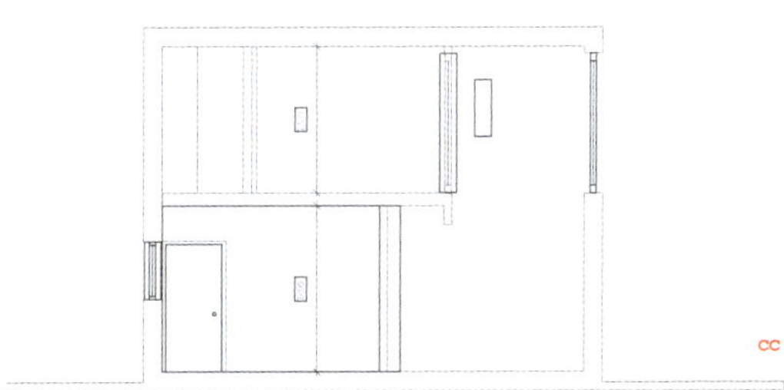

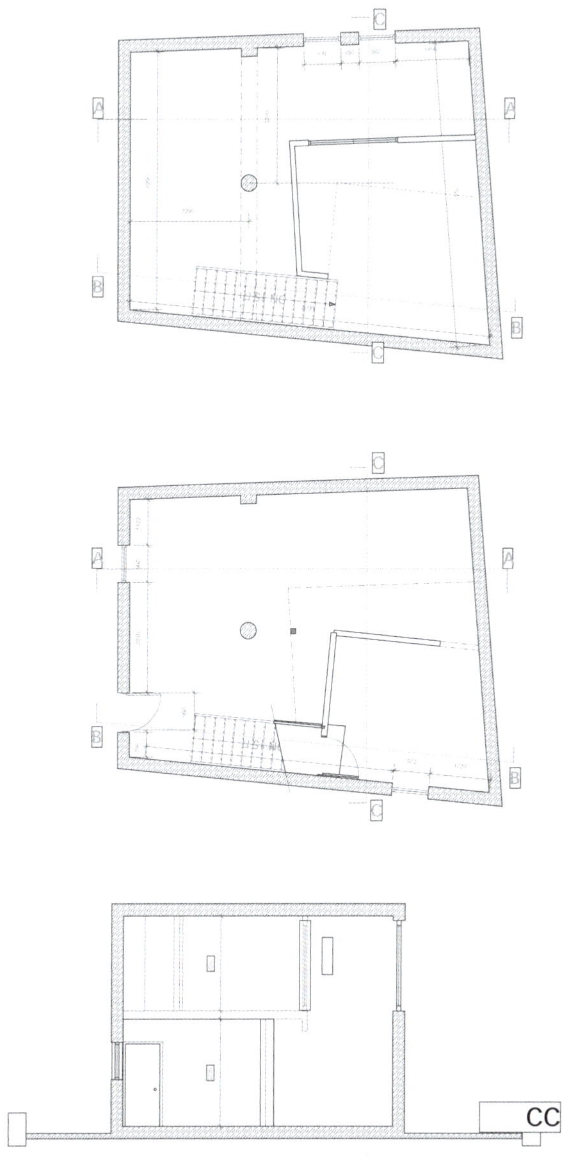

In die dritte Dimension

Wenn der Plan und die zusätzlichen Informationen in den Computer eingegeben sind, dann ist es einfach, überzeugende dreidimensionale Ansichten zu erzeugen. Diese wiederum bilden die Basis, der dann Farben, Strukturen und Ausleuchtung hinzugefügt werden können. Es gibt eine Bandbreite dreidimensionaler Standardansichten, die von Computern alle mit gleicher Leichtigkeit erstellt werden.

Während die Umwandlung in traditionelle axonometrische und isometrische Formen nach wie vor möglich ist, bietet der Computer eine größere Auswahl von Möglichkeiten und lädt daher zum Experimentieren ein – besonders mit der Perspektive. Diese Möglichkeiten der Perspektivdarstellung schafft Bilder, die sich näher an der Realität befinden und die daher für Berufsfremde leichter zu verstehen sind. Allerdings liegt in der Versuchung, die Perspektive zu drehen, auch die Gefahr, dass sich allzu dramatische Bilder ergeben, die dann eher verwirren als anschaulich wirken. Das Ziel jeder Zeichnung liegt in der klaren Vermittlung von Information und nicht im Selbstzweck.

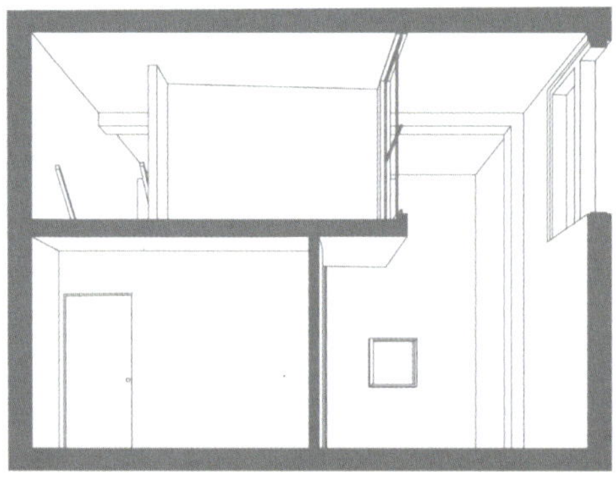

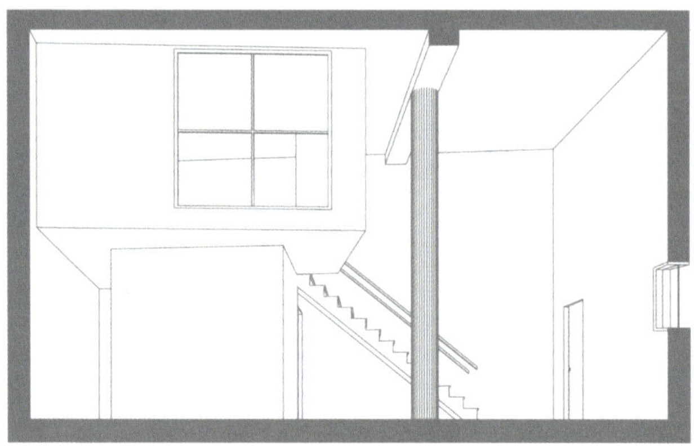

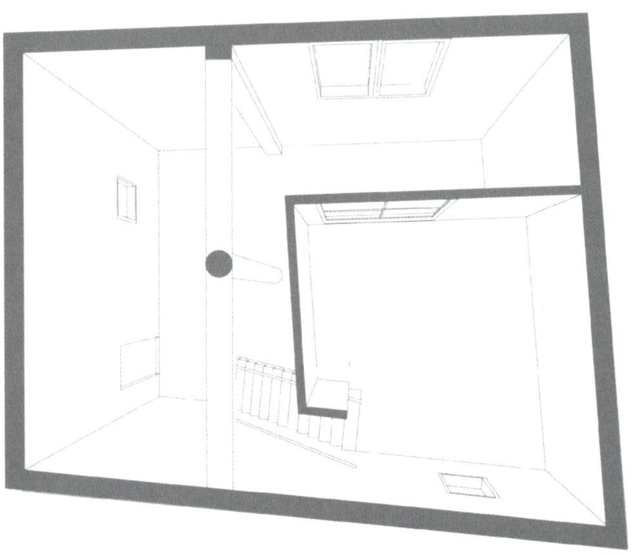

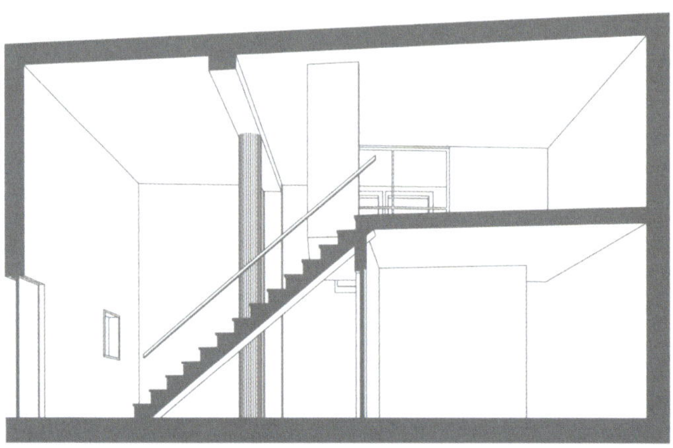

01
Grundrisse kann man perspektivisch in die Höhe ziehen. Das macht sie anschaulicher. Wahrscheinlich ist dies am besten für einen Innenraum geeignet, der sich auf einer Flurebene befindet, wo auch alle Wände sichtbar sind.

02
Beinhaltet ein konventioneller Aufriss mehr als eine Flurebene, können mehrere perspektivische Ansichten den ursprünglichen Aufriss besser darstellen.

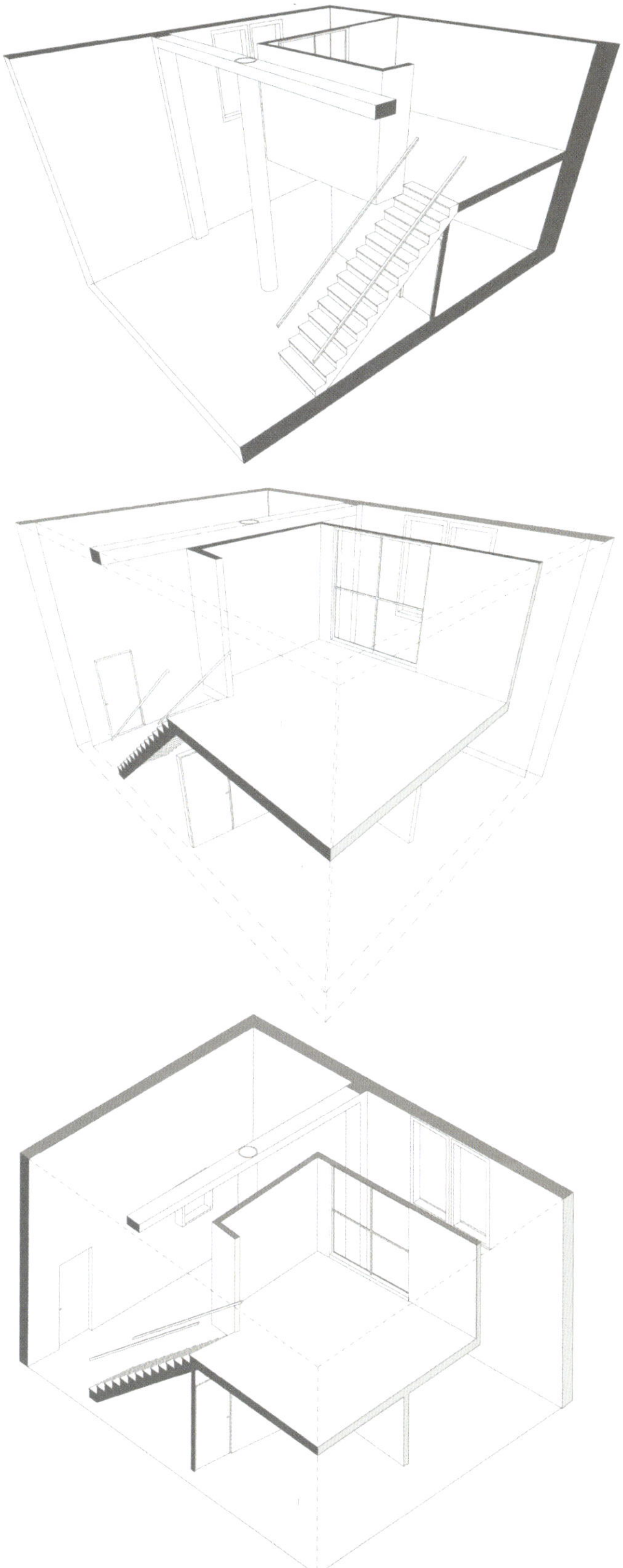

03
Der Designer muss entscheiden, welche dreidimensionale Option am besten für das Projekt geeignet ist. Der Computer erlaubt die schnelle Erstellung dieser Versionen, die am Bildschirm auch noch gedreht werden können.

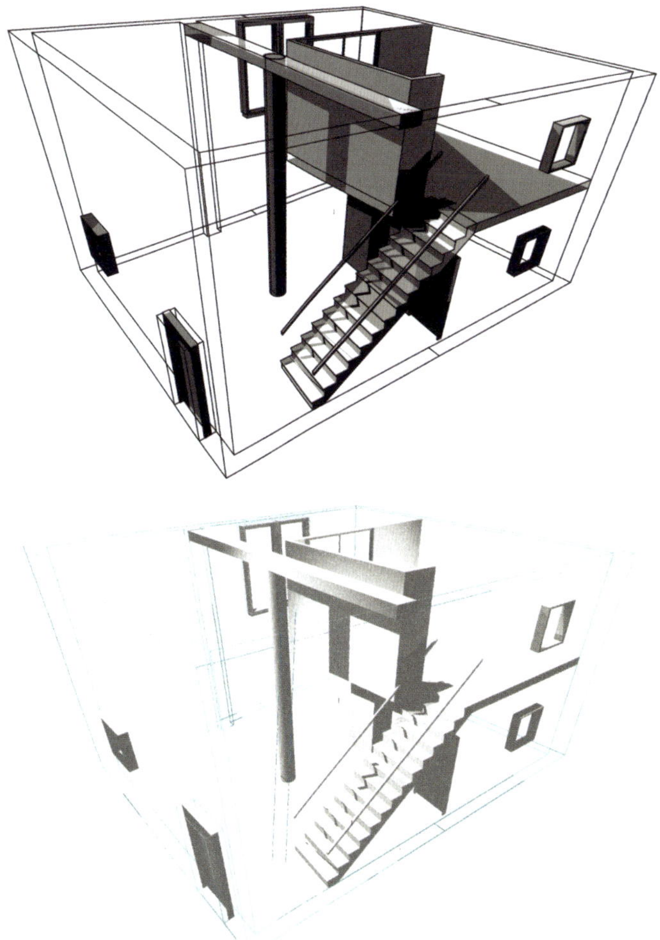

04
Eine weitere Verdeutlichung einer dreidimensionalen Zeichnung bewirkt das Hinzufügen von Farbtönen und Schattierungen. Wie dies geschieht, beruht auf der Natur des Projekts. Diese beiden Beispiele illustrieren einige Möglichkeiten.

Händisch zeichnen

Handzeichnungen werden üblicherweise mit Blei- oder Zeichenstift erstellt. Der Zeichenstift wird beim Zeichnen von genauen Linien bevorzugt. Dies war besonders wichtig, als die wichtigste Methode zur Reproduktion von Zeichnungen noch in anderen Drucktechniken bestand. Der Computer hat nun dem Zeichenstift als dem effektivsten Gerät zum Anfertigen und Kopieren genauer Zeichnungen den Rang abgelaufen und besonders bei denen, die technische Informationen für Bauunternehmer beinhalten. Er ist das effektivere Gerät. Wenn Zeichnungen heutzutage noch von Hand angefertigt werden, ist es recht logisch, wenn dies nun hauptsächlich mit dem Bleistift geschieht. Denn Bleistiftzeichnungen haben eine Qualität, die der Computer (noch) nicht erreicht.

Erste Skizzen

Der Handzeichnung mag von dem durch den Computer generierten Bild als dem hauptsächlichen Präsentationsmittel übertroffen worden sein, aber sie behält ihre Stellung als das nächstgelegene Mittel zur Niederlegung und Vermittlung von Ideen. Für solche Zeichnungen braucht es keine schwierigen oder ausgefeilten Techniken. Wenn

Unten
Bei dieser Zeichnung mit Zeichenstift wurden zur Verstärkung des Ausdrucks verschiedene Linienstärken, Schraffuren und Farbstärken verwendet. Die Linien haben die konstante Dichte der Zeichentinte.

Rechts unten
Die Bleistiftzeichnung hat eine stärkere Patina. Der Grundriss und die Konstruktionslinien, die der Erstellung des Aufrisses und der perspektivischen Ansicht dienen, sind beibehalten. Das bei einer komplexen Bleistiftzeichnung unvermeidliche Verwischen strukturiert gleichzeitig den Hintergrund. Durch unterschiedlich starkes Aufdrücken der Bleistiftspitze erreicht man eine Variation in der Liniengestaltung wie des inhaltlichen Ausdrucks.

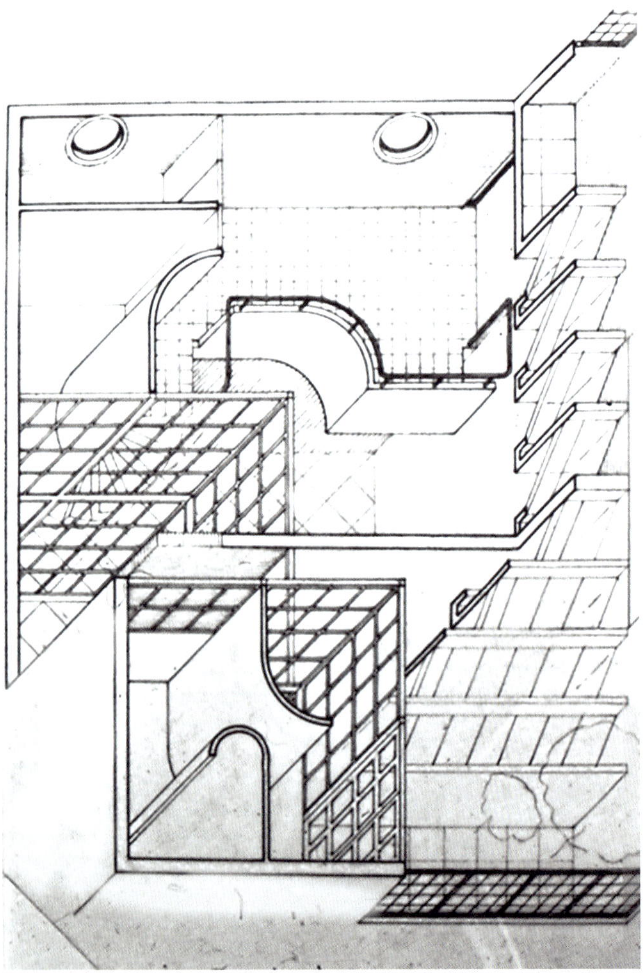

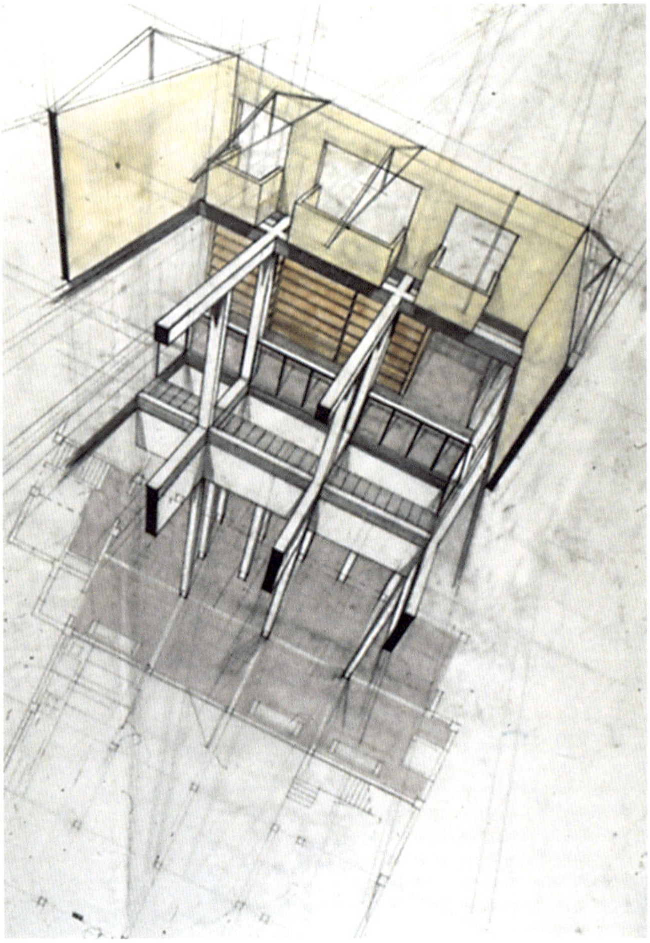

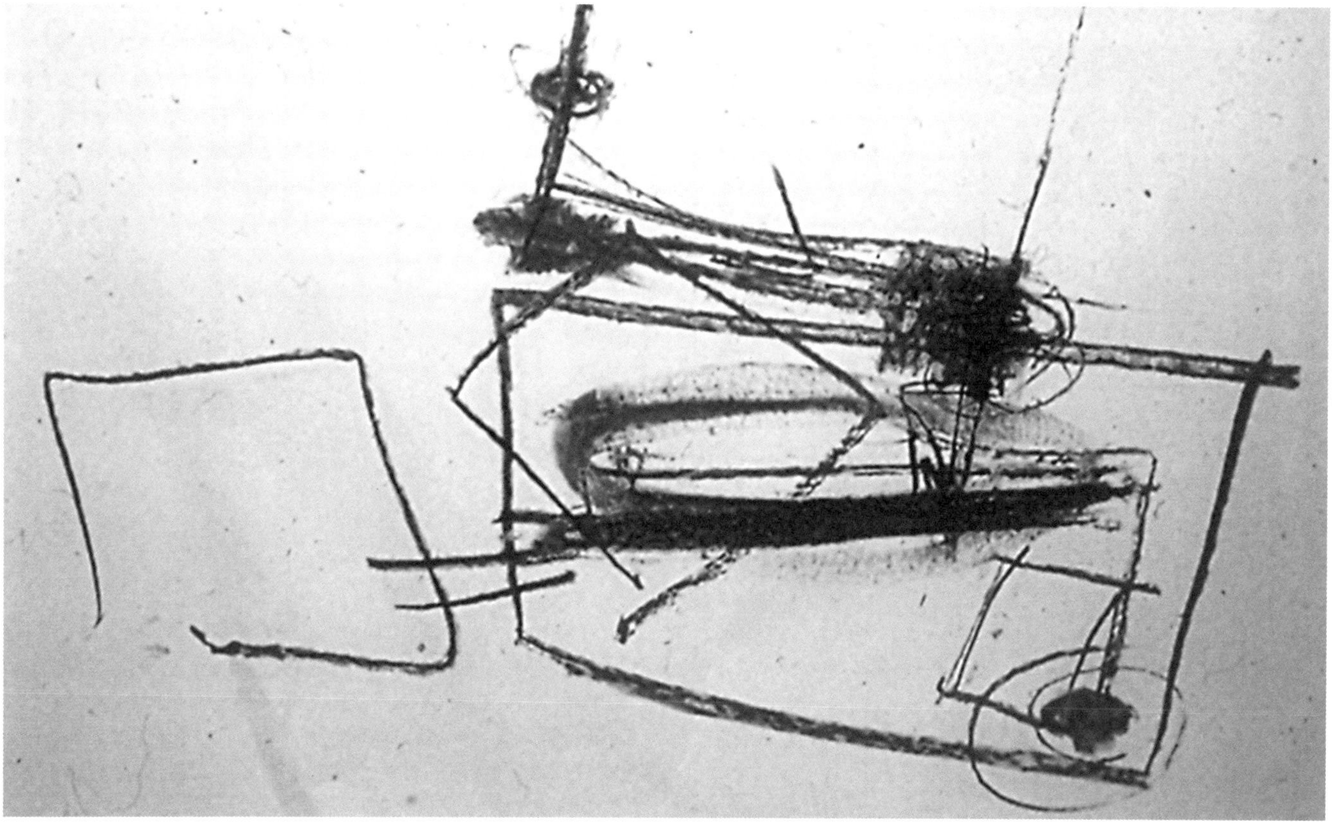

Links
Diese prägnante Darstellung der Krümmungen, die die starre Linie einer Treppe aufweichen, ist überzeugend. Obwohl nur einfach skizziert, zeigt das Bild, dass es von jemandem erstellt wurde, der die Technik einer Treppe, die Proportionen des Aufstiegsprofils und die wesentliche Struktur versteht. Die Zeichnung löst zwar nicht die technischen Probleme, setzt aber ästhetische Prioritäten.

Oben
Eine allererste, nahezu abstrakte Probeskizze, deren Inhalt sich nur dem Zeichner selbst erschließt.

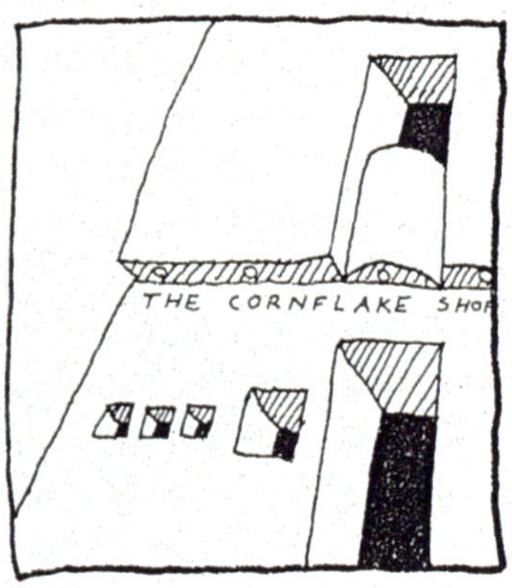

Ganz oben und oben
Dieselbe Innenansicht, einmal bei Tag und einmal bei Nacht, vermittelt wegen ihrer Einfachheit und Präzision die enthaltene Information effektiv.

Rechts oben
Dieses sehr sorgfältig zusammengestellte Bild schenkt der Perspektive genug Aufmerksamkeit, um glaubwürdig zu wirken. Aber es befasst sich hauptsächlich mit den einfachen Elementen, die den Innenraum gestalten.

nämlich der fertigen Zeichnung zu viel Bedeutung beigemessen wird, führt dies dazu, dass man die Anfertigung zu aufwendig gestaltet, und dies geht über den Zweck der Informationsvermittlung weit hinaus, wozu die Zeichnung eigentlich dient. Da jedoch Designer von Natur aus dazu tendieren, sich über den ästhetischen Wert von allem, was sie tun, Gedanken zu machen, ist es schwierig für sie, nicht an einer Zeichnung herumzufeilen. Es scheint nämlich auch so zu sein, dass eine Zeichnung ihren Eigenwert hat, sogar wenn der Akt des Verschönerns von der Betrachtung des Inhalts ablenkt. Es ist auch schwer, genau zu bestimmen, wann eine Zeichnung fertig ist und keiner Verbesserung mehr bedarf. Vielleicht scheint sie erst dann als Kunstwerk fertig zu sein, wenn deutlich wird, dass man nichts dabei gewinnt, wenn die Arbeit daran fortgesetzt wird.

Wenn sich eine Zeichnung als besonders gelungen herausstellt, besteht immer die Gefahr, dass dadurch die Beurteilung der Qualität der Idee vernebelt wird. Es ist schwierig, sich nicht irgendetwas verbunden zu fühlen, das Stil und Können beinhaltet. Dennoch sollte man bedenken, dass alle Zeichnungen die im Entwicklungsverlauf eines Projekts entstehen, wahrscheinlich im Papierkorb enden, was sie eigentlich auch sollen.

Es ist keine Überraschung, dass es schwierig ist, Beispiele einfacher und nützlicher Entwicklungszeichnungen zu finden. Diejenigen, die man noch erhält, sind untypisch, einfach deswegen, weil sie besondere Bedeutung hatten oder hervorragend gemacht waren und ihr Zeichner sich nicht von ihnen trennen konnte.

Der beste Weg zur Anfertigung guter Handzeichnungen besteht einfach darin, viele zu erstellen, und zwar schnell und spontan, bis das zu einem Vorgang wird, den man nahezu ohne Denken ausführt. Der Zweck besteht nicht darin, eine perfekte Zeichnung oder die genaue Studie eines Objekts zu erstellen. Es müssen auch keine Feinheiten von Licht und Schatten eingefangen werden. Der Zeichengegenstand existiert nur in der Vorstellung, und es ist der ständige Versuch diesen zu zeichnen, der hilft seine Natur mit wachsender Genauigkeit zu definieren.

Die ersten Zeichnungen sind wahrscheinlich einfach, schematische Grundrisse, die die Aufteilung der Bodenfläche und Positionen der Möbel oder anspruchslose perspektivische Ansichten mit wenig Detail zeigen. Mit dem Fortschreiten des Gestaltungsprozesses werden sie detaillierter und genauer. Gleichzeitig bekommt der Designer auch einen klareren Einblick in Möglichkeiten und Begrenzungen. Bei jedem Projekt ist es wichtig, dass sich zwei- und dreidimensionale Zeichnungen im Lauf der Entwicklung ergänzen. Grundrisse und Abschnittspläne erlauben eine Überprüfung der in den perspektivischen Ansichten enthaltenen Ideen. Schließlich beruht die Durchführbarkeit jedes Vorschlags auf seiner Beziehung zur Gestaltung des Gebäudes, in das er eingepasst wird. In den meisten Fällen ist die Fähigkeit des Designers im Umgang mit der komplizierten Handhabung der durch die Funktion vorgegebenen Maße zusammen mit dem bestehenden Plan der Schlüssel zum Erfolg.

Wenn eine Zeichnung effektiv sein soll, muss ihr Inhalt glaubwürdig, aber nicht notwendigerweise genau sein. Es gibt wesentliche Grundlagen, die angestrebt werden sollten, und wenn dies erreicht ist, sollte dies ein überzeugendes Ergebnis sichern.

Proportionen und Perspektiven sollten genau und plausibel sein, die Darstellung von Licht und Schatten sollte einfach gehalten sein, um Inhalte klar darzustellen. Die Tönung der Wand soll sich auf jeder Seite einer Ecke unterscheiden, da bei jeder ein anderer Lichteinfall vorherrscht, aber die Tönung auf jeder Seite wird gleichmäßig und nicht in impressionistisch strukturierten Flecken verteilt. Die Ränder der Schatten sollten scharf und gerade verlaufen. Außerdem sollte jede Zeichnung nur eine einzige imaginäre Lichtquelle haben, sodass die Formen klar und eindeutig erkennbar werden. Wenn das Spiel von Licht und Schatten zu kompliziert wird, verliert sich der Zweck der Zeichnung wahrscheinlich in unzusammenhängenden grafischen Effekten.

Es gibt zwei Wege, eine Freihandperspektive überzeugend darzustellen: Der erste Weg besteht darin, die Perspektive so „falsch" wiederzugeben, dass es scheint, als ob kein Versuch unternommen wurde, sich an die Regeln zu halten – das muss aber dermaßen übertrieben sein, dass man eindeutig erkennt, dass diese Absicht dahintersteht; bei der anderen Möglichkeit sollte sie möglichst genau sein, um glaubwürdig zu wirken; daher müssen die Proportionen des dargestellten Raumes stimmen.

TIPP HANDGEZEICHNETE LINIEN

Vermeiden Sie „haarige" künstlerische Linien. Eine Variation freistehender Linien wie links wird als Zeichenfehler erscheinen. Eine kontrollierte Variation rechts wird Fehler durch einen überlegteren „Freihandeffekt" absorbieren. Die Konzentration zur Kontrolle der Variation hilft die Linie gerade zu halten.

Ein Designer sollte freihändig einen guten rechten Winkel zeichnen können – mit einiger Praxis ist das möglich. Ebenso verhält es sich damit, einen rechten per Augenmaß auf einen 45°- oder 30°-Winkel zu teilen. Wenn es besonders auf Genauigkeit ankommt oder die Formen komplex sind, kann man Winkel und Linien zunächst leicht mit Zeichengeräten erstellen und dann mit der freien Hand überzeichnen.

Die Genauigkeit von Proportionen wird durch Messungen garantiert. Eine daran ausgerichtete Zeichnung muss nicht technisch konstruiert sein. Die Regeln für die Erstellung technischer Zeichnungen lassen sich auch freihändig anwenden; auch eine freihändige Linie kann maßstabsgetreu sein.

Eine einfache Freihandperspektive erstellen

Das Erstellen von korrekten Proportionen ist relativ einfach. Wenn die Rückwand des Raumes im Grundriss gezeichnet wird, kann man, auch bei einer Freihandzeichnung, die genauen Proportionen abmessen – etwa wie in der linken und auch in der rechten Zeichnung, wo die Prinzipien der Zentralperspektive angewandt werden. Dazu muss man einen Fluchtpunkt auf der Rückwand festlegen, der sich gewöhnlich nicht in der Mitte befindet und für einen Blickwinkel aus dem Stand 1600 Millimeter, für einen im Sitzen 1100 Millimeter über Bodenniveau liegt. Prinzipiell ist jede Höhe akzeptabel. Die Entscheidung darüber sollte auf der Basis gefällt werden, welcher der informativste oder überzeugendste Blickwinkel ist.

Durch das Zeichnen von Linien, die vom Fluchtpunkt aus durch die Ecken des Rechtecks verlaufen, entstehen Decke, Fußboden und Seitenwände. Dabei bleibt nur noch die Entscheidung, wie weit diese Elemente von der Rückwand entfernt sein sollen. Der häufigste Fehler dabei besteht im Ignorieren der Verkürzung. Das führt dazu, dass sie zu weit ausgedehnt werden. Daher muss das gut abgeschätzt werden.

Wenn die Umrisse erstellt worden sind, ist es leicht, innerhalb des Raumes Unterteilungen vorzunehmen. Dazu zeichnet man Diagonalen, die sich in der Mitte kreuzen, auf die Ebenen. Die dadurch entstandenen

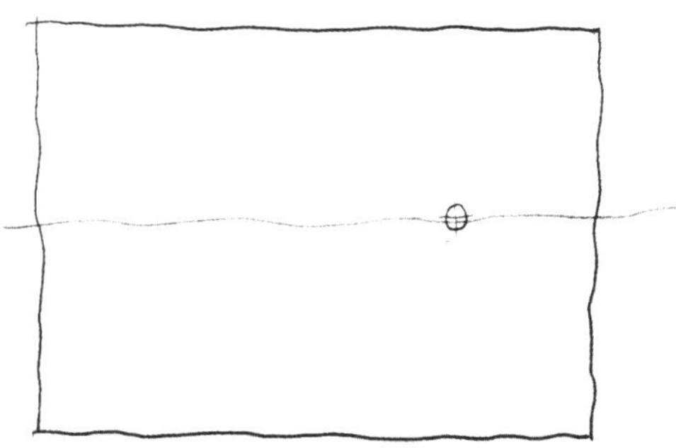

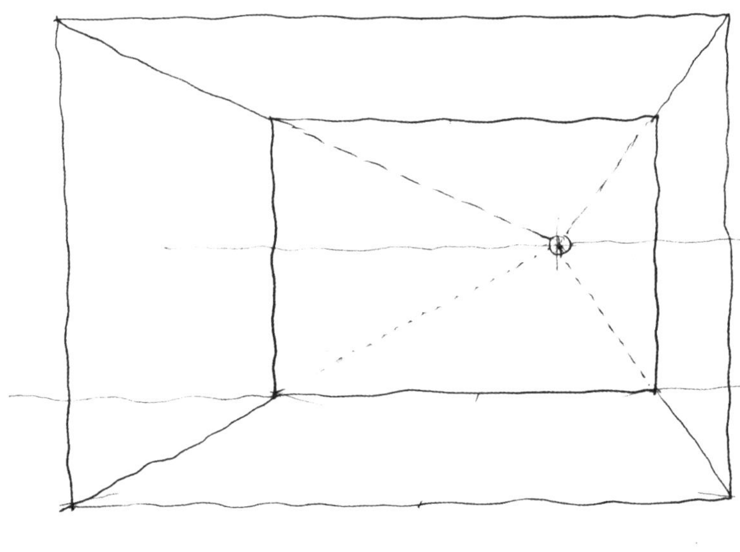

Felder können in gleiche Weise weiter aufgeteilt werden und es kann auch eine vom Fluchtpunkt aus über den Boden führende Linie zu diesen Aufteilungen führen, um so die Position von horizontalen Unterteilungen etwa für einen Fliesenboden festzulegen. Die gleichen Prinzipien gelten auch für alle anderen Ebenen. Die Lage eines Elements muss nicht genau mit einer dieser Unterteilungen übereinstimmen, sondern kann auch einer intelligenten Einschätzung entsprechend positioniert werden.

Im Allgemeinen neigt man dazu, die Länge der Seitenwände zu überschätzen. Dies kann durchaus akzeptabel sein, wenn die Perspektive verdreht wird, um eine klarere Darstellung von Elementen innerhalb des Raumes zu erreichen. Dann erreicht man den Punkt, an dem es besser ist, den Boden der glaubhaften Perspektive in Richtung etwas Schematischem zu verlassen. In der „echten" Perspektive neigen Elemente dazu, überlagernd zu wirken, und die entsprechende Information kann besser vermittelt werden, wenn man sie voneinander separiert. Wenn die „Verdrehung" gut gelöst ist und nicht den Versuch macht, eine echte Perspektive darstellen zu wollen, ist dies in Ordnung.

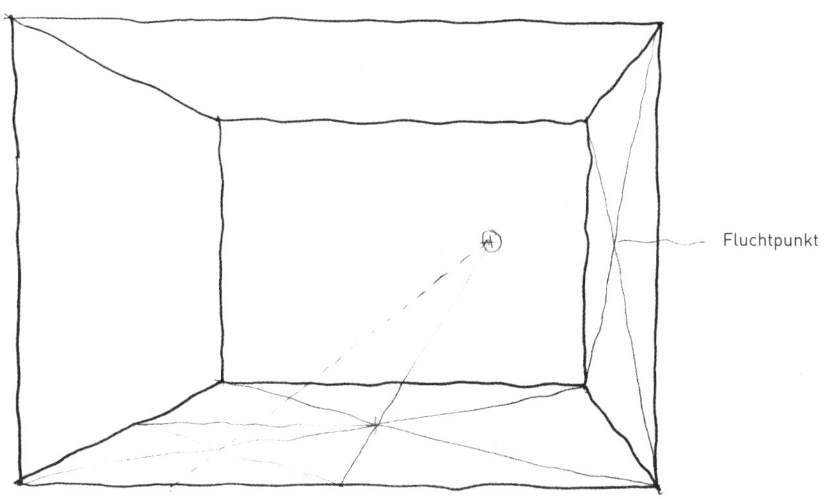

Linke Seite und hier
Eine Abfolge von Zeichnungen, die den Aufbau einer freihändigen Perspektivzeichnung darstellen. Es beginnt mit der Rückwand und dem Festsetzen des Fluchtpunkts (linke Seite links). Bei der nächsten Zeichnung (linke Seite rechts) werden Wände, Fußboden und Decke hinzugefügt. In der letzten Zeichnung (links) unterteilt man Fußboden und Wände.

Hier und Seite rechts
Abfolge von Perspektivzeichnungen, bei denen Fußboden, Wände und andere Innenelemente mit Hilfe eines Fluchtpunkts und eines vor dem Grundriss befindlichen Blickpunkts erstellt werden.

Es gibt einen einfachen Weg, die Länge der Seitenwände genau zu bestimmen:

Die Rückwand wird maßstabsgetreu gezeichnet und wie zuvor mit einem Fluchtpunkt versehen. Dann wird ein im selben Maßstab und in der Ausrichtung erstellter Grundriss hinzugefügt. Vor diesem legt man den Blickpunkt fest. Liegt dieser zu nah, werden die Seitenwände zu breit erscheinen, liegt er zu weit weg, werden sie zu schmal, um noch genug Details erkennen zu lassen.

Fußboden, Decke und Wände werden wie zuvor erstellt, aber hierbei wird der vordere Rand des Raumes durch Linien bestimmt, die vom Blickpunkt auf die verlängerte Linie der Rückwand hin verlaufen und dann vertikal nach oben gezogen werden.

Nach dem gleichen Prinzip kann man auch Körper innerhalb des Raumes und die Lage jedes anderen Elements herstellen. Jedoch wird man an einen Punkt gelangen, an dem dieser Grad an Genauigkeit nicht nötig ist, und alles weitere Zeichnen wird in Beziehung zu den Referenzpunkten der ersten ausgedruckten Grundrisse geschehen. Es ist wahrscheinlich auch gar nicht wünschenswert, zu viel Überlegung zu investieren, denn dann verliert die Zeichnung den Charme einer Freihandskizze.

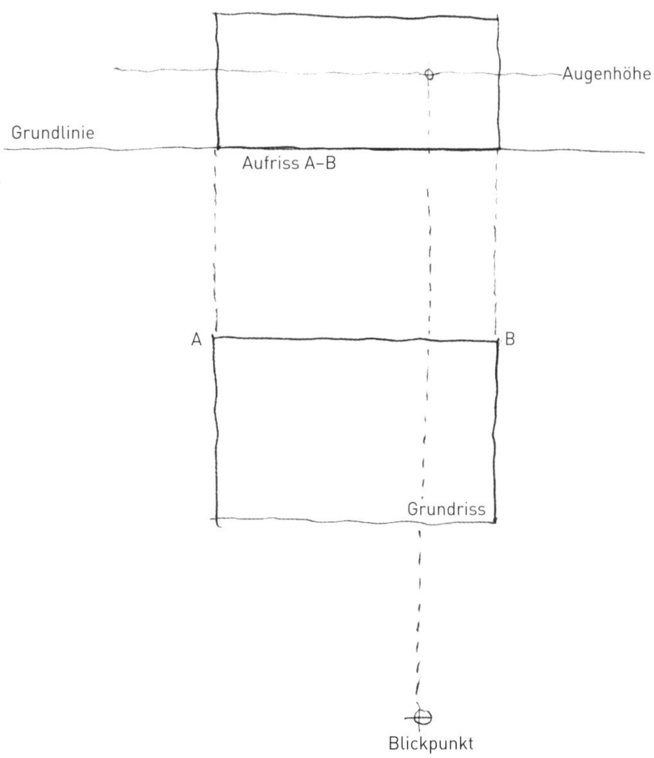

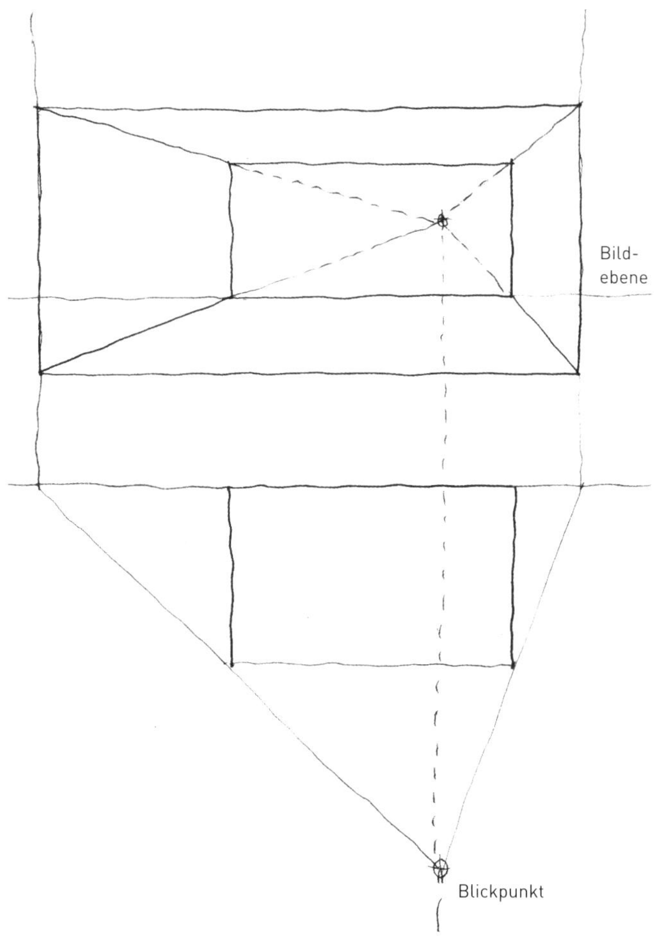

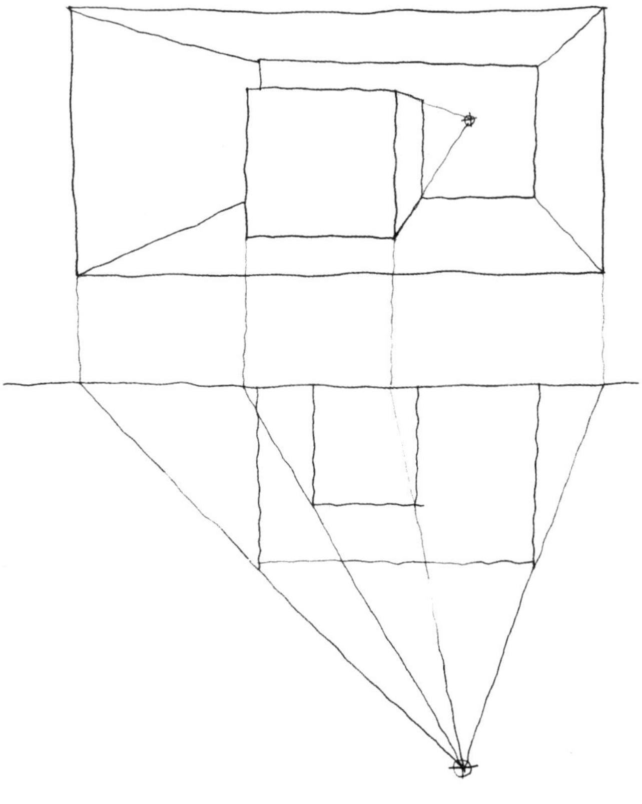

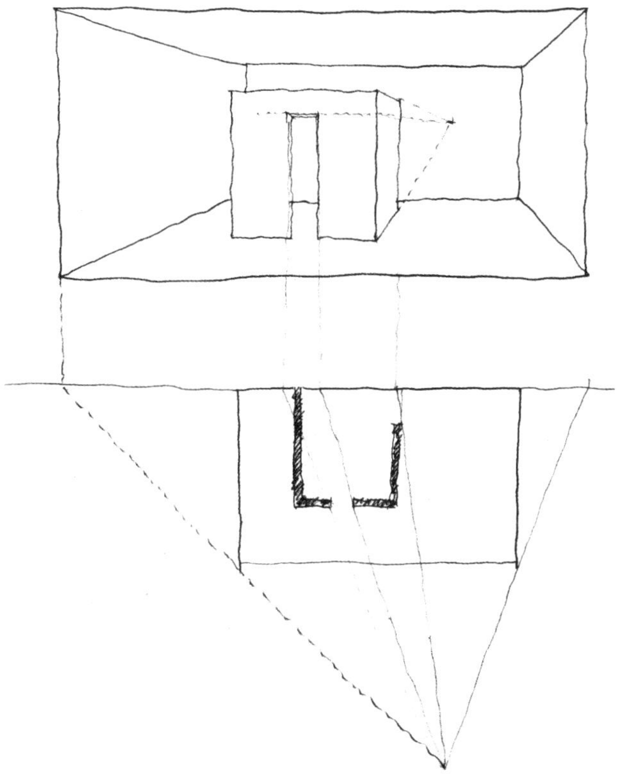

Axonometrische und isometrische Projektionen

Freihändige Perspektivzeichnungen sind eher schwierig zu erstellen, denn die Linien laufen alle auf denselben Fluchtpunkt zu. Eine axonometrische oder eine isometrische Zeichnung, die auf parallelen Linien beruht, vermeidet dies und ist daher mit oder ohne Hilfsmittel äußerst leicht zu erstellen.

Die Konstruktionsprinzipien für diese Ansichten sind einfach. Der Grundriss wird winklig angelegt, der axonometrische im Winkel von 45° zur Horizontalen – wie bei einem echten Grundriss. Bei einer isometrischen Darstellung werden die beiden dem Betrachter nächstgelegenen Wände mit 30° zur Horizontalen angelegt, was zu einer Verdrehung des Grundrisses führt, aber mehr Raum für die Ausgestaltung der Zeichnung schafft. Bei beiden Projektionen werden die vertikalen Linien im gleichen Maßstab gehalten wie der Grundriss. Keine der beiden Methoden schafft eine echte Perspektive, aber beide bieten eine überzeugende Darstellung von Dreidimensionalität. Die Ergebnisse kann man als grafische Darstellung betrachten und, um einen realistischeren Eindruck der Ausleuchtung zu erhalten, auch schattieren. Der axonometrische Entwurf ist freihändig leichter zu bewerkstel-

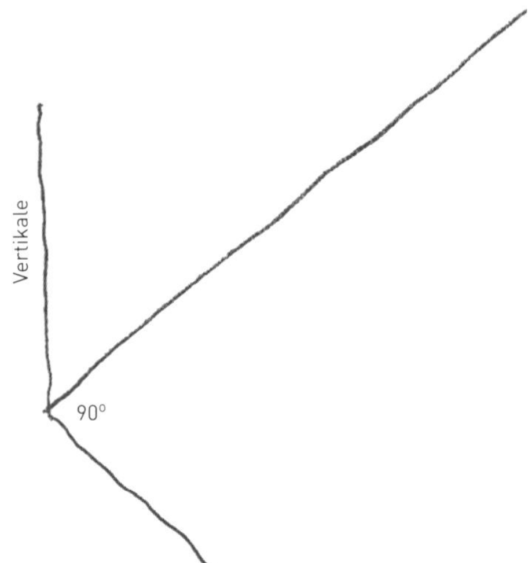

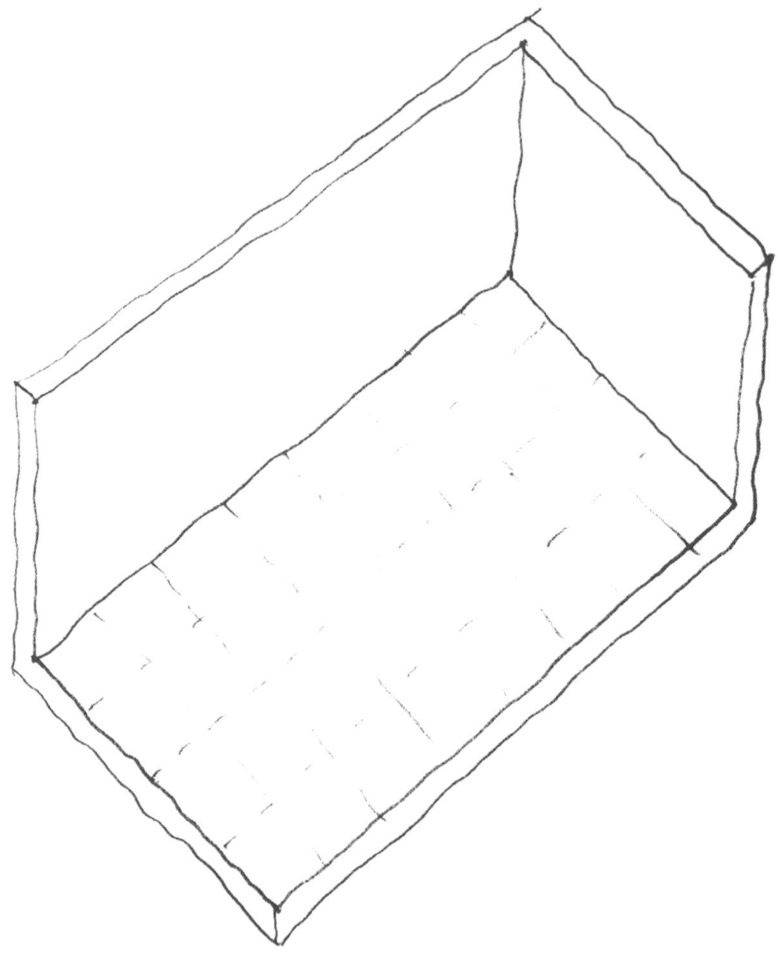

ligen. Ein Computer schafft beide Arten gleichermaßen ohne Probleme.

Beim axonometrischen Entwurf ist es wesentlich, eine Ecke zu zeichnen, die sich glaubhaft an das Basisprinzip der vorderen Ecke anlehnt, die in einem Winkel von 45° zur Horizontalen erstellt wurde. Der Grundriss und die Erhöhungen sind nicht verdreht und so ist es wichtig, an die Ecke rechtwinklig anzulegen und den Abschluss der Wand genau vertikal zu zeichnen. Nachdem diese wenigen Linien gezeichnet sind, ist die Fertigstellung, den Zeichenregeln entsprechend, einfach. Es ist nicht schwierig, die Winkel- und relativen Maße abzuschätzen, indem man sich konzentriert und die Zeichnung immer wieder kritisch überprüft. Ist man mit einem Teilbereich nicht zufrieden, sind Korrekturen leicht vorzunehmen.

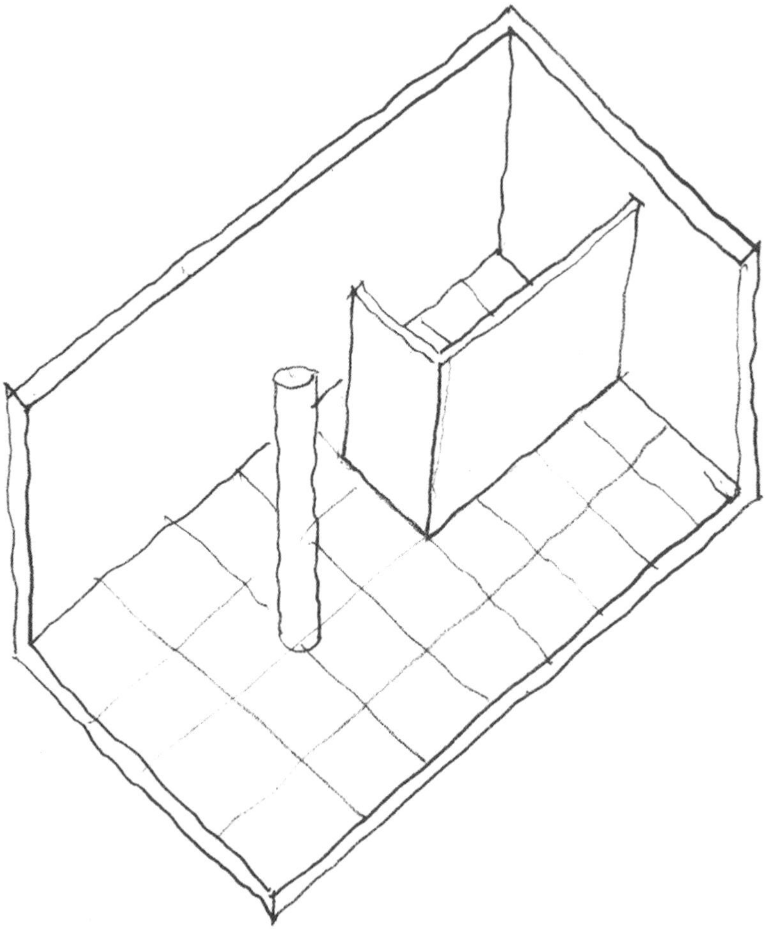

Seite links und hier
Dieses Beispiel gibt die Erstellung der Grundform einer axonometrischen Zeichnung mit Hilfe von Zeichengeräten, eines Maßstabslineals und eines Geodreiecks, wieder. Der Vorteil beim freihändigen Überzeichnen eines konstruierten Grundrisses besteht darin, dass es viel schneller als bei einer vollständig konstruierten Zeichnung geht und das Erscheinungsbild nicht so detailliert sein muss. Bei einer zu gewissenhaften Ausführung verliert die Zeichnung ihre Dynamik.

Overlaytechnik

Zur Anfertigung von Overlays bietet Transparentpapier vollkommene Durchsichtigkeit. Dünnes weißes Papier ist weniger transparent, doch dunkle Linien darunter scheinen durch. Allerdings macht das weiße Papier das Einfärben leichter. Die Wahl des Materials unterliegt dem persönlichen Geschmack, aber die Ablehnung jeglicher Transparenz zugunsten der gewohnten Struktur von Kartuschenpapier oder einer anderen gänzlich undurchsichtigen Papiersorte macht es notwendig, für jede neue Darstellung eine neue maßstabsgerechte Zeichnung des bestehenden Rohbaus anzufertigen.

Erstellt man Designzeichnungen von Hand, ist eine Kopie des Rohbauplans besonders nützlich. Kopierte Freihandzeichnungen sind exakt genug und wichtige Maße wie die Größe von Räumen und Mobiliar oder Türbreiten können mit einem Maßstabslineal angefertigt werden. Solche Elemente mit einer weitgehend standardisierten und erkennbaren Größe geben Aufschluss über die Realität und Durchführbarkeit in Bezug auf die innenarchitektonischen Vorschläge. Wenn man die Maße nicht überprüft, neigt man dazu, die Größen zu überschätzen, und verliert den Bezug zur Realität der Raumbegrenzung.

Wenn ein erster Vorschlag überdacht werden muss, kann man häufig die abgelehnte maßstabsgetreue Zeichnung als Basis für eine erneute Freihandskizze verwenden. Mehrere Zeichnungen lassen sich schnell hintereinander anfertigen und das erneute Nachdenken drückt sich in einer Spontaneität aus, die weitere Ideen hervorbringt und diesen erlaubt, sich zu materialisieren. Die langsamere Geschwindigkeit mit der genaue Routinezeich-

TIPP MASSE BEI FREIHANDZEICHNUNGEN

Eine gewisse Fertigkeit im Kopfrechnen ist bei der Erstellung von Freihandzeichnungen nützlich. Wenn die Maße von Räumen und Wandstärken bekannt sind, sollte man sich auf mathematischem Weg der Praktikabilität, etwa von Freiflächen, versichern, auch wenn die Zeichnung nicht sehr genau ausfällt. Außerdem gibt eine gute Kenntnis von Standardmöbelmaßen wertvolle Hinweise auf den relativen Maßstab. Beim Beispiel links sieht die Freifläche um und hinter dem gekrümmten Schreibtisch beengt aus und man erkennt, dass die Sitzfläche unterhalb des Fensters angeglichen werden muss, um mehr Platz zu schaffen.

nungen angefertigt werden, lässt Raum für die Aufmerksamkeit und die Vorstellungskraft.

Ob man ein Projekt erstmals durchdenkt oder im weiteren Verlauf versucht, sich neu zu orientieren, um Probleme zu lösen – im wiederholten Zeichnen von Wandstärken und der Bestimmung von Fenster- und Türöffnungen liegt ein gewisser Vorzug, denn jede Wiederholung verstärkt den Eindruck, den man von der Natur eines Gebäudes gewinnt. Die Innenraumgestaltung in dicken Steinwänden benötigt andere Lösungen als eine in einer anderen Baukonstruktion. Daher ist es auch üblich, die Besonderheiten jedes Gebäudes in jeder neuen Freihandzeichnung durchzupausen, um sich dessen bewusst zu werden. Die mit einer Pause versehene Freihandzeichnung wird unvermeidlich schneller sein und das Gitternetz des Millimeterpapiers bietet ein alternatives Messsystem an.

Linke Seite
Ein schnell gezeichneter Aufriss, bei dem die wichtigen alten und neuen Elemente mit Filzstift farbig markiert sind.

Oben
Dieser sehr genau ausgeführte Aufriss verwendet Millimeterpapier. Es kann auch umgekehrt der Fall sein, dass nämlich gerade die Art der Konstruktion zur Verwendung des Millimeterpapiers geführt hat. Wie auch immer, das Gitternetz vereinfacht die Platzierung und Größendarstellung von Elementen.

Freihandzeichnungen für die Präsentation

Für erste Präsentationen können Freihandzeichnungen nützlich sein, da es besonders in der frühen Diskussionsphase wichtiger ist, einen Einblick in die Vorlieben des Kunden zu gewinnen, als sich feste Einverständniserklärungen zu sichern. Sie sind ein schneller Weg zum Erstellen von Zeichnungen, wenn dies im Rahmen einer Diskussion nötig werden sollte, oder um zu zeigen, wie weit die Fortschritte des Projekts bereits gediehen sind.

Meistens ist es weniger vorteilhaft, den Kunden mit einer Ansammlung von Rohskizzen zu konfrontieren, und es ist unwahrscheinlich, dass die ersten Vorskizzen einer genauen Betrachtung ebenso standhalten wie ernst gemeintes Präsentationsmaterial. Die unvermeidlichen schwächeren Teile werden die Wirkung der besseren abschwächen. Im Gegensatz dazu ist der Computer zwar vielleicht langsamer, aber er garantiert Ergebnisse von akzeptabler Qualität.

Während die sauberer ausgeführten Versionen der ersten Zeichnungen für Präsentationszwecke vorzuziehen sind, ist es ebenso wünschenswert, dass die abschließende Version sich etwas von dem frischen und energiegela-

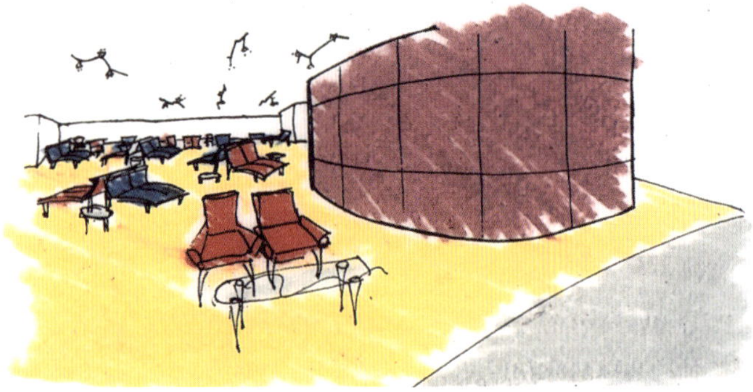

Oben
Diese offensichtlich einfache Zeichnung überzeugt dennoch, denn sie ist kraftvoll ausgeführt und die Perspektive ist glaubhaft. Die Darstellung der Sitze macht es offensichtlich, dass der Designer besondere Beispiele im Sinn hatte. Die Umsetzung der Durchsichtigkeit des Glastischs ist besonders effektiv. Der Vorschlag von Verblendungen an dem gekrümmten Element zeigt, dass bei der Erstellung des Konzepts die bauliche Konstruktion mit einbezogen wurde.

Rechts
Einige der mit Bleistift gezeichneten Grundlinien sind bei dieser Aquarellskizze sichtbar geblieben, doch die meisten verschwinden unter der kraftvoll aufgetragenen Farbe. Hier soll mehr Atmosphäre als Detail vermittelt werden, Letzteres wird nur durch die Möbel angedeutet. Die Kraft, die dieser Entwurf vermittelt, war stark genug, einen skeptischen Kunden von diesem Projekt zu überzeugen.

denen Geist der Entwicklungsskizzen bewahren kann. Unbefriedigende Teile der Freihandzeichnungen, typische Schwächen bei Perspektive und Proportionen kann man mittels Durchpausen korrigieren und dabei Schwächen ausmerzen. Fehlerfreie Stellen bleiben erhalten. Um den Ausdruck der Zeichnung zu erhalten, ist es gut, schnell alle Linien von Hand nachzufahren, damit bei der Zeichnung nicht der Eindruck von Präzision entsteht, die man effektiver mit technischen Geräten erreicht hätte.

Mit Fotokopierer und Computerscanner kann man die Größe von Bildern anpassen. Größenänderungen scheinen häufig die Qualität des Originals zu verbessern. Dies kann auch ein nützlicher Weg dafür sein, wenn man suggerieren will, dass eine Anzahl unterschiedlicher Skizzen, die in gleicher Größe ausgedruckt werden, einen festen Satz bilden. Die Reduzierung der Größe gibt der Zeichnung eine Dichte, die das Original vielleicht vermissen lässt, und Vergrößerung bringt die Struktur von Linien zum Vorschein, besonders wenn das Original mit einem weichen Bleistift erstellt wurde.

Es ist nicht gut und üblich, die ersten Zeichnungen zu groß anzulegen. Eine große Zeichnung wird mehr Details erfordern und damit auch mehr Arbeitszeit in Anspruch nehmen. Besonders eine glaubwürdige Perspektive ist in einer großen Zeichnung schwerer beizubehalten und verlangt im Arbeitsprozess mehr Aufmerksamkeit. Auch körperlich gesehen ist es bequemer eine Zeichnung kleiner, vielleicht auf DIN A5, anzulegen. Doch letztendlich sollten persönliche Vorlieben für die Wahl von Größe und Medium ausschlaggebend sein.

Es gibt eine Kategorie von Zeichnungen, bei der die händische Methode unübertroffen ist, nämlich die Skizze. Innenarchitektonische Projekte sind meist sehr komplex und es ist üblich, Kunden schrittweise einzuführen, damit die wichtigen Punkte klar und in logischer Reihenfolge beleuchtet werden. Dazu kann man mit dem Computer erstellte Ansichten verwenden, aber solche Bilder sind weniger effektiv, wenn sie zu einfach sind. Der Computer ist am besten, wenn man sich seiner Stärken bedient und diese Stärken liegen in der Erstellung komplexer Formen und im Rendern. Komplexe Bilder sind aber nicht notwendigerweise gute Skizzen. Die Handskizze, die nur eine einzige wesentliche Idee behandelt, kann hingegen Prinzipien und Absichten genau darlegen.

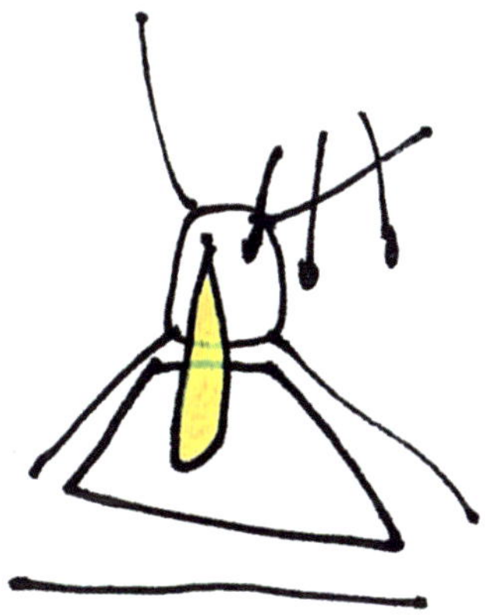

Oben
Eine kleine, aber elementare Skizze eines Raumgrundrisses. Sie zeigt Deckenleuchten und vielleicht einen Menschen.

Rechts
Zwei Pausen eines Grundrisses: Links sind durch Schraffur problematische Stellen dargestellt und rechts markieren rote Linien den Lösungsvorschlag.

Links unten
Der Holzbleistift bleibt unverzichtbar, muss aber immer angespitzt werden. Mechanische Bleiminenstifte bieten eine konstante Linienstärke. Der unten vorgestellte Stift ermöglicht eine dicke Linie für das Skizzieren. Der obere erlaubt eine genaue Kontrolle der Linienstärke und die Verwendung unterschiedlicher Bleiminen.

Ganz unten links
Zeichenstifte wie der untere sind mit Patronen bestückt, die eine dichte, meist schwarze Zeichentinte beinhalten. Man kann mit ihnen unterschiedlichste exakte Linienstärken zeichnen. Die dünnsten Spitzen (0,1 und 0,13 mm) sind empfindlich und teuer. Filzstifte wie der obere gibt es in unterschiedlichen Linienstärken, doch bieten sie nicht denselben Grad an Präzision und da sie preiswerter sind, halten sie auch nicht so lange.

Rechts unten
Mit dem Zirkel erstellt man Kreise und Winkel (s. S. 28). Wie rechts zu erkennen, kann man sie mit Minenbleistiften oder Zeichenstiften versehen.

Zeichengeräte

Obwohl es keinen Zweifel daran gibt, dass der Computer zum Zeichengerät erster Wahl geworden ist und unverzichtbar für jede Art von Darstellung, gibt es keinen Grund, weshalb das Zeichnen von Hand als Alternative nicht weiterbestehen sollte. Am besten eignet es sich wohl für den leicht exzentrischen individualistischen Designer, der an kleinen Projekten arbeitet.

Das Freihandzeichnen ist ein effektiver und schneller Weg der Visualisierung von Konzepten in der frühen Planungsphase. Doch bei der Weiterentwicklung von Ideen wird es schnell wichtig, genau und maßstabsgetreu zu arbeiten. Dadurch versteht man, wie Grundrisse und Aufrisse organisiert sein sollen, und bereitet das Zusammenspiel der relativen Proportionen von neuen und existenten Elementen auf. Die auf diesen Seiten gezeigten Zeichengeräte sichern zusammen mit einer Zeichenplatte mit Parallelzeichenschiene das notwendige Niveau an Genauigkeit.

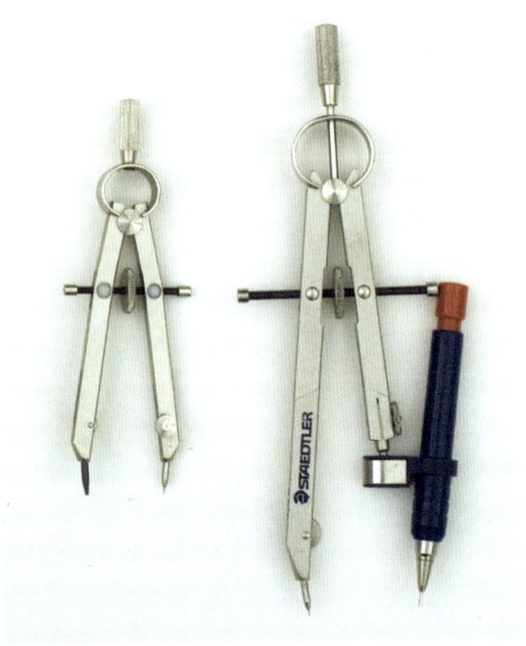

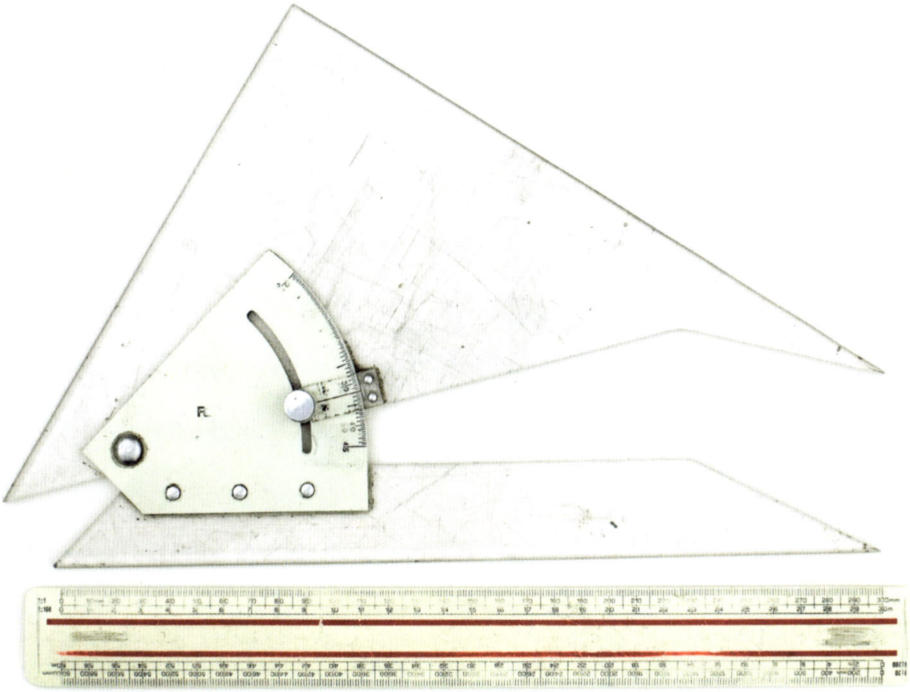

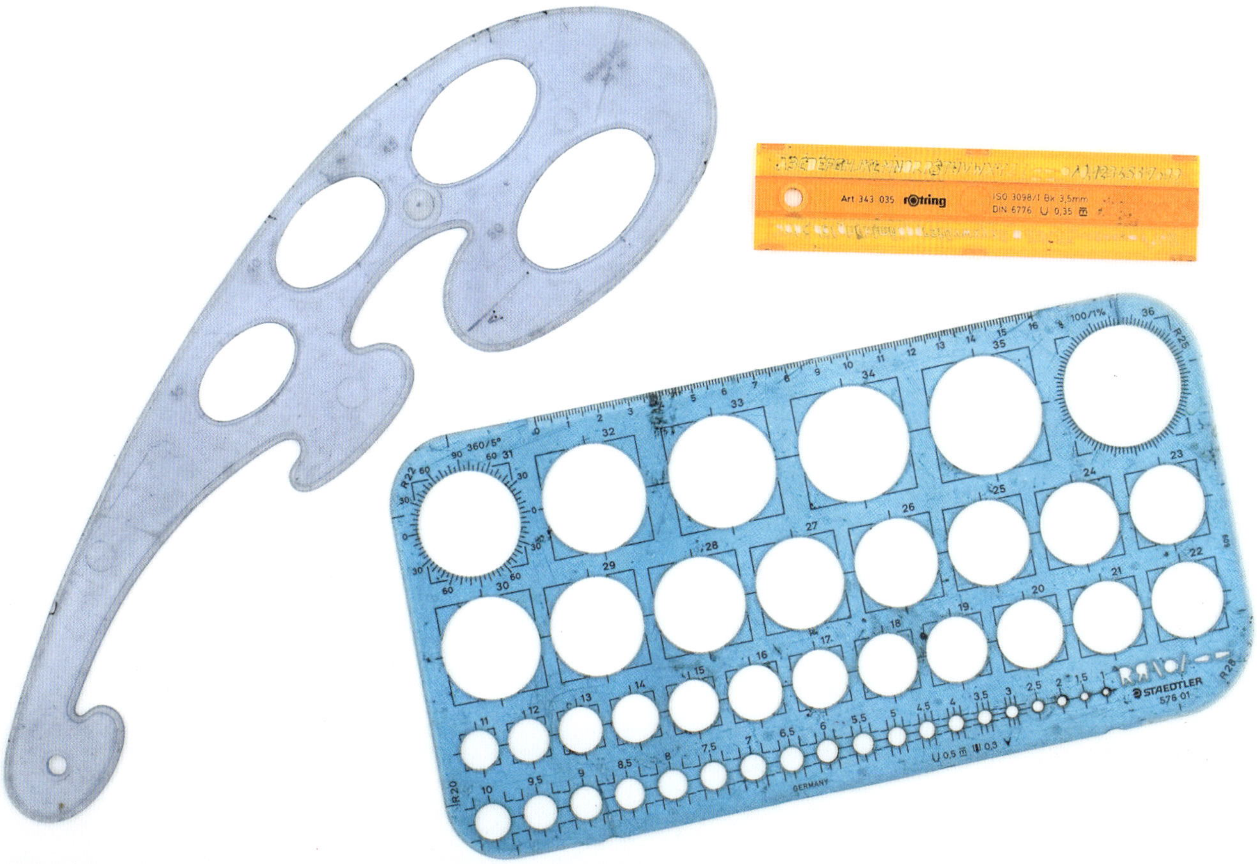

Links
Maßstabslineale sind beidseitig mit der nötigen Anzahl von Standardzeichenmaßstäben versehen. Ein einstellbares Zeichendreieck in Kombination mit einer Zeichenschiene auf einer Zeichenplatte erlaubt die Erstellung genauer Winkel.

Unten
Kreisschablonen verfügen über eine große Anzahl von Kreisradien und mit Kurvenlinealen lassen sich komplexere Formen darstellen. Schreibschablonen für Blei- und Zeichenstift ermöglichen eine deutliche Beschriftung, aber man benötigt viel Zeit dafür. Für enge Randnotizen sind sie nur sehr bedingt geeignet.

Eine händisch erstellte Präsentationssequenz

Oft werden die wichtigen Abläufe bei der Entwicklung von Projekten durch Handzeichnungen initiiert und gelöst. Obwohl für die finalen Präsentations- und Produktionszeichnungen der Einsatz des Computers heute nahezu unvermeidlich ist, bleibt der Punkt, ab wann man von Hand- auf Computerzeichnung übergeht, weitgehend persönlichen Neigungen überlassen. Bei diesem Beispiel entschied sich der Designer, der in den herkömmlichen Techniken ausgebildet wurde und über einen besonders ausgeprägten Zeichenstil verfügt, diese Stärke zu nutzen, indem er seine Zeichnungen gleich bei einer ersten Kundenpräsentation vorstellte.

Um seine Idee zu entwickeln, musste der Designer sehr genau arbeiten, damit er das Potenzial und die Begrenzungen des bestehenden Gebäudes verstand. Besonders traf dies auf das Problem zu, wie man die neue mehrstöckige Struktur mit der gewölbten Decke und dem Oberlicht darin in Beziehung setzt. Während ein Grundriss die Größe von Räumen und die Bewegung zwischen diesen bestimmt, stellt der Aufriss am besten die Möglichkeiten des großvolumigen Innenraums dar und zeigt auch die Nebenräume, wohin Badezimmer und Abstellräume verlegt werden können. Das braune Gewebepapier, das auf die Rückseite des Transparentpapiers geklebt wurde und ziemlich genau die bräunliche Wandfärbung wiedergibt, kennzeichnet gleichzeitig die Umrisse jeder einzelnen Wohneinheit innerhalb des Ganzen. Die Schattierung deutet an, wie das Licht vom Fenster im abschüssigen äußeren Dach durch das horizontale innere Fenster in den Wohnbereich fällt. Die Darstellung der Stühle dient dem Größenvergleich.

Es ist üblich, alle Teile eines Projekts in immer größeren Maßstäben zu zeichnen, um dadurch eine genauere Untersuchung von Einzelaspekten des Designs zu erlauben und diejenigen Bereiche zu identifizieren, wo bestimmte Konstruktionstechniken zu bedenken sind. Oft, wie auch in diesem Fall, wird es wenige grundlegende Änderungen geben, aber das Zeichnen in größerem Maßstab kann Bereiche aufzeigen, die potenziell schwierig visuell aufzulösen sind, wodurch man über eine Darstellung in kleinerem Maßstab nachdenken muss. Beim linken Beispiel auf der rechten Seite ist die Befestigung des Geländers und die Art, wie es sich an die Wand anlehnt, ein kleines, aber wichtiges Detail. Weiterhin sind die Proportionen und die Rahmung der Türöffnungen zu bedenken. Sogar wenn eine derartige Zeichnung im größeren Maßstab nicht zu irgendwelchen (unwahrscheinlichen) Veränderungen führen würde, so ist das häufigere Zeichnen ein wichtiger Teil des Designprozesses, denn dieser wiederholte Akt bringt den Designer dazu, kritisch über Ideen nachzudenken, die bei der Anwendung des kleineren Maßstabs entwickelt wurden.

Während die mit dem Projekt beschäftigten Designer wahrscheinlich die dreidimensionalen Zusammenhänge ihrer eigenen Grund- und Aufrisse sehr genau verstehen,

01
Die Informationsvermittlung wird auf ein Minimum beschränkt, um die Aufmerksamkeit auf die wesentlichen Unterteilungen des Gebäudes zu richten. Maßgenauigkeit ist weniger wichtig als Verständlichkeit.

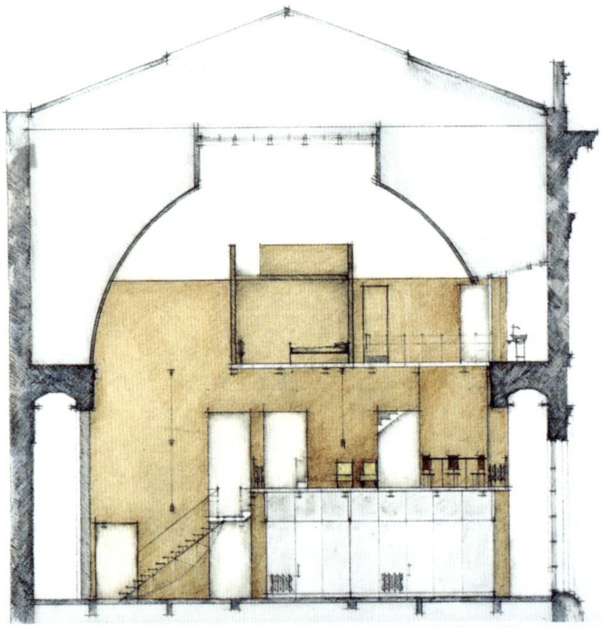

02
Die genaue Beziehung zwischen den neuen und den bereits existierenden Elementen kann nur durch eine maßstabsgetreue Zeichnung effektiv dargelegt werden. Traditionelle Gerätschaften erlauben die Erstellung in akzeptabler Detailgenauigkeit.

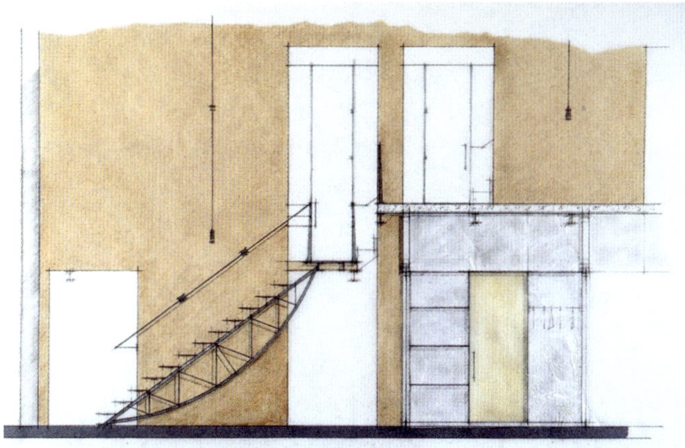

03
Dieser in größerem Maßstab ausgeführte Teilbereich des Aufrisses ermöglicht die detailliertere Betrachtung kleinerer Elemente: Lichtschalter, Treppenbefestigungen und sogar Türgriffe.

04
Eine weitere dreidimensionale Skizze hilft die Beziehung der drei Ebenen zueinander zu klären, ebenso die der verbindenden Treppe. Auch hier dient die Vereinfachung der Übersichtlichkeit.

ist dies für Kunden und häufig auch schon für andere Designer weniger offensichtlich. Daher ist es sinnvoll, freihändig dreidimensionale Skizzen zu erstellen, die die Zusammenhänge klären. Besonders bei einem Wohnprojekt ist es wichtig, dass der Kunde genau versteht, was diskutiert wird und dass die entsprechenden Schlussfolgerungen daraus deutlich gemacht werden, wenn der Kunde einen effektiven Beitrag zur Entwicklung leisten soll. Wie in der ersten Darstellung unserer Beispielsabfolge gezeigt wird, ist die Vereinfachung des Bildes wichtig für dessen Klarheit. Nebensächliches wie Geländer und andere Kleinigkeiten wurden weggelassen.

Man sollte auch erkennen, dass das Erstellen solcher Zeichnungen einen produktiven, beruhigenden Effekt auf den Designer hat. Sie bieten eine kurzzeitige Entspannungsmöglichkeit von der Anfertigung der detaillierten technischen Bilder, bei denen die Betrachtung und die Abstimmung von ästhetischen und praktischen Gesichtspunkten erforderlich und eine diszipliniertere und intensivere Zeichentechnik nötig sind. Gelegentlich mögen sie auch Unstimmigkeiten zwischen Elementen aufzeigen, die in der zweidimensionalen Zeichnung nicht erkennbar waren. Die meisten Designer werden im Verlauf der Erstellung von Grund- und Aufrissen zu ihrem besseren eigenen Verständnis schnell dreidimensionale Ansichten hinkritzeln. Diese können gelegentlich für Präsentationszwecke aufpoliert werden. Dieses gewohnheitsmäßige beschauliche Kritzeln ist ein nützlicher Weg, um sich die Fertigkeiten des Handzeichnens zu erhalten, denn diese sind notwendig, wenn man auf die Frage eines Kunden hin eine sofortige Erklärungsskizze erstellen muss. Dieses Zeichnen aus dem Stegreif wird die letzte Technik des Handzeichnens sein, die vom Computer übertroffen werden wird, und wenn es gut gemacht ist, wird es immer einen Kunden oder auch Kollegen beeindrucken.

Präsentationsblätter

Bei Präsentationsblättern handelt es sich gewöhnlich um eine Anzahl von Zeichnungen. Besonders bei Freihandzeichnungen ist es schwierig, diese auf einer einzigen Tafel zusammenzufassen, und nahezu unmöglich, die ganze Serie hindurch eine gleichbleibende Qualität aufrechtzuerhalten. Selten ist es ausreichend, dem Kunden einige Stücke Transparentpapier zu präsentieren, und das Aufziehen auf Karton ist ein ziemlich übertriebener Weg der Darstellung einfacher Zeichnungen. Besser ist es, diese zu fotokopieren und sie als einzelne DIN-A4-Blätter zu präsentieren. Dabei bleibt eine entsprechende Ungezwungenheit erhalten. Wenn man eine ganze Serie präsentieren möchte, um etwa Erklärungen zu geben, kann man einzelne Zeichnungen arrangieren und auf eine einzige Tafel kopieren. Das Scannen übertrifft das Fotokopieren, da es genau die Qualität des Originals wiedergibt.

Collagen

Die Mehrzahl der innenarchitektonischen Projekte erfordert keinen ausführlichen Umgang mit Fußböden oder Wänden. Während diejenigen, die sich damit beschäftigen, oberflächlich gesehen vielleicht spektakulärer sind, so sind sie nicht notwendigerweise gelungener als diejenigen, die auf vergleichsweise bescheidenen Dingen wie der sorgfältigen Auswahl von Materialien, Farben und Lichteffekten beruhen. Dies alles ist bekanntermaßen nur schwierig und in langwieriger Arbeit durch Handzeichnungen darzustellen und dabei bietet zu Beginn des Gestaltungsprozesses die Collage eine Alternative zum Computer. Wer die Collage bevorzugt, baut sich eine Sammlung von Farben und Oberflächenstrukturen auf, die meist aus Magazinen ausgeschnitten werden und, als aus verlässlichen Quellen stammend, gekennzeich-

Rechts und rechts innen
Während eine Linienzeichnung gut für Grundrisse ist, kann man dreidimensionale Ansichten damit nicht so schön darstellen. Collagen aus zugeschnittenen Papierstücken in verschiedenen Farben und Strukturen, die die vorgeschlagenen Elemente in einfacher Form wiedergeben, vermitteln ein Gefühl von Geschlossenheit. Die einfarbige Version ganz rechts ist mit dem Computer erstellt und konzentriert sich auf die Form.

TIPP BUNTES GEWEBEPAPIER

Es ist immer schwierig, große Farbflächen in Zeichnungen darzustellen. Hier bildet Gewebepapier die unterschiedlichen Farbflächen für Wände und Fußböden. Das Gewebepapier wird von hinten auf das Transparentpapier geklebt. Das filtert auch die Intensität der Farben. Die Stücke werden einfach in Form geschnitten oder gerissen und mit Klebstoff besprüht, um sie zumindest so lange zu befestigen, bis der Kopierprozess abgeschlossen ist. Da das Gewebepapier ein wenig durchsichtig ist, kann man es, wenn es festgeklebt wurde, mit einem Bastelskalpell entlang der Flächenlinien nachschneiden.

Links

In dieser Zeichnung auf Transparentpapier definiert eine Linie aus schwarzer Tinte grob den Raum. Die Collage aus fotografierten pinkfarbenen Sesseln gibt den mehr grob präsentierten Elementen Glaubwürdigkeit.

Die skizzierten Sessel werden auf der Vorderseite des Transparentpapiers mit Farbstift nachbearbeitet. Dies vermeidet Beschädigungen am Gewebepapier, das die Farbe für die Wände und den Fußboden bildet.

Unten

Einer schnellen Linienzeichnung auf Transparentpapier wird durch Collageblöcke von strukturierter Farbe Festigkeit vermittelt.

Die Freihandzeichnung wirkt besonders gut durch die überzeugende Perspektive der gebogenen Elemente.

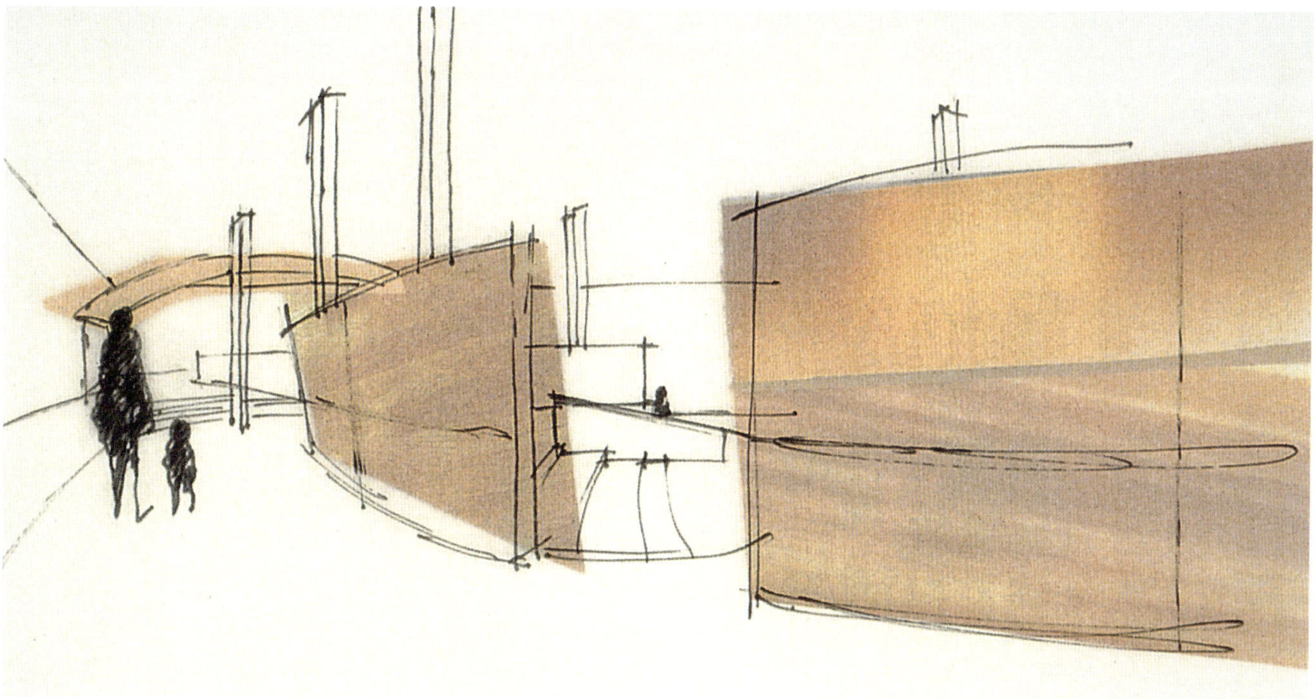

net werden. Derartige einfach zusammengeklebte Bilder können etwas von den Charakteristiken und der Kompetenz eines gut gearbeiteten Gegenstands vermitteln und die Quellmaterialien werden mit dem Computer gescannt und bearbeitet, um Perspektive und Maßstab besser Rechnung zu tragen. Mit dem gewollten Fehlen von Präzision bei Dimension und Perspektive werden und sollten diese Bilder deutlich machen, dass ihre Absicht nur darin liegt, einen Eindruck von der vorgeschlagenen Gestaltung des Innenraums zu geben.

Offensichtlich wird beim Arbeiten mit der Collage die Darstellung von Farben dadurch bestimmt, dass nur eine begrenzte Menge von Papierarten und Bildern zur Verfügung steht. Wenn man jedoch eine Handzeichnung in den Computer einscannt, kann man Blöcke aus Farben und Strukturen genau anpassen und weitere Verfeinerungen wie die Darstellung von Durchsichtigkeit, Spiegelungen und Lichteffekte hinzufügen. Es ist daher sinnvoll für diese Arbeiten auch auf den Computer zurückzugreifen, der wesentlich effektiver kopiert und zusammenfügt.

Fertig ausgeschnittene und geklebte Collagen kann man verbessern, indem man sie fotokopiert und so ein flaches, in sich geschlossenes Bild erhält. Das Scannen bietet sogar eine noch höhere Qualität der Kopie und das so entstandene Bild kann am Computer noch weiterbearbeitet werden.

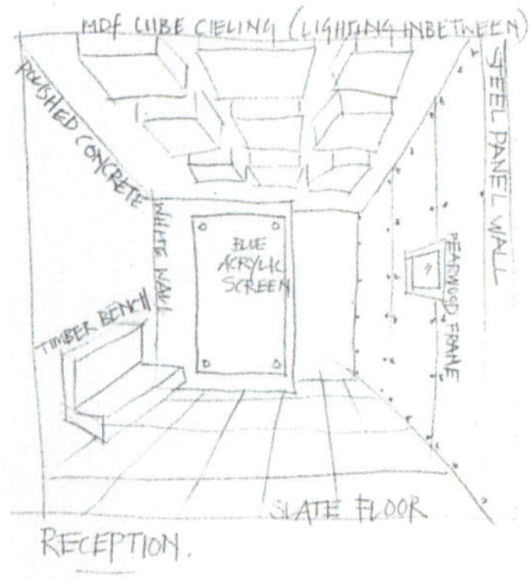

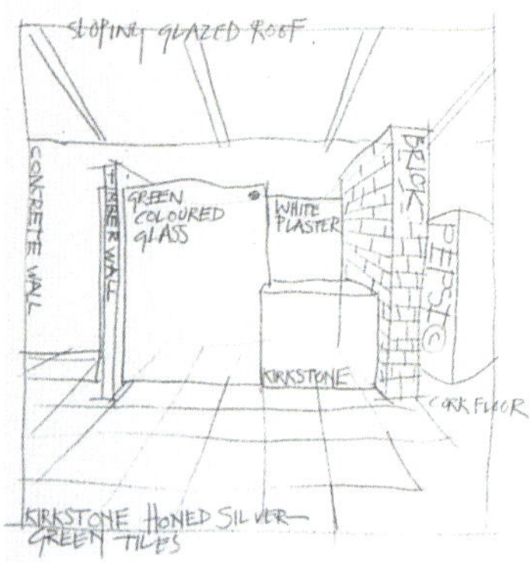

Oben
Eine Fotokopie von zusammengeknülltem weißen Papier bietet ein komplexes Zufallsmuster, das Marmor suggeriert.

Rechts oben
Obwohl Genauigkeit bei Collagen schwierig sein mag, kann man Zweideutigkeiten vermeiden, indem man die Collagenbilder mit einer Linienzeichnung kombiniert. Diese liefert den Schlüssel zu den vorgeschlagenen Materialien.

Links
Eine traditionelle Ausschneide-Klebe-Collage wurde gescannt und die Farbtöne im Computer wurden angeglichen, um den Absichten des Designers näherzukommen.

Rechts
Dieses Bild nutzt die Prinzipien der Collage. Es wurde aber nur mit Scanner und Computer erstellt. Die grünen und grauen Fluchten wurden im Computer kreiert, aber das gelb-schwarze Bild links und die Säule rechts wurden gescannt und eingefügt. Die Figuren wurden von einer Bilderwebseite heruntergeladen und ebenso collagenartig eingepasst, jedoch mit unterschiedlichem Grad an Transparenz versehen.

Fallstudie: Händisch gezeichnete Präsentationen

Technische Handzeichnungen sind bezüglich ihrer Genauigkeit, besonders wenn man dazu einen Bleistift verwendet, den vom Computer erstellten Zeichnungen vergleichbar, doch sie haben eine ganz andere Patina. Die händisch gezeichneten Linien sind weicher und sie werden durch die über sie im Verlauf des Zeichenvorgangs hinweggleitenden Bewegungen der Zeichenschiene und des Geodreiecks leicht verwischt. Beim Beispiel hier links wird der Effekt durch das Aufreiben von Pastellpulver mittels eines weichen Tuches oder Küchenpapiers von hinten auf Transparentpapier erreicht. Dabei werden die Linien nicht verdeckt. Die Intensität von Farben und Farbtönen variiert, um so den Wechsel von Licht und Oberflächenstruktur anzudeuten. Stärkere Farben werden mit Farbstift aufgetragen und mit dem Finger verwischt. Die fertige Zeichnung hat Charakter, ist aber einzigartig und kann anders als die vom Computer erstellten Beispiele nicht angepasst oder leicht abgeändert werden.

Dennoch sind etwas Abgleich und Weiterentwicklung möglich. Das Arbeiten mit Transparentpapier erlaubt den Aufbau von Zeichnungen in Schichten und einzelnen Elementen, um sie für eine komplexere Präsentation zusammenzusetzen. In der zusammengesetzten Zeichnung rechts stellt ein auf einem weißen Basisblatt fixierter Streifen blauen Papiers das Meer dar. Gleichzeitig hebt er die Kontur der Küstenlinie hervor, die durch einen Ausschnitt aus einer Karte dargestellt wird. Das Transparentpapier mit dem auf der einen Seite gezeichnetem rotwandigen Gebäude ist auf den anderen Schichten angebracht. Das ganze kann man von einer Transparentfolie bedeckt zeigen oder fotokopieren, um ein einziges Bild zu erhalten. Dabei wird es zu einigen Verwischungen, besonders bei der untersten Zeichnung, kommen. Aber wenn dies auch der detaillierten Information nicht dienlich ist, kann man es noch akzeptieren.

Oben
Von Hand gezeichnete Skizzen wie dieser Aufriss erlauben ein bestimmtes Maß an zeichnerischer Spontaneität und Extravaganz.

Seite rechts
In dieser Kompositzeichnung wir ein Grundriss auf Transparentpapier aufgetragen. Unterhalb befindet sich rotes Gewebepapier, das die festen Wände markiert, sowie eine Landkarte auf blauem Papier, das das Wasser andeutet.

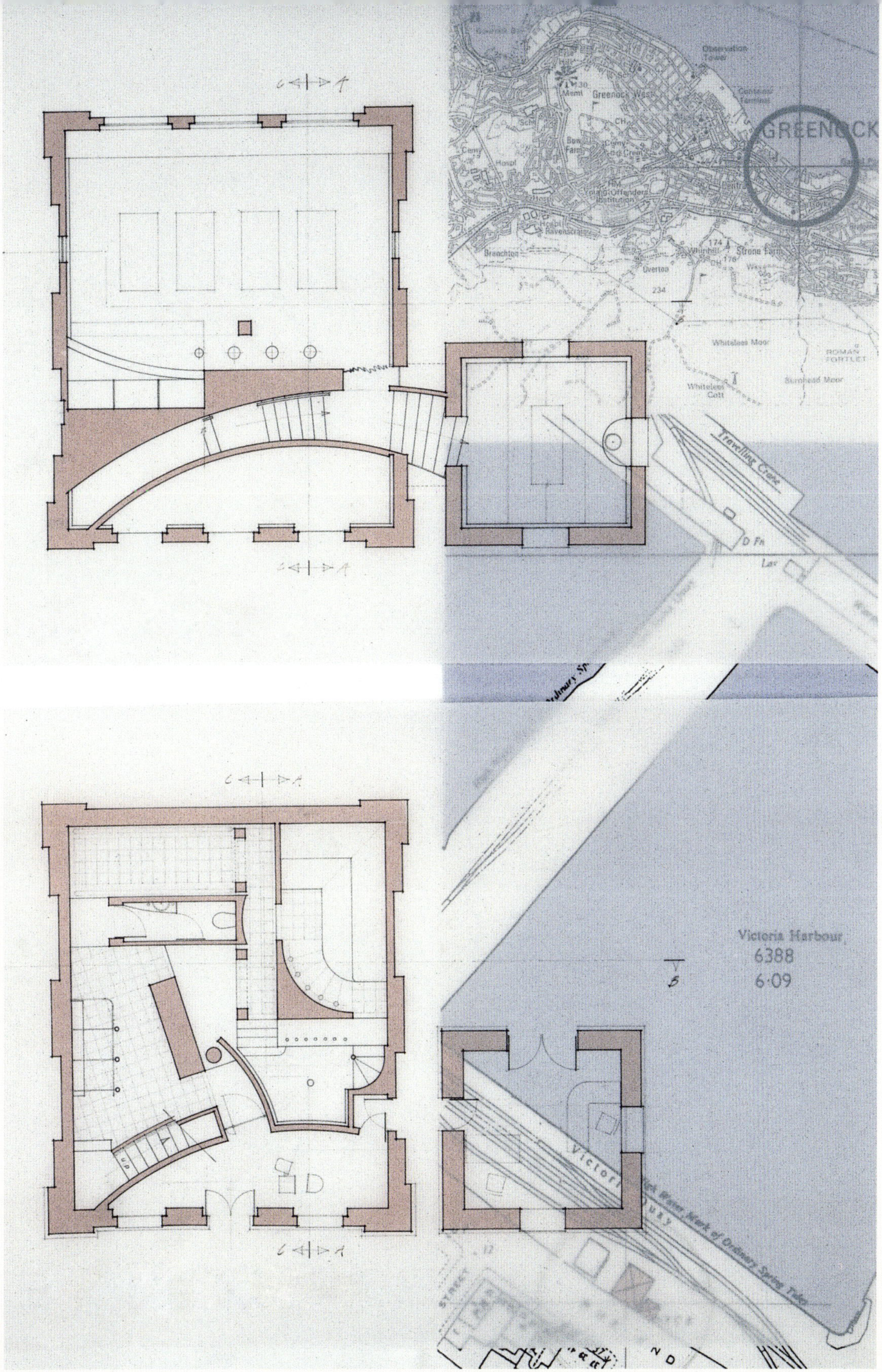
GREENOCK
Greenock West
Observation Tower
Brachton
Overton
Strone Farm
Whitelees Moor
ROMAN FORTLET
Whitelees Cott
Burnhead Moor
Travelling Crane
Victoria Harbour
6388
6·09
Victoria Quay
High Water Mark of Ordinary Spring Tides

Kapitel 2

Die Konzeption

Probezeichnungen 60

Der Grundriss 64

Der Innenaufriss 66

Die ersten Präsentationen 67

Die Konzeptentwicklung 68

Die Details 74

Zeichnen für das Team 79

Mit dem Computer skizzieren 82

Kompositbilder 84

Ideenentwicklung am Computer 86

Probezeichnungen

Jedes Projekt beginnt mit einer Idee, die definiert und ausgearbeitet werden muss. Eine erste Idee, die nicht mehr ist als ein bildhafter Gedanke samt seinem begrenzten Verstehen weder der genauen Erfordernisse des Auftrags oder den Besonderheiten des Gebäudes, die es zu berücksichtigen gilt, wird wahrscheinlich nicht unverändert das Ende des Gestaltungsprozesses erreichen. Je ehrgeiziger das Konzept, desto schwieriger ist die Lösung – und ebenso erhöht dies den dafür benötigten Zeitaufwand.

Die ersten Zeichnungen mögen nicht mehr als Gedanken über die Strategie des Organisierens eines Innenraums sein, damit dieser einer neuen Funktion gerecht wird: zum Beispiel ein Vorschlag, wo man neue Mauern einzieht oder wie Möbel arrangiert werden können. Alternativ dazu könnten sie zur Beschreibung der Atmosphäre dienen, wobei dies ebenso effektiv durch Worte oder eine Collage geschehen könnte. Die ersten Zeichnungen sollten tatsächlich auch das sein, was ihre Aufgabe ist: das Festhalten von Ideen, deren Untersuchung und Vermittlung an andere. Daher sind sie wahrscheinlich sehr einfach gehalten, nicht mehr als Skizzen. Sie mögen schnelle von Hand gefertigte Kritzeleien sein, doch da Software immer bedienerfreundlicher wird und es mehr Designer gibt, die die neuen Technologien gut beherrschen, könnte es sein, dass die ersten Skizzen auch bald per Computer erstellt werden.

Diese Probezeichnungen neigen zur Eigenwilligkeit, da sie nur zur Eigeninformation des Designers dienen. Deshalb werden sie ohne großen ästhetischen Anspruch angefertigt. Dennoch bilden sie den Angelpunkt, an dem sich das Denken während der Weiterentwicklung orientiert und neu orientiert. Daher sind sie besonders wichtig, wenn ein Team von Designern an einem einzigen Projekt arbeitet. Die meisten Mitglieder eines derartigen Teams werden nicht in die Konzeption des Projekts eingebunden sein. Sie werden auch nicht nur verschiedene Arbeitsbereiche besetzen, sondern unterschiedliche Verantwortung im Gestaltungsprozess haben. Daher müssen sie ein gemeinsames Ziel teilen und auch verstehen. All dies kann in den Probezeichnungen bereits enthalten sein.

Links
Eine erste Skizze, erstellt mit bunten Filzstiften in einem linierten Notizbuch. Sie fängt das Wesentliche einer Idee ein, die später ausgearbeitet und mit den Besonderheiten des Auftrags in Einklang gebracht wird. Das „Fußmotiv“ stellt offensichtlich den Ausgangspunkt dar und die übrigen Details wie die Form der Beleuchtungskörper und die Stühle im Vordergrund stehen damit im Einklang. Andere Elemente – die Biegung an der Decke, die parallelen Linien am Fußboden – zeigen, dass sich die Ideen über den Innenausbau entwickeln. Der Rücksprung, in dem sich der Schreibtisch befindet, das herabhängende Deckenelement und der Wandvorsprung neben der Tür deuten das Bewusstein für die Realitäten des Raumes an.

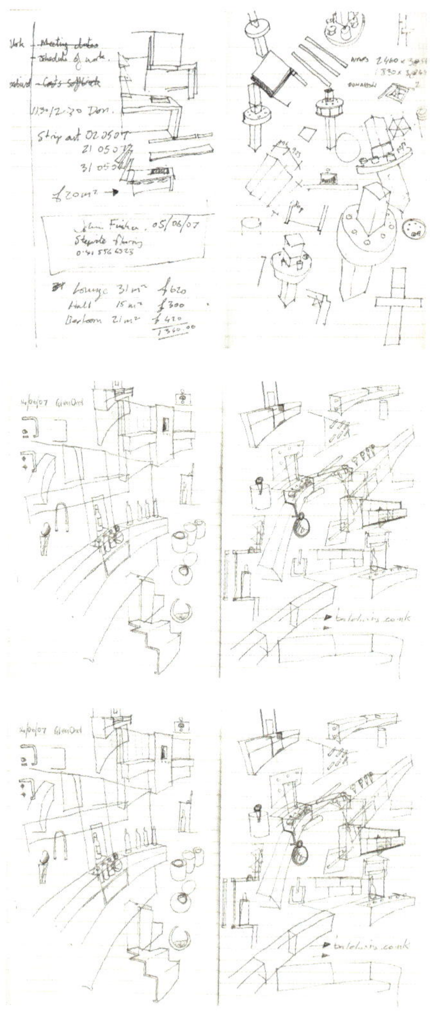

Rechts
Seiten aus einem Notizbuch illustrieren, wie Ideen fortdauern und während des gesamten Designprozesses weiterverfolgt werden. Einige der Formen, die in den mittleren Seiten vorherrschen, fließen sogar auch in anderes Projekt im rechten Buch ein.

Obwohl die erste Zeichnung den entscheidenden Bezugspunkt darstellen kann, wird sich die Absicht, die er verkörpert, zusammen mit dem Verständnis für das Projekt entwickeln. Wie klar und beeindruckend eine erste Idee auch scheinen mag, sie muss sich erst entwickeln. Je länger man an einem Projekt arbeitet, desto mehr wird man sich der Komplexität der Interaktion zwischen den Anforderungen des Auftrags und den Realitäten des betroffenen Gebäudes bewusst. Die erste Konzeptionsskizze wird sich unvermeidlich ändern und tatsächlich sollte es eher für Beunruhigung sorgen, wenn sich keinerlei Veränderungen ergeben. Das kann natürlich auch unnötig sein, doch besteht die Gefahr der Selbstgefälligkeit oder wie es öfters vorkommt: eine unbeugsame Festlegung bei der Verfolgung einer verlockenden ersten Idee auf Kosten der praktischen Prioritäten.

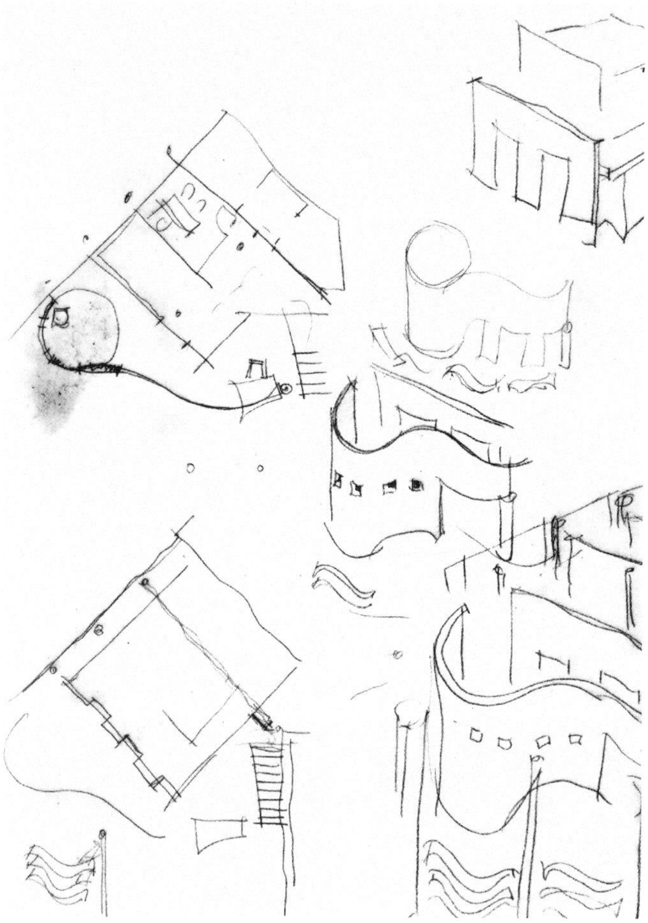

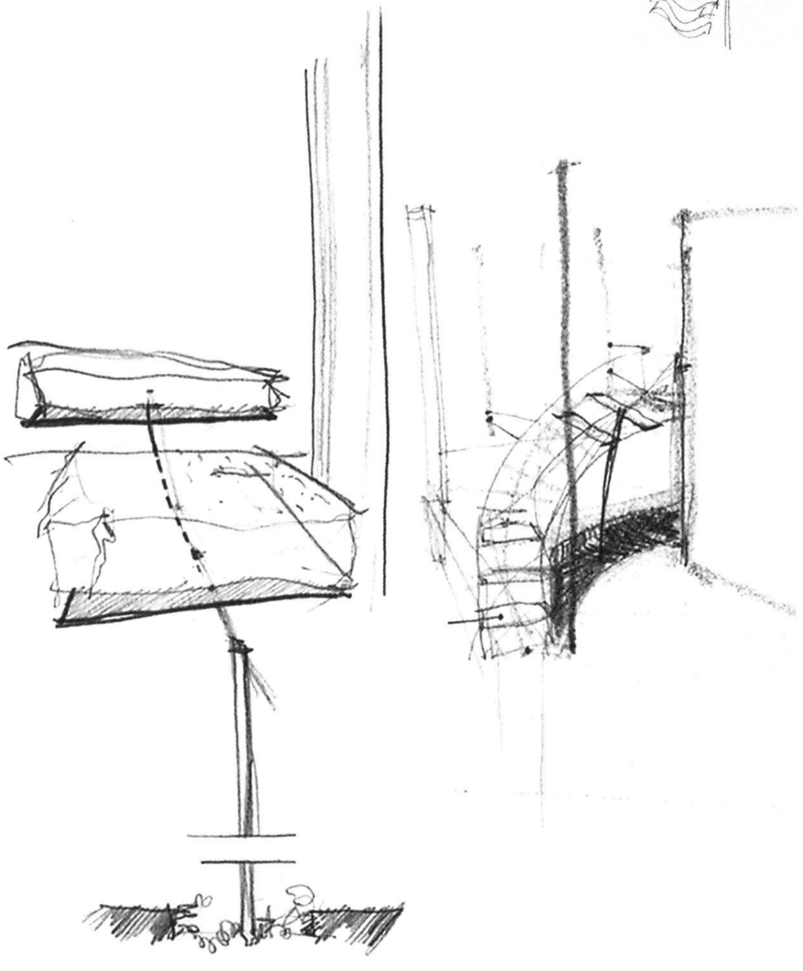

Oben
Die Grundrisse von Erdgeschoss und erstem Stock auf der linken Seite wurden als Overlays auf dem Grundriss eines alten Gebäudes erstellt. Der einzige Hinweis darauf besteht in der Darstellung von Säulen, die die Anordnung neuer Wände bestimmen. In den Skizzen rechts erkennt man das Nachdenken über eine Erweiterung des Grundrisses durch gerundete Wände, Wandhöhen und Brüstungen. Die Zeichnungen blicken von oben auf das Objekt, um Grund- und Aufriss zu vereinen.

Links
Diese Zeichnung aus einem Skizzenbuch dokumentiert die ersten Gedanken darüber, wie sich neue Elemente zum bestehenden Gebäude verhalten. Eine gekritzelte Notiz erklärt, wie sich die Treppe aus dem Fußboden heraus erheben wird, und die Zeichnung macht klar, dass die roh behauenen Stufen auf einer zierlichen Konstruktion ruhen werden, wobei die „Ausgrabung" frei bleiben wird.

Links
Eine weitere schnell angefertigte Skizze aus Pastell auf weißem Papier, die die Gedanken hinsichtlich des Zusammenspiels der Elemente – Stufen, kleine Rücksprünge und Deckenbeleuchtung – deutlich macht. Die Farbigkeit der Zeichnung wird durch die Palette der Pastellfarben bestimmt. Die endgültige Kolorierung kann daher nur angedeutet werden.

Unten
Ein weiteres am Computer erstelltes Bild, das sich skizzenhaft, aber genau mit der Form befasst. Die Figuren deuten den Maßstab an.

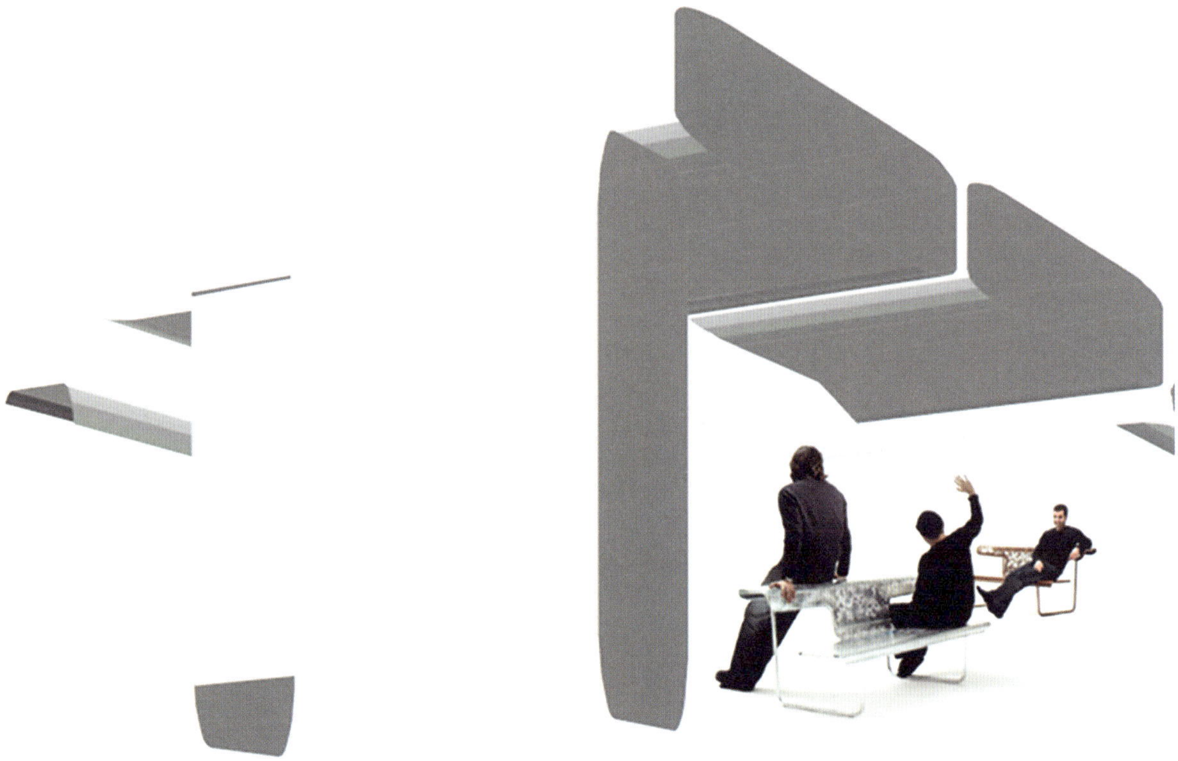

Unten
Dieses computergenerierte Bild bleibt ziemlich abstrakt. Es wurde nur erstellt, um die Ideen des Designers über Form und Materialien herauszustellen. Es ist nicht beabsichtigt, irgendjemand anderem etwas zu vermitteln.

Der Grundriss

Ein Designer wird am Beginn der Entwicklung eines Konzepts den Grundriss skizzieren und dann ausarbeiten. Die hier gezeigten Blätter von einem DIN-A4-Transparentpapierblock machen den gedanklichen Fortschritt sichtbar, der sich in den Zeichnungen ausdrückt.

Dimensionen und Proportionen

Selbst beim Erstellen der gröbsten ersten Skizzen müssen die Dimensionen und Proportionen des Gebäudes berücksichtigt werden. Die Schwierigkeiten dabei bestehen darin, dass es kein fassbares Modell zum Abgleich gibt. Der Vorschlag existiert nur in der Vorstellung des Designers und leicht passiert es dann, dass die Dinge unrealistisch werden und unmögliche Bestrebungen überhandnehmen. Gesicherte Kenntnis der Realitäten eines bestehenden Raumes kann die Gedanken über neue Elemente strukturieren. Beinahe alle innenarchitektonischen Projekte erfordern die Einbindung eines Maximums an Anpassung an einen Raum, der ursprünglich für eine andere Funktion geplant war, und unstrukturiertes Zeichnen kann kontraproduktiven Optimismus fördern. Eine Lösung, die sorglos für einen der eigenen Vorstellung nach breiten, niedrigen Raum erstellt wurde, wird bei einem in der Realität schmalen hohen Raum nicht tragbar sein.

Um bei Freihandskizzen, seien sie nun zwei- oder dreidimensional, die Proportionen richtig einzuschätzen,

Unten

Bei diesem ersten Overlay des Grundrisses eines Eingangsbereichs werden die Säulen und Wände nur wenig angedeutet, denn die Details des Originalgrundrisses sind durch das Transparentpapier hindurch erkennbar. Der Balkon oberhalb wird, den Regeln entsprechend, durch eine gepunktet-gestrichelte Linie angedeutet und seine tragenden Strukturen, die gerundeten und schattierten Wände, sind etwas detailgetreuer wiedergegeben, da man sie anfänglich als wesentlich für das Projekt ansah. Die Darstellung der neuen Elemente ist etwas nachlässig, weil bis dahin noch keine Idee hinsichtlich ihrer Form existierte.

Rechte Seite

Bei dieser späteren Zeichnung ist der Umriss des Gebäudes genau gezeichnet und die neuen Elemente sind darin genau positioniert. Dabei wurde eine Zeichenplatte samt Zeichenschiene und Zeichendreieck verwendet, um ihre gegenseitige Beziehung zu testen.

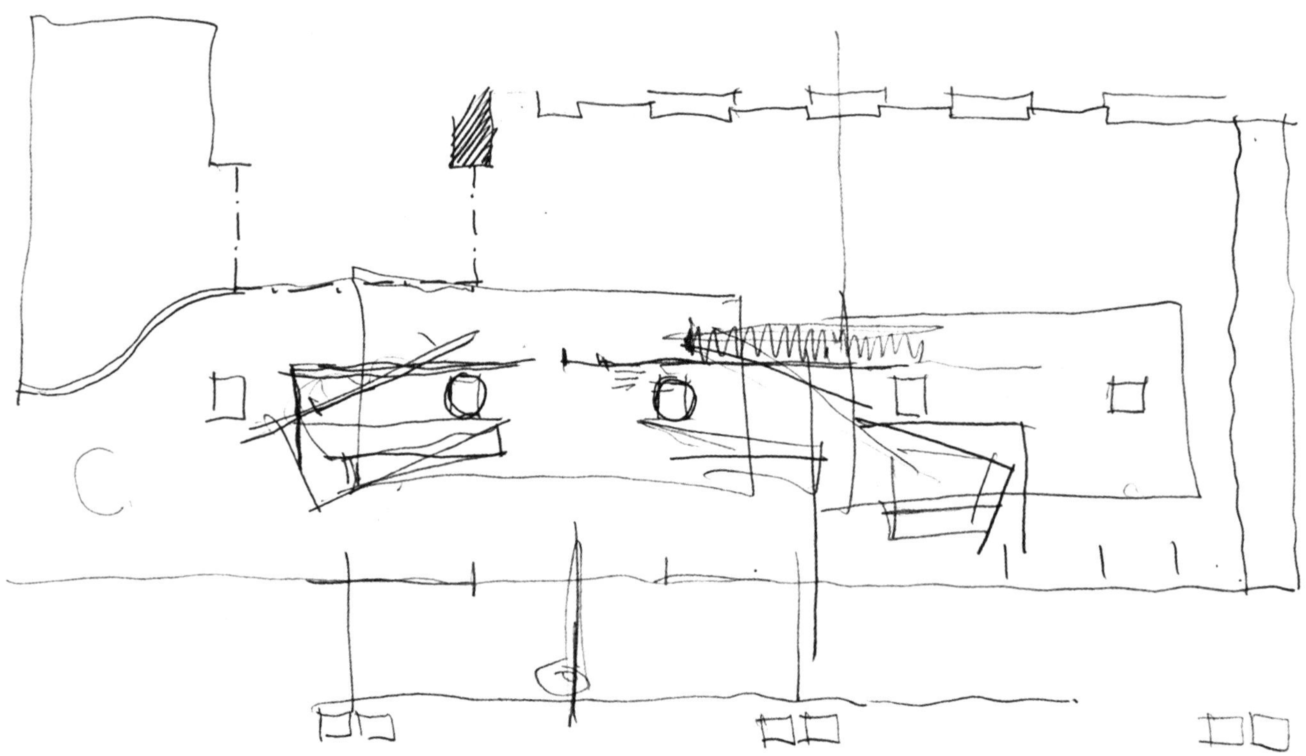

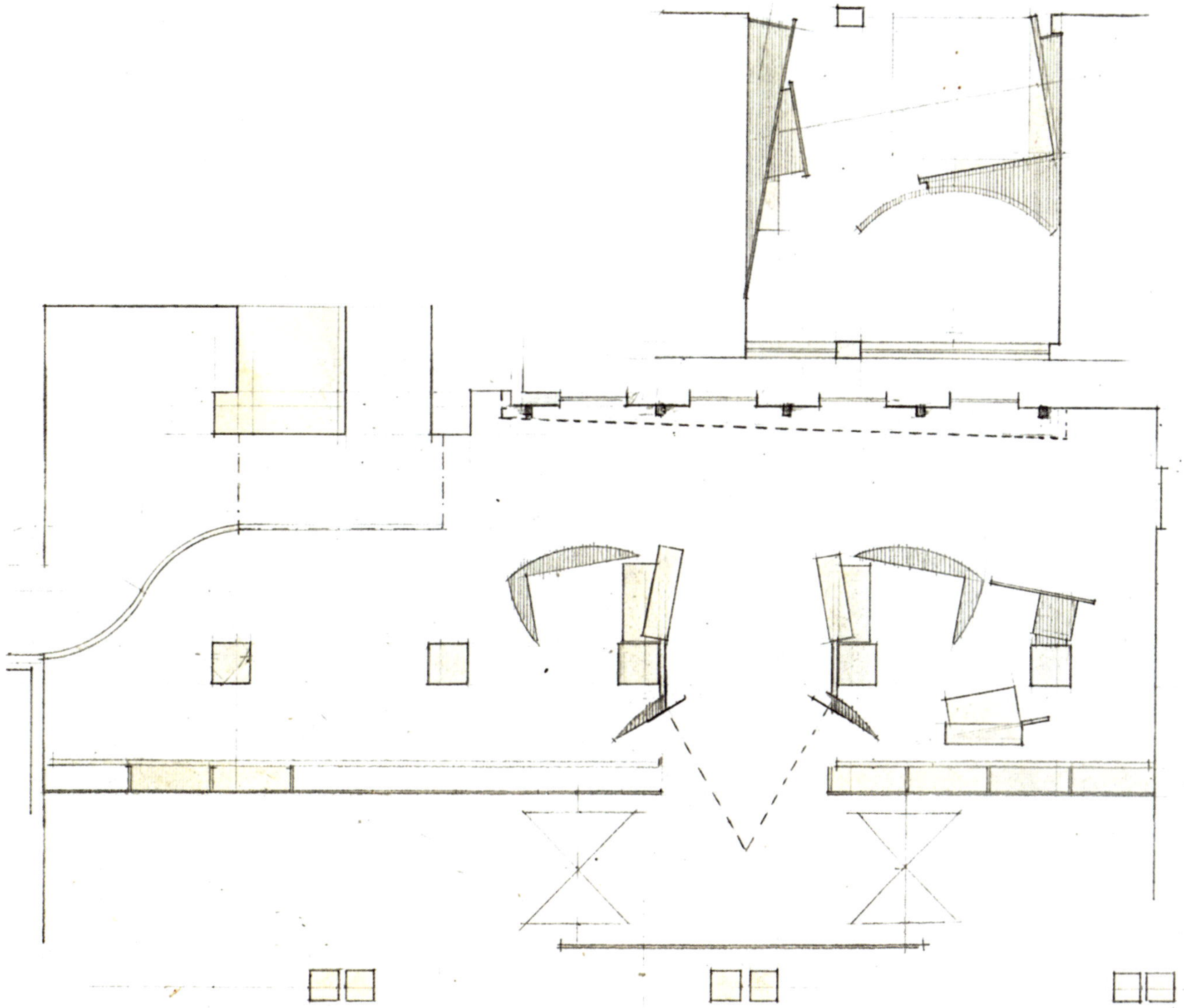

benötigt man nicht mehr als selbstkritische Konzentration. Freihandzeichnungen mögen bei weit fortgeschrittenem Designprozess genutzt werden, wenn sie einigermaßen dem Maßstab entsprechen, und die ziemlich genau festgelegten bereits existierenden Elemente werden konstante Beziehungspunkte für die Positionierung neuer Elemente bilden.

Die ersten Skizzen werden wahrscheinlich dreidimensionale Bilder sein, doch wenn einmal eine Vorgehensweise festgelegt ist, muss ihre Entwicklung in zweidimensionalen Grund- und Aufrissen erfolgen. Ideen betreffend Form, Material und Atmosphäre müssen genau eingezeichnet werden und es ist wichtig diese Zeichnungen maßstabsgetreu anzufertigen.

Der Verstand muss auf die Aufgabe der Gestaltung gerichtet sein und die Entwicklung von Eigendynamik ist produktiv, sodass jede Zeichnung mit einem Minimum an Unterbrechung auf die nächste folgt, das heißt nicht länger als man benötigt, um die genaue Grundrisszeichnung unter ein weiteres Blatt Transparentpapier zu legen, sodass die Gedanken mühelos umherwandern können. Es gibt jedoch Augenblicke, in denen das „Zeichentempo" variieren kann – und sollte. Wenn man eine Idee eifrig verfolgt, wird eine Zeichnung nach der anderen mit nur den nötigsten Beschreibungen neuer Elemente versehen werden, da sich alle anderen Daten auf dem Grundriss unter dem Transparentpapier befinden. Doch manchmal ist es wichtig, die Geschwindigkeit zu verringern, um die Gedanken zu ordnen. Dann mag es produktiv sein, den Grund- oder Aufriss des bereits existierenden Gebäudes erneut zu zeichnen, doch genau, um die Aufmerksamkeit erneut auf seine Besonderheiten – die Wandstärken, Fenstergrößen und Türpositionen – zu richten und die Beziehung der neuen Elemente zu den alten zu testen.

Der Innenaufriss

Eine Auswahl von Zeichnungen, angefertigt mit Bleistift, Pastell und Farbstift auf Transparentpapier, zeigt die Entwicklung der Innenaufrisse für ein Kinoprojekt.

Zeichnungen, wie oberflächlich sie auch sein mögen, beschreiben die Entscheidungen im Lauf eines Projekts. Sie erlauben die Durchführung einer rückblickenden Analyse, um zu identifizieren, was funktioniert, und um Material zur Verfügung zu stellen, das einer Untersuchung dient, wo die Schwungkraft oder die Richtung verloren wurde.

Wie die Mehrdeutigkeit von Freihandzeichnungen Raum für kreative Interpretationen lässt, so kann auch die Genauigkeit von computergenerierten Bildern Denkanstöße liefern. Die harten Fakten der ersten Probegrund- und -aufrisse können spontan in einfache dreidimensionale Vorstellungen des zu planenden Raumes umgewandelt werden und diese wiederum können durch Drehungen auf dem Monitor weiter erkundet werden. Ungeahnte Möglichkeiten stecken in den bisher nicht betrachteten Details des Vorschlags, während hingegen die Handzeichnung nur eine Version davon anzubieten vermag, was bereits in der Vorstellung des Designers vorausgesetzt und verstanden wurde.

01
Zwei- und dreidimensionale Ansichten, die die mögliche Höhe von Innenwänden und die räumliche und visuelle Verbindung von Teilbereichen veranschaulichen.

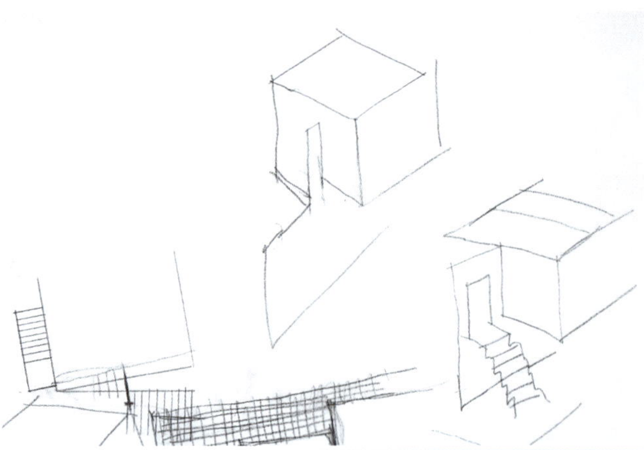

02
Ein Teilbereich einer größeren Zeichnung, der sich auf die Lösung der Überschneidung von zweitrangigen Elementen richtet.

03
Der erste grob gemessene Aufriss einer Innenwand. Untergeordnete oder noch ungelöste Elemente werden freihändig gezeichnet. Die Figuren dienen der Veranschaulichung des Maßstabs.

04
Schatten machen den Lichteinfall deutlich. In dieser endgültigen, gerenderten und maßstabsgetreuen Zeichnung wird diesem Aspekt viel Aufmerksamkeit gewidmet. Dabei kristallisieren sich Ideen über die Beleuchtung und Materialien heraus.

Die ersten Präsentationen

Kunden begegnen Vorschlägen bei der Präsentation gerne mit Vorbehalt. Sie haben finanziell viel zu verlieren und eine schlechte Innenraumgestaltung verdammt sie zur Existenz in einer unangenehmen Umgebung. Kundenansichten sollten bald und offen abgefragt werden. Man sollte ihnen genügend Material zur Verfügung stellen, damit sie einen fundierten Beitrag zur Entwicklung des Projekts leisten können. Es gibt selbst bei Gesprächen mit dem liebenswertesten Kunden immer etwas, das den Adrenalinfluss eines Designers erhöht und so neue Ideen generiert. Langfristig ist es kontraproduktiv, Kunden mit verlockenden, ungenauen Bildern von einem Vorschlag überzeugen zu wollen, der Kundenwünsche und -bedürfnisse ignoriert. Zeichnungen sollten leicht verständlich sein. Hilfreich ist es, wenn sie die Erwartungen des Kunden hinsichtlich des Erscheinungsbilds einer Zeichnung treffen. Bei manchen mag künstlerisches Flair willkommen sein, andere vertrauen eher technisch orientierten Bildern. Aber alle erwarten den Nachweis praktischer und technischer Effizienz. Doch sollten die Zeichnungen, ebenso wie das Projekt selbst, ihnen nicht nur etwas geben, das sie erwarten, sondern zusätzlich etwas Wünschenswertes, das sie nicht voraussahen.

Designskizzen

Wie sollten „ausgearbeitete" Zeichnungen für die ersten Diskussionen aussehen? Wenn etwas Fertiges zur Diskussion gestellt wird, ohne zuvor die Machbarkeit geprüft zu haben, besteht die Gefahr, den Kunden durch den unrealistischen Vorschlag zu verlocken. Dann erwartet er aber auch, dass so gebaut wird. Etwas weniger Definitives, gerade genug, um das Gespräch anzuregen, ist sicher und effektiv, denn es wird die Diskussion voranbringen, was das Verständnis beider Seiten für den Auftrag fördert.

Die Konzeptentwicklung

Auch die meisten komplexen Projekte beginnen mit einer einfachen Idee, zumeist nicht mehr als eine intuitive Ahnung. Bei vielen Designern äußern sich zu Beginn die ersten Notizen und Gedanken in freihändig gezeichneten Skizzen, indem sie einen flüchtigen Eindruck der Form niederlegen, die ihr ungeprüfter Vorschlag haben könnte. Während sie skizzieren, entwickeln sie ein besseres Verständnis nicht nur dafür, was sie tun sollten, sondern was sie tun können.

Ein guter Designer versteift sich nicht auf ein ungeeignetes Konzept, sondern versucht herauszufinden, wie man die Ansprüche eines Auftrags mit den Gegebenheiten eines Gebäudes in Einklang bringt. Dieses Verständnis kann nur richtig erreicht werden, wenn die Details beider genau behandelt werden und dies verlangt kontrollierte maßstabsgetreue Zeichnungen, bei denen die Regeln beachtet werden, die die genaue zweidimensionale Darstellung der Wechselbeziehung von neuen und existierenden Elementen erlauben.

Obwohl diese zwar mit nüchterner Praktikabilität zu tun haben mögen, erlauben sie auch die ästhetische Feinabstimmung der Proportion. Sie können entweder traditionellerweise von Hand auf einer Zeichenplatte erstellt werden oder, wie es heute üblich ist, per Computer. Dieses erleichtert auch die Umwandlung der gesammelten Grund- und Aufrissdaten in eine gerenderte dreidimensionale Form. Jede erfolgreiche Innenraumgestaltung entwickelt sich durch diese Suche nach einem zufriedenstellenden Ausgleich zwischen Eingebung und Objektivität.

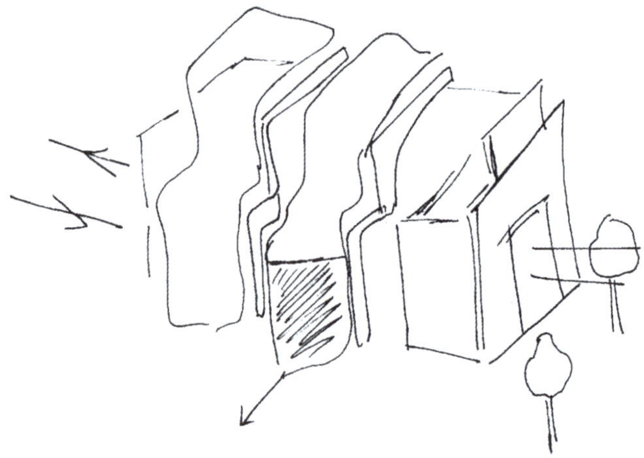

01
Eine Freihandskizze zur Erklärung einer möglichen Designstrategie.

02
Eine sorgfältigere Betrachtung, wie neue Elemente, die das Innere mit dem Äußeren verbinden, sich zu dem bestehendem Gebäude (noch nicht maßstabsgetreu gezeichnet) verhalten.

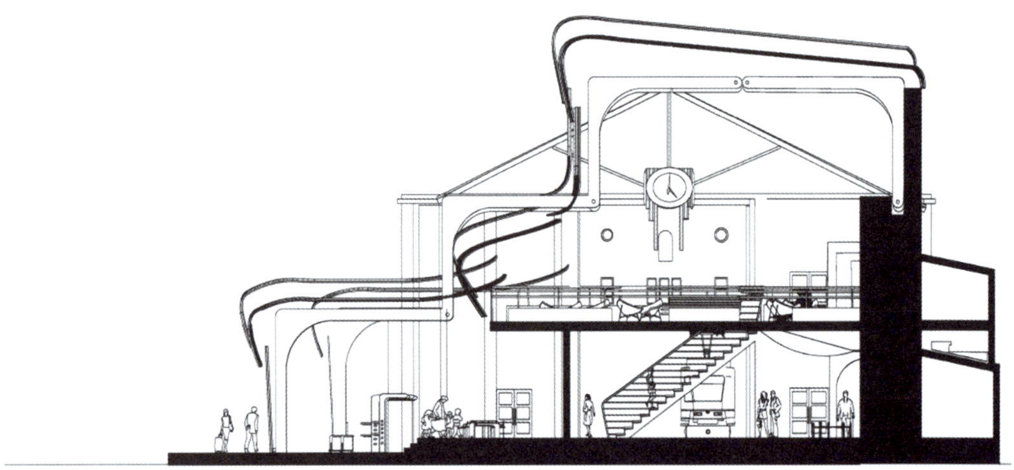

03
Wenn die Ideen in den Computer eingegeben sind und die neuen Elemente, das bestehende Gebäude und die Abgrenzungen, genau gezeichnet sind, ändert sich die Beschaffenheit der Darstellung bedeutend zum Besseren.

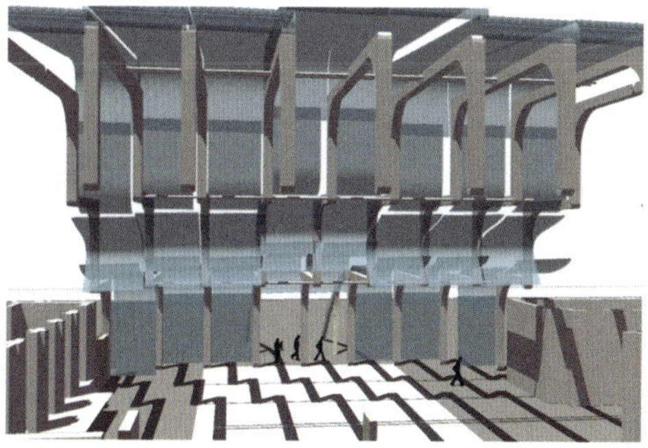

04

Die neuen Formen und ihre Beziehung zum bestehenden Gebäude sind in den endgültigen, vergleichsweise technischen Skizzen verständlich dargestellt.

Fallstudie: Skizzen für ein Einkaufszentrum

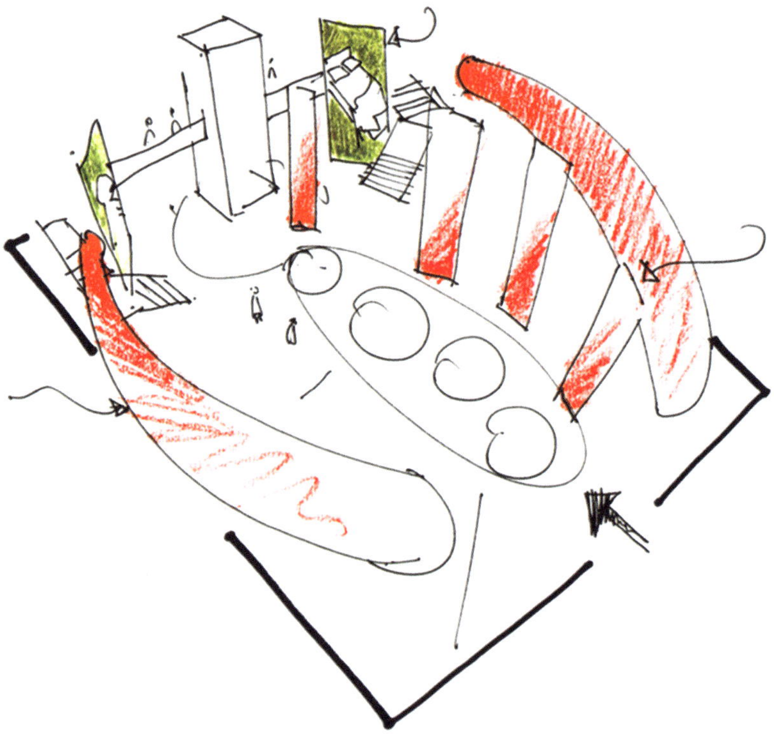

Eine kurze Skizze, vorbereitet für das erste Treffen mit einem Kunden, führt in die Planung des Umgangs in einem Einkaufszentrum ein.

Die Einfachheit und Klarheit der Skizze berücksichtigt, dass nicht alle Teilnehmer der Besprechung notwendigerweise mit komplexeren technischen Zeichnungen vertraut sind, besonders wenn es sich dabei um zweidimensionale Zeichnungen handelt. Eine einfache Skizze hilft beim Verständnis der in Betracht gezogenen grundlegenden Ideen und stellt sicher, dass jeder der Teilnehmer getrost etwas zur Diskussion beitragen kann. Der Blick von oben erklärt, wie der Grundriss in die Dreidimensionalität übertragen wird.

Alle Elemente des Bildes sind auf das Wesentliche reduziert. Die „Bewegungsbahnen" sind durch Farbe gekennzeichnet, wodurch sie herausragen. Der Liftschacht und die Treppen sind selbstsicher dargestellt, aber visuell auf ein Minimum begrenzt und in den Hintergrund verlegt. Einige skizzierte „Besucher" deuten den Maßstab an. Diejenigen auf der oberen Ebene zeigen, wie die Ebenen interagieren. Schriftliche Notizen sind auf ein Minimum beschränkt – gerade ausreichend, um während der Diskussion als Gedächtnisstütze zu fungieren; sie beschränken sich rein auf Fakten und beziehen sich eben nicht auf ästhetische Fragen.

Die Formlosigkeit der Zeichnung zeigt, dass sich das Projekt im Anfangsstadium befindet und nach wie vor für Diskussionen offen ist. Die zeichentrickartige Qualität ermutigt zu entspannter produktiver Unterhaltung, aber die ausdrucksstarke Behandlung der Linienführung und Perspektive verleiht dem Vorschlag Glaubwürdigkeit und dem Designer die Autorität, um das Treffen zu leiten.

Diese Skizze (rechte Seite) beinhaltet weitere Informationen über Elemente der vorangegangenen Zeichnung. Sie behält einen Grad von Mehrdeutigkeit und lässt dadurch Raum für Gespräche, ohne den Designer auf ein bestimmtes Ergebnis festzulegen, bevor nicht die Richtlinien untersucht und die Möglichkeiten verständlich diskutiert worden sind. Die stilisierten Figuren dienen ebenfalls der Andeutung des Maßstabs und zeigen wie der Raum genutzt werden soll. Die Figur mit dem Kinderwagen, die den Lift verlässt, zeigt, dass die praktischen Erwägungen nicht vernachlässigt wurden.

Die größere Aufmerksamkeit gegenüber Details zeigt die Andeutung der Fußboden- und Deckengestaltung sowie der Verkleidungselemente auf der Außenseite des Liftschachts. Einige Elemente dieser Zeichnung, wie die Lichter vorn am Liftschacht, stellen wahrscheinlich eine spontane Spekulation dar, die sich im Lauf des Zeichenprozesses ergab. Sie reichen aber aus, um das Potenzial anzudeuten. Die genaue Platzierung von Lichtern auf halbem Weg zwischen den Verbindungen der Verkleidungselemente beleuchtet das instinktive Denken eines erfahrenen Designers in einer sehr frühen Stufe der Projektentwicklung.

Designer, die an der Entwicklung von Ideen arbeiten, benötigen nicht unbedingt Bilder, die die Beschaffenheit von Oberflächen detailgenau darstellen. Das können sie sich vorstellen, und sie werden die Farben und Materialien auf ihren Schwarz-Weiß-Zeichnungen „sehen". Mit der Weiterentwicklung ihrer Zeichnungen betrachten sie unvermeidlicherweise die Art der Oberflächengestaltung, die sie vorschlagen, und Bereiche, die für jeden anderen „frei" erscheinen, werden die entsprechende Assoziation vor ihrem inneren Auge auslösen. Doch sie müssen vorsichtig sein, ihrer Vorstellung nicht so weit nachzugeben, dass sie in Spekulation über unmögliche Materialien und unerreichbare Farben mündet.

Freihandzeichnungen wie diese hier müssen nicht größer als DIN A4 sein – oder können jede andere Größe haben, die dem Zeichner geeignet erscheint. Die Größe kann man mit einem Farbkopierer oder Scanner anpassen und es ist immer nützlich zu sehen, wie sich die Änderung des Maßstabs auf eine Zeichnung auswirkt. Die Verkleinerung wird oft den Eindruck eines schwachen Bereichs mindern, während hingegen die Vergrößerung schöne grafische Elemente, die Nebenprodukte der verwendeten Medien, zum Tragen bringen kann. Strukturen und Farbtöne können während der Reproduktion noch angeglichen werden.

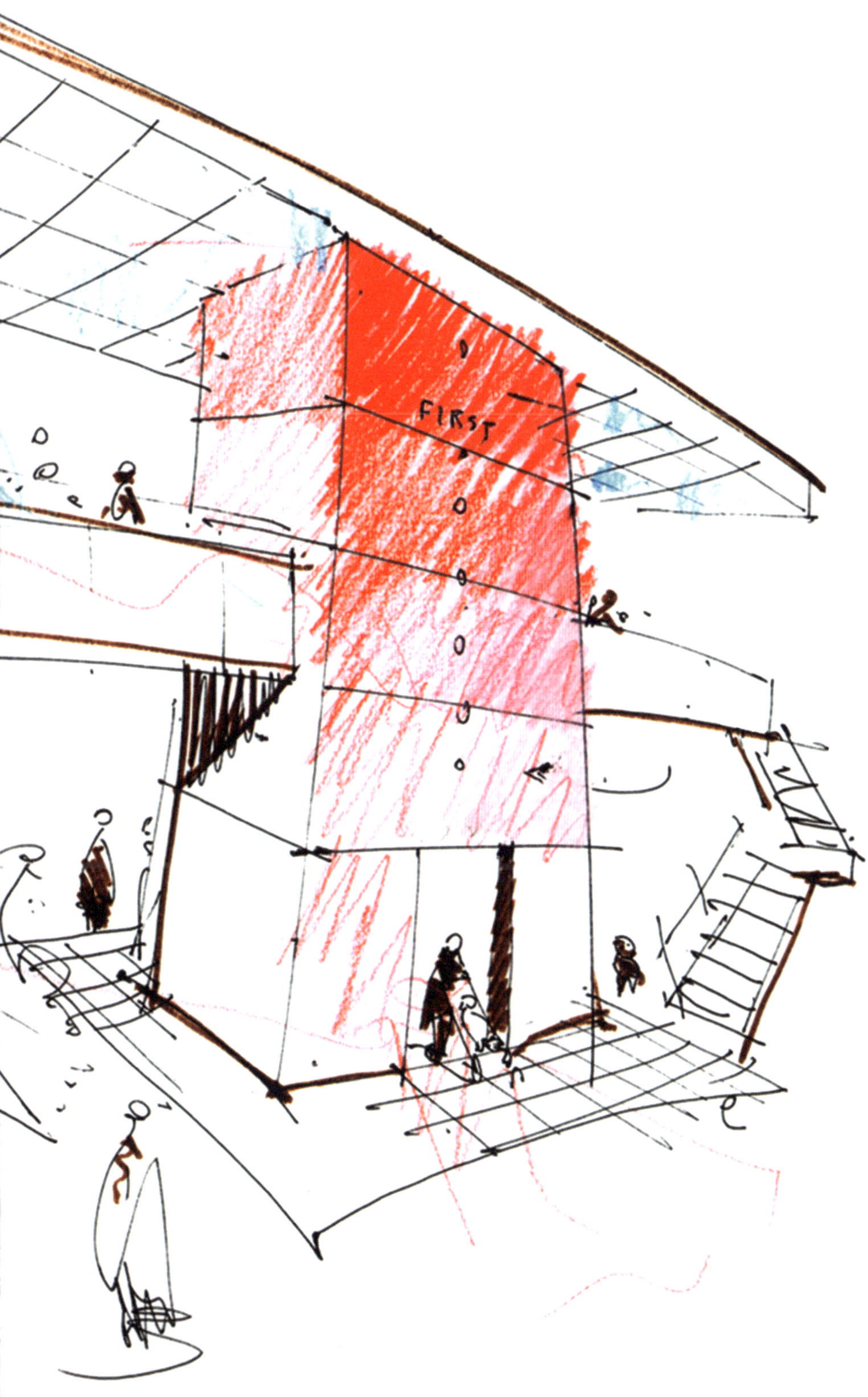

Linke Seite
Die Gesamtskizze konzentriert sich auf den Verlauf der Durchgangswege durch das Einkaufszentrum.

Links
Eine detailliertere Skizze enthält die Vorschläge hinsichtlich des Maßstabs und der Oberflächengestaltung. Sie ist aber immer noch vage genug, um Anregungen des Kunden berücksichtigen zu können.

Unten links und rechts
Dieses im Maßstab 1:100 erstellte Modell besteht aus einem Karton mit einer Stärke von weniger als einem Millimeter. Es zeigt, dass ein sehr kleines Modell effektiv wesentliche dreidimensionale Ansichten vermitteln kann. Die vertikale Ebene stellt die Höhe des bestehenden Raumes dar, die neuen Körper sind nur minimalistisch gezeigt, aber ihre Wechselbeziehung ist klar. Die Treppe links ist durch einige Trittstufen und die mittlere tragende Struktur überzeugend dargestellt.

Designmodelle

Wenn komplexe dreidimensionale Vorschläge dargelegt werden – z.B. die Ergänzung von Zwischengeschossen und Änderungen der Deckenhöhe –, ist es oft nützlich, ein einfaches, schnell gebautes Modell zu erstellen. Dies kann man rasch aus einer Plastikplatte für Modellbau, Karton oder sogar aus stärkerem Papier zusammensetzen, wenn der Maßstab klein genug ist, um große Flächen zu vermeiden. Wie Skizzen auf Papier müssen diese Modelle nicht sauber ausgeführt sein, doch wie auch bei der Zeichenskizze geht mit zunehmender Übung eine Verbesserung der Fertigkeiten Hand in Hand und das schnell aufgebaute Modell wird eine Glaubwürdigkeit ausstrahlen, die seinen Ideen Autorität verleiht. Ein überzeugendes Modell wird wie eine gute Skizze die Zuversicht eines Designers in die anderen Aspekte eines Projekts fördern.

Derartige der Erklärung dienende Modelle sollten so schnell als möglich erstellt werden und der Erbauer keine Scheu zeigen, sie auch wieder auseinanderzunehmen, um die nächste Stufe der Designentwicklung einzufügen. Die einzelnen Bauelemente können durch Klebstoff oder Nadeln miteinander verbunden werden.

Diese Modelle stellen „fortschreitende Arbeiten“ dar und ihr „Wohlergehen“ ist hinsichtlich des Interesses am Ausgang des Projekts zweitrangig. Sie können wie die Skizzen auch bei den ersten Besprechungen mit dem Kunden verwendet werden. Selbst unsaubere Exemplare können wieder präsentabel gemacht werden, indem man sie einfach noch einmal mit Farbspray besprüht.

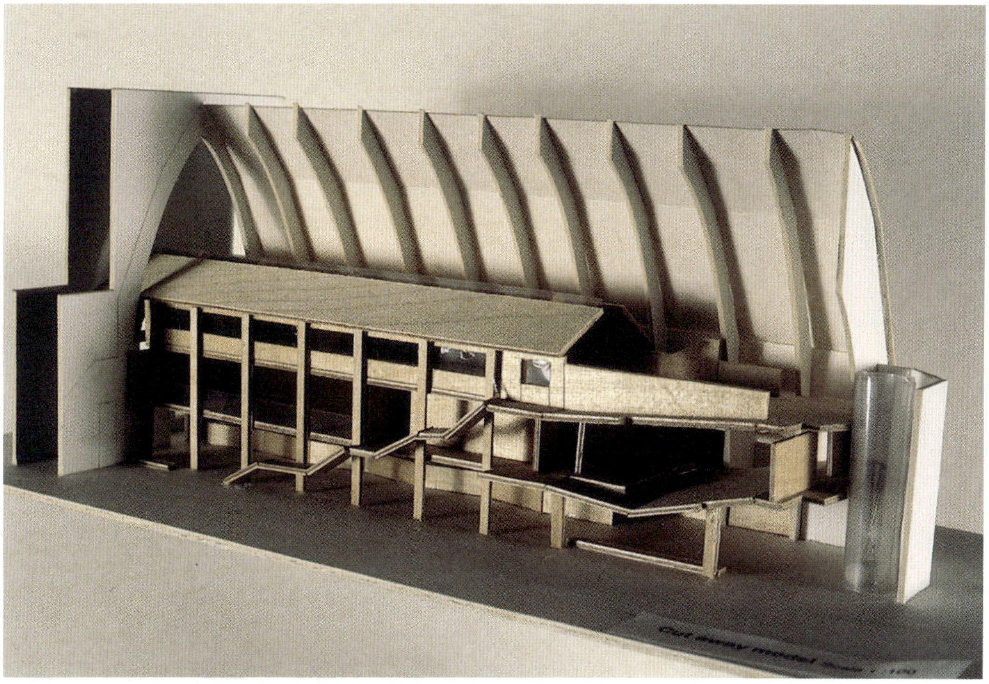

Links
Modelle beinhalten bedeutende Informationen über neue und bereits existierende Elemente bereits vor ihrer Fertigstellung.

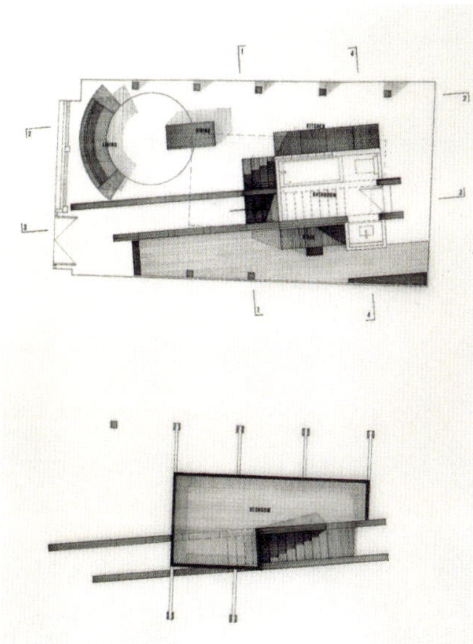

Oben und oben rechts
Dieses Modell (oben rechts) aus grauem Karton wird ergänzt um fotokopierte Strukturen, die wichtige Veränderungen im Material aufzeigen, und klärt die Grundrisse (oben). Es vermittelt ebenso Informationen über Details, die in zweidimensionalen Zeichnungen mehrdeutig erscheinen können. In diesem Fall die Neigung der Oberseite der Wände, die die Treppe einfassen, und die Art des Treppenprofils auf der anderen Seite der Einfassungswand.

Rechts
Dieses Modell hat seinen Ausgangspunkt als Hilfsmittel im Designprozess und ist für Präsentationszwecke aufgewertet worden. Dazu wurde es mit weißer Farbe übersprüht, um Verunreinigungen zu verdecken, und mit zusätzlichen Details wie der Rezeptionstheke unten links und den zwischen der Doppelwand erscheinenden Treppe rechts versehen. Dies alles dient dazu, die vergleichsweise abstrakte Darstellung der Wände verständlicher zu gestalten.

Die Details

Mit dem weiteren Fortschreiten eines Projekts muss sich der Designer vermehrt mit Details befassen.

Genauigkeit

Jeder Designer muss lernen, den Augenblick zu erkennen, an dem der fortschreitende Strom von Ideen gezügelt werden muss. Es ist oft schwer, eine Verlagerung von der Aufregung des ersten vergleichsweise unstrukturierten Ausstoßes von Ideen, wenn die Dinge sich mit berauschender Geschwindigkeit entwickeln und sich aufregende Möglichkeiten eröffnen, vorzunehmen hin zu den gemäßigteren maßstabsgetreuen Zeichnungen, die praktischen Problemen zugewandt sind. Derartige Neubetrachtungen werden sich bei langsamerem Vorgehen notgedrungen ereignen, denn sie verlangen Objektivität und Veränderungen und werden sich wahrscheinlich auf jede andere Entscheidung auswirken, die bis dahin getroffen wurde. Gewöhnlich werden derartige Probleme, wie groß deren Auswirkung auf das Projekt auch sein mag, sich als gering erweisen. Es kann sich um eine falsche Ausrichtung oder ungenaue Maße handeln, die angeglichen werden müssen. Aber die Lösung wird etwas mehr Zeit in Anspruch nehmen. Doch ohne das wird das Projekt nicht die geschliffene Perfektion erreichen, die jeder Designer erreichen möchte. Oft beinhalten die Lösungen auch Änderungen der Materialien und der Konstruktionsmethoden, was Zeit benötigt, um sie zu integrieren. Im Allgemeinen wird die nötige Arbeit zur Gestaltung eines Projekts mehr Zeit in Anspruch nehmen, als eigentlich zur Verfügung steht. Das Finden einer Lösung und die Untersuchung ihrer Auswirkung auf das gesamte Projekt wird eine große Menge von präzisen und detaillierten Zeichnungen erfordern.

Bei den am meisten geschätzten Zeichnungen mag es sich wahrscheinlich um die ersten handeln. Sie verfügen über den reinsten Ausdruck der Idee und mögen oberflächlich betrachtet als die kreativsten erscheinen. Jedoch kommt erst in den späteren, überlegteren und detaillierten Zeichnungen die wesentliche Kreativarbeit zustande. Diese Zeichnungen mögen nüchtern wirken, doch sie beinhalten mehr harte Informationen über die Natur des Projekts, für diejenigen, die sie zu lesen vermögen und es geschieht oft durch die Betrachtung von Details, dass Designer gezwungen werden, Neuland zu betreten, wo sie also die üblichen Lösungswege verlassen müssen und ihrem Repertoire etwas Neues hinzugefügt wird.

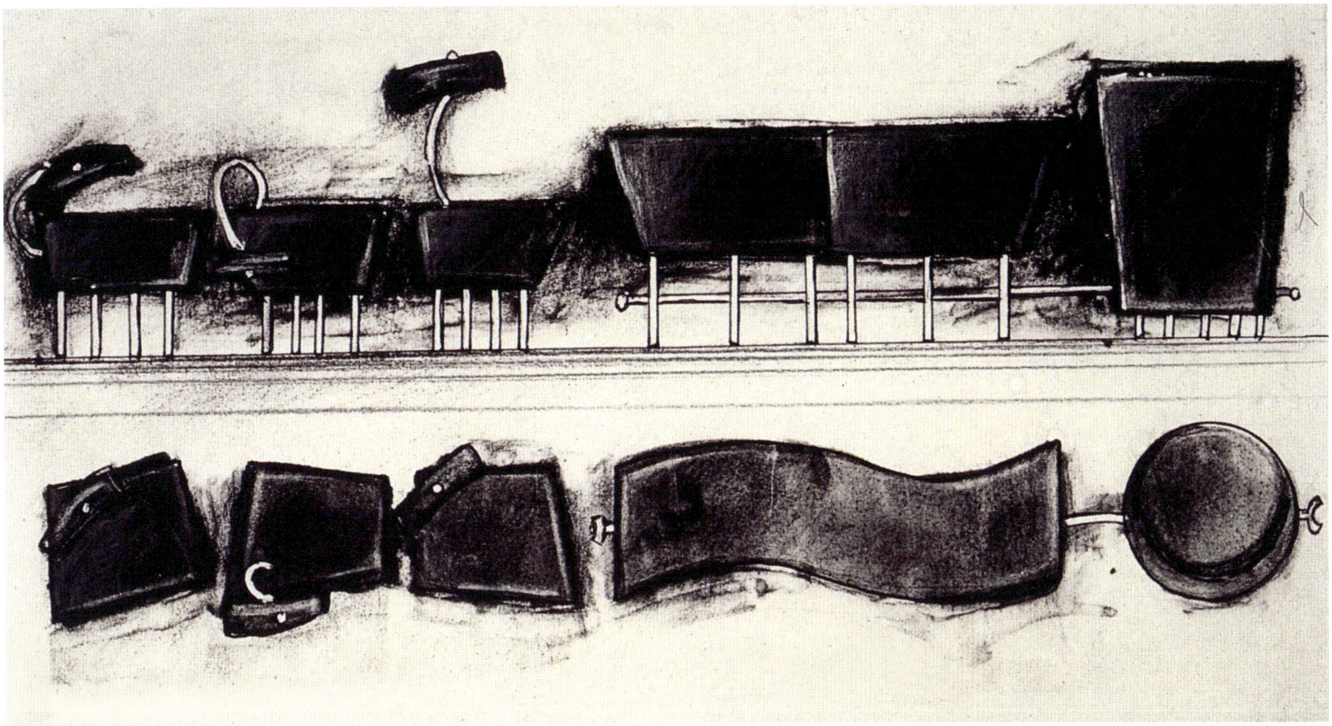

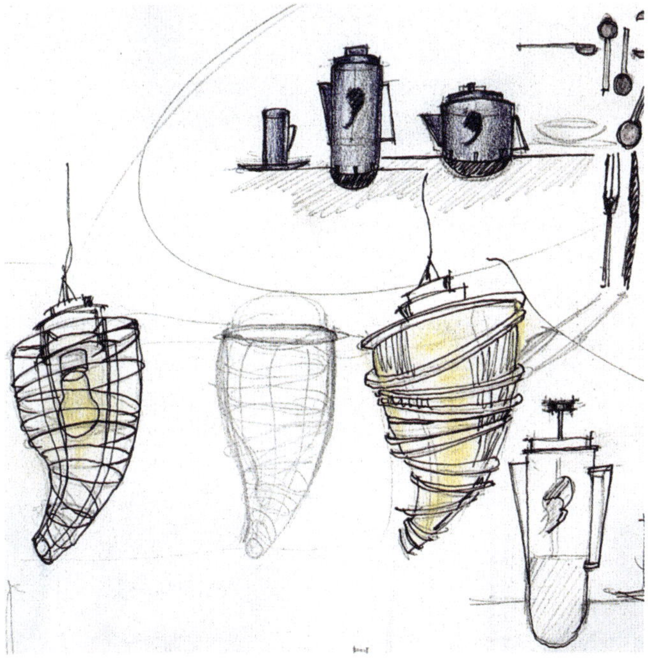

Oben
Die Ledermöbel für einen Rezeptionsbereich waren in Grund- und Aufriss vergleichsweise einfach zu zeichnen. Die technisch konstruierten Linien wurden dann mit Bleistift überzeichnet. Das dichte, halbmatte Schwarz der Leder-Chrom-Struktur wurde mit Ölpastellfarben gerendert und das über die Ecken erfolgte Hinauszeichnen integrierte das Bild in das Papier und schuf gleichzeitig einen kontrastierenden Hintergrund für die Metallstruktur.

Linke Seite
Die mit einem dünnen schwarzen und mit dickeren farbigen Filzstiften gezeichneten Linien auf Transparentpapier drücken die Qualität des Materials und der Oberflächen aus. Die lineare Anwendung der bunten Filzstifte suggeriert Bodenbretter und hängende Vorhänge. Die graue Einfärbung, besonders vorn und oben auf der Bar, deutet Reflektionen auf einer harten, glänzenden Oberfläche an. Diese Darstellung einer Bar reicht völlig aus, um ihre Funktion zu zeigen. Die Zeichnung ist überzeugend, da sie von einer fundierten praktischen Kenntnis getragen wird. Kritische Entscheidungen nehmen in der Vorstellung des Designers notwendigerweise Form an.

Rechts
Diese Skizze legt Vorschläge eines Designers für Deckenleuchter in einem Café dar. Während er darüber noch Vermutungen anstellte, dachte er bereits auch über Geschirr und Besteck nach. Dieser besondere Gedanke mündete in ein handfestes Ergebnis, aber es ist unwahrscheinlich, dass diese Nebenzeichnung ein nützliches Ergebnis zur Folge haben wird. Ob dies nun produktiv ist oder nicht, ein derartiges Denken führt zu einem verbesserten Gespür für das Ganze einer Innenraumgestaltung.

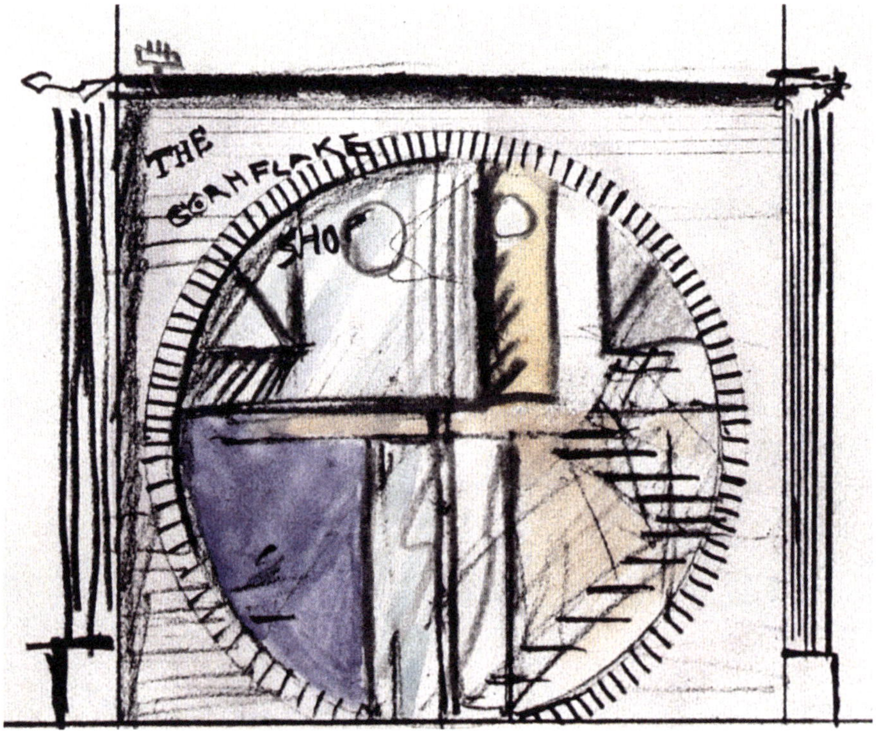

Links
Ein Overlay, erstellt auf einer technischen Originalzeichnung, setzt Gedanken hinsichtlich der Position der Eingangstür und die Ziegelsteineinfassung des runden Fensters bildlich um.

Diese drei mit Bleistift und farbigen Filzstiften auf DIN-A4-Blättern aus Transparentpapier erstellten Zeichnungen bilden die Aufstellung der dreidimensionalen Entwicklung eines komplexen Innenraums. Diese Zeichnungen bilden die endgültigen Overlays von Sequenzen, in denen der Designer versucht hat zu verstehen, wie erhöht frei stehende Elemente innerhalb eines existierenden Gebäudes bestehen und zugänglich sein können.

Die enorme Geschwindigkeit, mit der diese Zeichnungen erstellt wurden, macht deutlich, wie der Designer versuchte, Schritt zu halten mit seinen rasenden Gedanken, diese gleichzeitig aufzuzeichnen und ihnen eine Form zu geben. Es ist ebenfalls eine überzeugende Demonstration, wie eng das Denken mit dem Zeichnen Hand in Hand geht, wobei sie sich gegenseitig befruchten und somit die ersten Ideen aus der sichtbaren Spontaneität entstehen. Diese Bilder zeigen deutlich, dass der Designer mit Können und Autorität zeichnet, aber dass in diesem Stadium des Projekts die Qualität der Zeichnungen der Hervorbringung und Untersuchung von Ideen untergeordnet war.

Die erste Zeichnung befasst sich vornehmlich mit der Straßenseite und damit, wie sich die rechteckige Tür in den Kreis des über zwei Stockwerke reichenden Fensters einpassen würde und wie sich die Sichtigkeit der Ziegelsteine zum Kreis verhält. Am perfekten Kreis wird klar, dass die Grundform durch ein Overlay auf einem technisch konstruierten Original erzielt wurde. Es sind auch einige Gedanken vorhanden, wie sich die inneren Elemente auf das runde Fenster beziehen und mit der Farbe wird ihre Eigenständigkeit betont.

Der grobe Umriss von zwei Wänden des bestehenden Gebäudes definiert den Innenraum. Die beiden Lichtquellen – das runde Fenster und die dreieckige Oberlichte hinten – deuten an, dass sie zusammen genügend natürliches Licht einfallen lassen. Das wiederum wird belebt durch Reflektion und Schatten, indem es sich an den eckigen und runden Formen der erhöhten „Kabinen" spiegelt. Der Weg, der die „Kabinen" miteinander verbindet, ist angedeutet und die Möglichkeit einer besonderen Treppenstruktur beginnt sich herauszubilden.

Die Geometrie des Treppenabsatzes bildet das wesentliche Element der letzten Zeichnung, nachdem seine Form bereits in früheren Versionen herausgebildet wurde. Der Rest der Treppe ist gekonnt, aber oberflächlich dargestellt und dies erinnert daran, dass dieses Problem nur in einer maßstabsgetreuen Zeichnung gelöst werden kann. Die „Kabinen" sind sogar noch flüchtiger gezeichnet. Dennoch zeigen sie, dass sich der Designer bereits Gedanken über die Details von Türen, Fenstern und Oberflächenstruktur gemacht hat. Auch diese Problematik kann erst durch eine sorgfältiger konstruierte Zeichnung behoben werden.

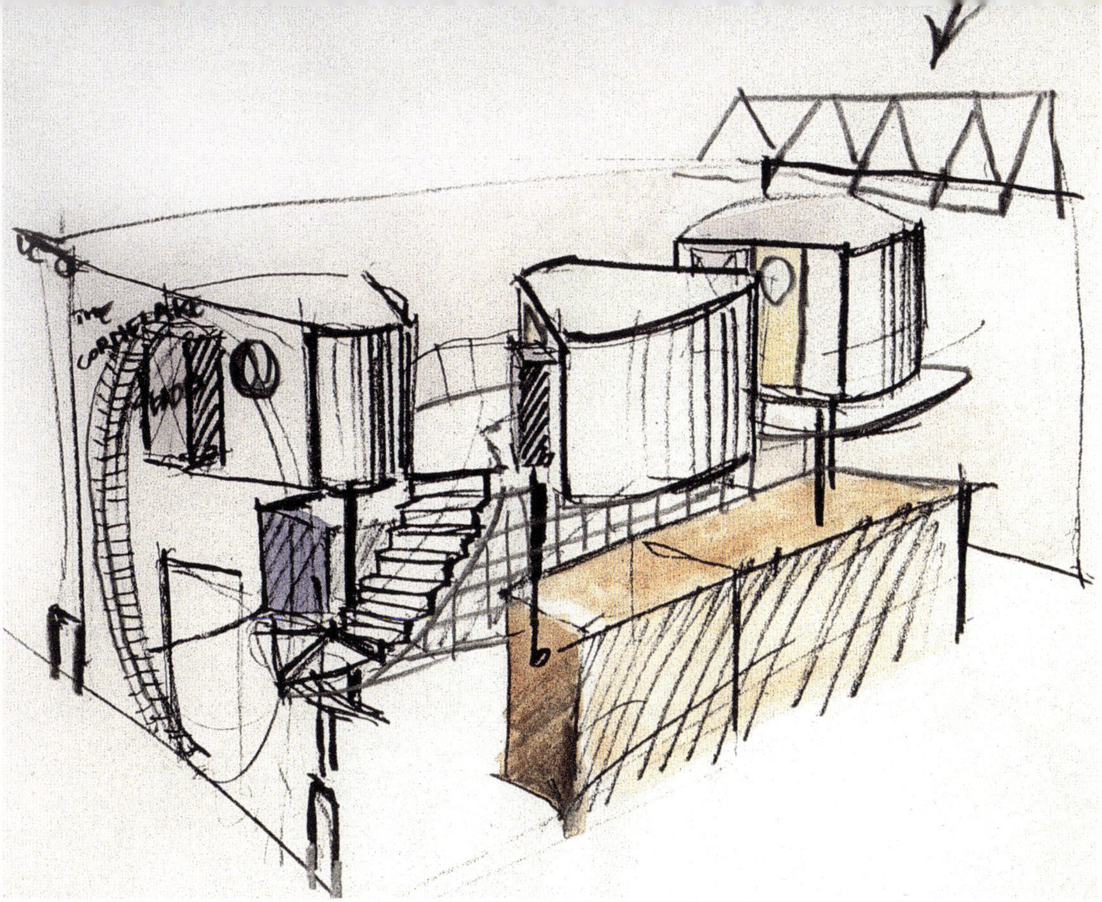

Oben
Eine Erklärung, wie sich die erhöhten Elemente in das Rechteck des bestehenden Gebäudes einfügen.

Links
Eine weit detailliertere Vorstellung der Geometrie der Treppe eröffnet, dass die in den Treppenabsatz eingefügte Stufe eine wesentliche Erklärung dafür bildet, wie sich die Fluchten der Stufen spiegeln und sich bequem in die Ecke des Gebäudes einfügen.

Während es vielleicht unvermeidlich ist, dass die meisten ersten Zeichnungen, mit denen man versucht, die Richtung eines Projekts festzulegen, spekulative Skizzen darstellen, so ist es wichtig, dass alle Zeichnungen versuchen sollten, die Realität eines bestehenden Gebäudes zu bewältigen. D.h., sie sollten sich den damit verbundenen Schwierigkeiten stellen. Diese Zeichnungen – Grundrisse, Aufrisse und Ansichten – sollten möglichst maßstabsgetreu sein.

Unten
Eines aus einer Reihe von Overlays, erstellt mit Bleistift auf Transparentpapier. Die wesentlichen Elemente der bestehenden Struktur, besonders die aus den Seitenwänden herausragenden Säulen, sind so dargestellt, dass Entscheidungen über die Lage neuer Elemente in Resonanz zu ihnen stehen. Das Fußbodenmuster zeigt das Zwischengeschoss an. Doch obwohl das ganze verständlich gezeichnet ist, gibt es keinen Versuch, dies auch für jemand anderen als den Designer selbst verständlich zu machen. Die gekritzelten Notizen dienen eher als Gedankenstütze denn als Informationsquelle. Die Zeichnung ist nicht ausgearbeitet und sie könnte für eine erste Diskussion ausreichend sein – doch wahrscheinlich wird sie im Papierkorb landen.

Rechts
Diese Zeichnung – Bleistift und Pastellfarben auf Transparentpapier – stellt aufwendig die Materialien dar, die für diese Fassade (Felder aus Holzleisten und Glas) verwendet werden sollen. Außerdem deutet sie die Methode an, wie sie verbunden werden könnten (Nägel und Bolzen). Sie zeigt Fragen hinsichtlich der strukturellen Stabilität und der Mechanik der Tür auf. Dadurch weist sie bereits auf die nächste Stufe der Entwicklung des Projekts hin.

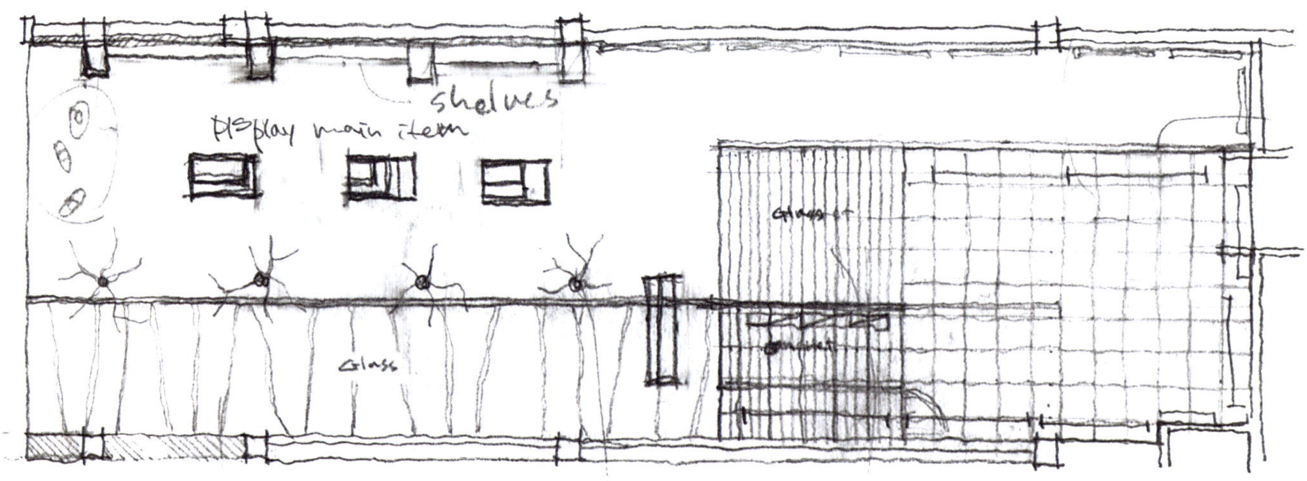

Zeichnen für das Team

Wenn Designer Skizzen erstellen, so geschieht dies gewöhnlich nur für sie selbst, da sie damit ihren ersten Gedanken Gestalt verleihen. Doch die Freihandskizze bildet ebenfalls einen sehr effizienten Weg der Kommunikation mit den anderen Mitgliedern eines Designteams, den Kollegen und Beratern.

Derartige Zeichnungen fallen normalerweise etwas formaler aus als eine für den persönlichen Gebrauch bestimmte Skizze. Denn der Designer will die Ideen natürlich ein wenig weiter in Richtung auf eine Lösung hin entwickeln, bevor er sie zur Diskussion stellt. Sie werden etwas aufwendiger sein, da sie ihren Standpunkt klar darstellen müssen, und ihnen wird viel von der Überschwänglichkeit einer spontanen Skizze fehlen, da sie so eindeutig wie möglich sein sollen.

Die Beachtung der Zeichenregeln ist selbst bei den einfachsten Skizzen sinnvoll, da es sonst leicht zu Fehlinterpretationen kommen kann. Grundrisse sollten auf einer Höhe von 1,2 Metern über dem Niveau des Fußbodens erstellt werden. Elemente oberhalb davon, wie etwa Wände, werden meist durch massive Farbblöcke angedeutet. Elemente unterhalb der Kopfhöhe werden nur in ihren Umrissen, solche oberhalb üblicherweise durch eine gepunktet-gestrichelte Linie dargestellt.

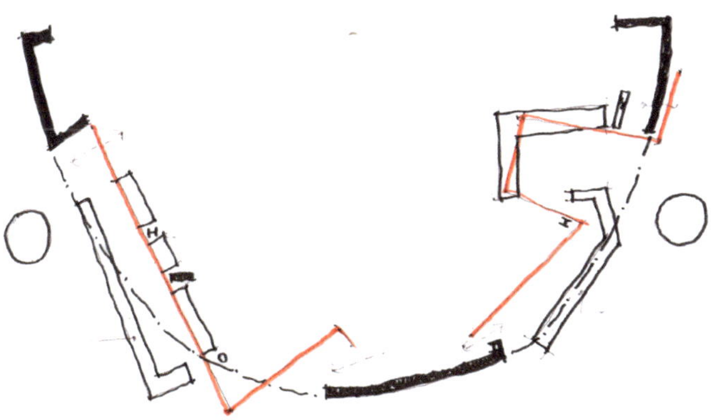

01
Dieser skizzierte Grundriss ist über einen bestehenden Grundriss gezeichnet. Die Elemente sind aus Gründen der Klarheit kodiert: massives Schwarz für die abgerundete Wand, die sich vom Fußboden aus erhebt, und eine gestrichelt-gepunktete Linie für den Bereich oberhalb der Kopfhöhe.

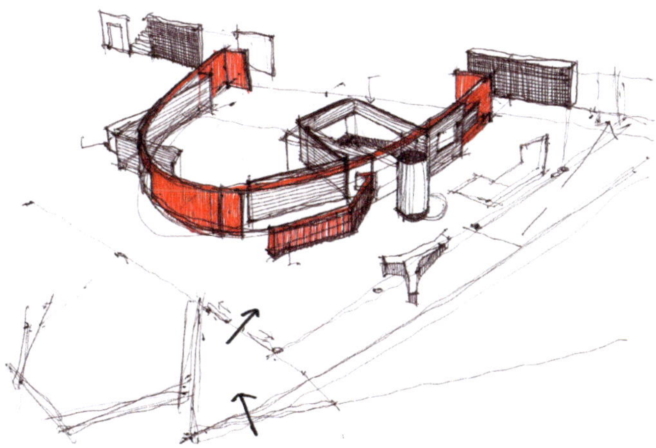

02
Die dreidimensionale Ansicht zeigt die Wechselwirkung der gerundeten und eckigen Wände in der vertikalen Ebene.

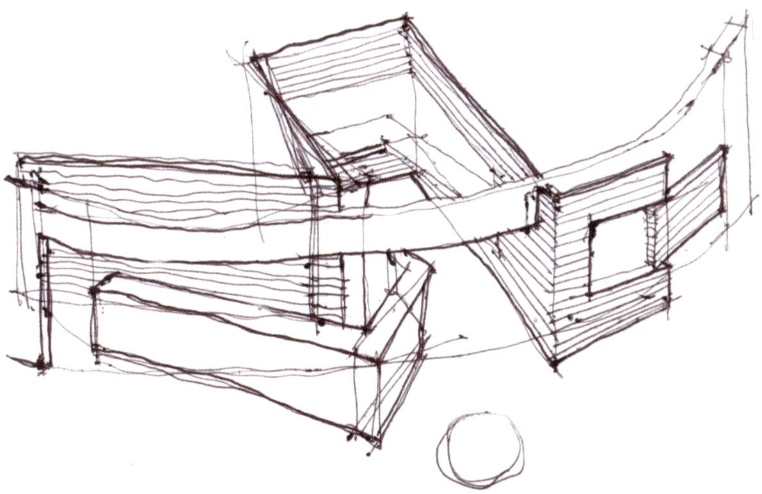

03
Die dritte Skizze blickt detaillierter darauf, wie sich der Ladenbereich auf die abgerundete Wand und den Schalter bezieht, den es mit dem Kassenbereich teilt. Die Verschiebung des Blickpunkts bietet einen ausgedehnteren Blick in das Innere des Geschäfts.

Unten und rechte Seite
Diese Zeichnungen, gut genug für eine erste Präsentation für den Kunden, behalten etwas von dem „Charakter" des von Hand gezeichneten Bildes. Die vorausgehende Bearbeitung am Computer, einschließlich Scannen und Einfügen von Werbebildern, erlaubte den Designern Ergänzungen zur Grundzeichnung, ohne dass der Freihandzeichenstil zu sehr übertüncht wurde. Die größeren Figuren wurden von Fotos übernommen, um eine überzeugende Körpersprache darzustellen.

Der Computer überträgt zweidimensionale Informationen in Grund- und Aufriss genauer und bedeutend schneller in dreidimensionale Bilder, als dies per Hand geschehen kann. Solche Bilder werden zwar genau, aber wahrscheinlich auch wieder etwas farblos sein. Die weitere Verfeinerung durch die Zugabe von Farbe, Materialien und Lichteffekten mit Hilfe des Computers nimmt Zeit in Anspruch – besonders in der Frühphase eines Projekts, wenn definitive Entscheidungen, die eine genaue Ausarbeitung berechtigen würden, noch nicht gemacht wurden. Die am Computer erstellten „Basiszeichnungen" versorgen die Mitglieder des Teams mit einer genauen perspektivischen Vorlage, über die sie einzeln oder zusammen darüberzeichnen können. Die Genauigkeit der Linienführung wird durch den Gebrauch von Lineal, Zirkel, Schablone und Kurvenlineal gewährleistet.

Kingfisher
SHOPPING

Mit dem Computer skizzieren

Unten
„Freihandskizze", mit dem Computer erstellt – sie verfügt über eine Gleichheit der Linienführung die man in Handzeichnungen nicht findet.

Unten rechts
In dieser Studie über einen geschlossenen Körper in einem Treppenschacht ist der direkte Kontext – die Treppe darunter, Brücke und verglaste Wand – in überzeugender Perspektive vom Computer dargestellt und gerendert. Das Beibehalten der „versteckten Linien" gewährleistet etwas von der Mehrdeutigkeit der Handskizze, doch auf dem Bildschirm kann man das Bild drehen und eingehend prüfen.

Landläufig nimmt man an, dass ein Skizzieren nur durch die Hand erfolgen kann und dass dies die Quintessenz „künstlerischer" Kreativität ist. Doch verwechselt eine derartige Auffassung Technik mit Qualität und ignoriert die Tatsache, dass auch mit dem Computer erstellte Zeichnungen über den Wert und sogar über die Mehrdeutigkeiten einer handgezeichneten Skizze verfügen. Es ist möglich, mit dem Computer „Freihandzeichnungen" anzufertigen, und zwar mit einem digitalen Stift, einer Maus oder mit der Tastatur.

Der Computer bestimmt wie jedes andere Zeichenmedium sowohl den Weg, den die Hand über die Oberfläche der Zeichnung nimmt, als auch die Qualität der erstellten Linien. Während die Erfahrung beim Anfertigen der Zeichnung sehr nahe an diejenige kommt, die man beim Verwenden eines herkömmlichen Blei- oder Zeichenstiftes macht, so ist beim Computer eine flüssige Linienführung erkennbar, die das Ergebnis eines „digitalen Stiftes" ist, der nicht direkt mit dem „Papier" in Kontakt kommt. Auch wird eine Gleichheit der Linienqualität erreicht, die bei einer Handzeichnung beinahe unmöglich und wahrscheinlich auch nicht wünschenswert ist.

Rechts und unten
Der Computer kann mittels Standardsoftware gerade Linien und glaubhafte Rundungen sowohl zwei- wie auch dreidimensional erstellen.

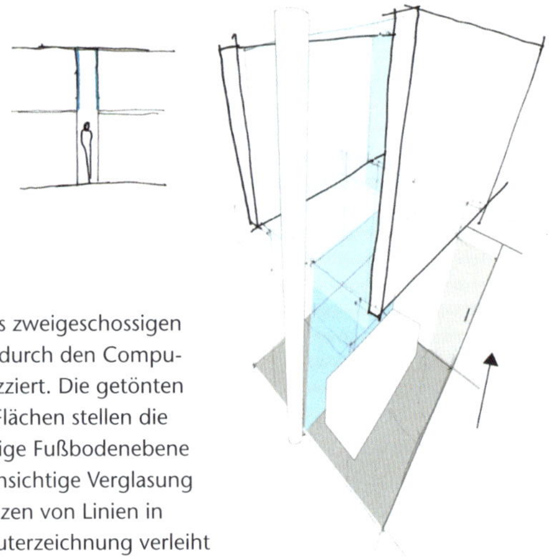

Rechts
Die Linien des zweigeschossigen Raumes sind durch den Computer genau skizziert. Die getönten und bunten Flächen stellen die undurchsichtige Fußbodenebene und die durchsichtige Verglasung dar. Das Kreuzen von Linien in dieser Computerzeichnung verleiht ihr etwas von der Formlosigkeit der traditionellen Skizze. Eine stärkere, weniger kontrollierte Freihandlinie hebt den Kontrast zwischen rauen Wänden und reinem Glas hervor.

Kompositbilder

Handzeichnungen und per Computer erstellte Bilder können erfolgreich nebeneinander bestehen, wenn jede Methode ihre Stärken ausspielt. Die geübte Hand zeichnet eine entspannte und einfache Linie, wobei sie sich an der Notwendigkeit der Darstellung des Wesentlichen konzentriert. Wenn man dem Computer nicht erlaubt, sein volles Potenzial bei der komplexen Darstellung von dreidimensionaler Form, Materialität und Ausleuchtung zum Tragen kommen zu lassen, dann scheinen die mit ihm erzielten Ergebnisse im Vergleich dazu wahrscheinlich fad. Die Stärken der beiden Zeichenarten können jedoch während aller Phasen im Verlauf des Designprozesses miteinander kombiniert werden.

TIPP KOMPOSITBILDER

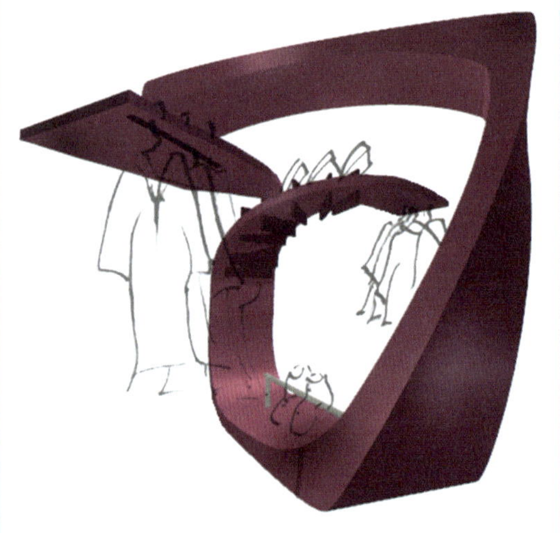

Eine komplexe dreidimensionale Struktur wird durch den Computer überzeugend dargestellt. Der zweitrangige Inhalt, nämlich die hängenden Stoffe, die ihr Identität verleihen und ihre Funktion erläutern, werden besser durch eine gekonnte handgezeichnete Linie dargestellt, die den kraftvollen Ausdruck der primären Form nicht behindert.

Oben
Am Computer ist es einfach, einer handgezeichneten Skizze Farbe, abgestuft zur Andeutung von Beleuchtung, beizugeben.

Oben links
In diesem umgekehrten Fall wurde diese vom Computer erstellte Ansicht mit der Hand überzeichnet, um die Linienqualität einer minimalen Zeichnung zu bereichern. Doch dann wurden die Farbblöcke, die Festigkeit vermitteln, mit dem Computer hinzugefügt.

Rechts

Der Computer erstellt die komplexen dreidimensionalen Elemente, aber darüber werden Linien gezeichnet, die der Variation dienen. Auch die Farben sind von Hand hinzugefügt. Die Figuren sollen deutlich machen, wie sie mit der roten Struktur interagieren.

Unten

Bei diesem Projekt war es nötig, die Vorstellung von Höhe innerhalb eines Atriums zu verstärken. Die Fähigkeit des Computers zur Schaffung einer perfekten Perspektive erreicht dies überzeugend. Auch hier führt Überzeichnen und Hinzufügen von Menschen das Bild über einen einfachen Computerausdruck hinaus.

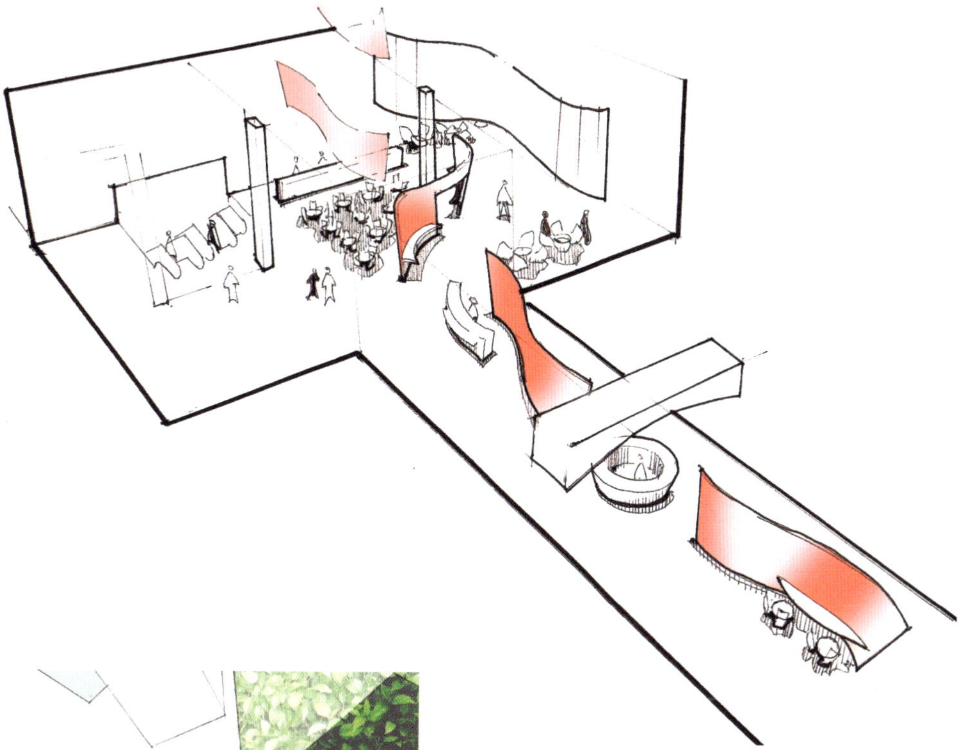

Ideenentwicklung am Computer

Schnelle Skizzen mit freier Hand sind in der Frühphase des Designprozesses allgemein üblich. Für Designer, die in den traditionellen Techniken ausgebildet sind und diese auch anwenden, trifft dies noch heute zu. Wer aber bereits in der Ausbildung Computer genutzt hat und diese als festen Bestandteil seines Berufslebens begreift, für den ist das „Skizzieren" am Bildschirm selbstverständlich. Es bleibt also eigentlich den Vorlieben überlassen, doch auch hier bietet das digitale Arbeiten erneut Vorteile.

Sind die grundlegenden Informationen in den Computer eingegeben, ist es leicht, zwei- oder dreidimensional überzeugende Ergebnisse zu erstellen. Genauigkeit und Klarheit des Bildes stellen sicher, dass es hier, anders als bei Freihandskizzen, weniger Raum für Fehlinterpretationen gibt. Zwar können auch komplexe Formen von Hand gezeichnet werden, doch ist es fast unmöglich alle für eine Konstruktion nötigen Informationen einzuschließen. Doch die richtige Software eröffnet den Weg dazu. Vernetzte CAD-(computer-aided design-) und CAM-(computer-aided manufacture-)Computer können zweidimensional erstellte Ideen in andere Darstellungsformen umwandeln, wie es für die Verarbeitung nötig ist.

01
Ein erster Aufriss erstellt die Idee eines Bandes, das sich über einen Fußboden und auf eine Mauer erstreckt.

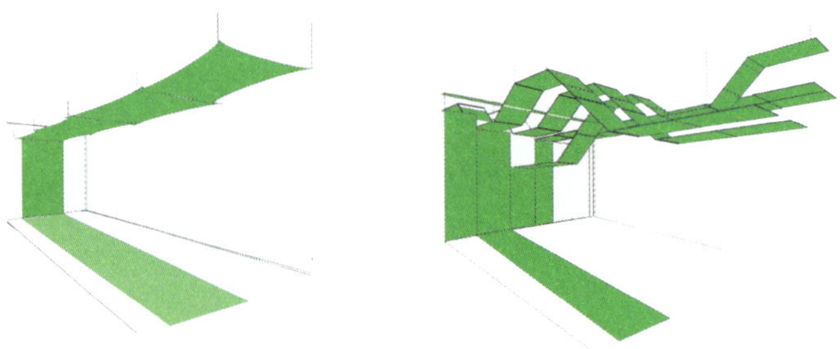

02
Die Idee wird in der Dreidimensionalität weiterentwickelt.

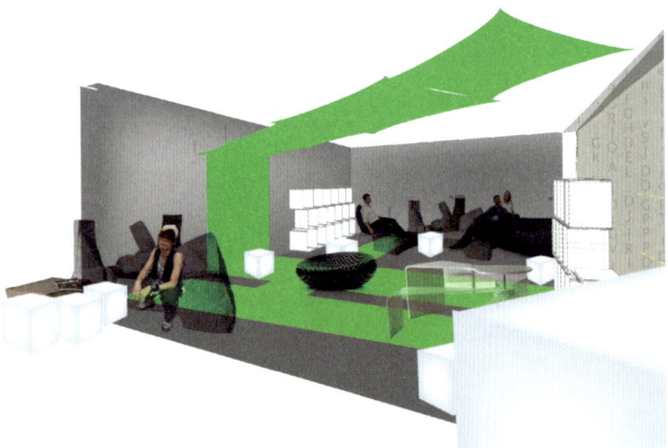

03
Wände, Möbel und Figuren werden hinzugefügt, um einen Kontext zu erstellen, und zu beschreiben, wie der Bereich funktionieren könnte.

01
Der Aufriss gibt die Basisinformation wieder, von der aus alle folgenden Zeichnungen erstellt werden. Die Figur dient in der gesamten Abfolge dem Maßstabsvergleich.

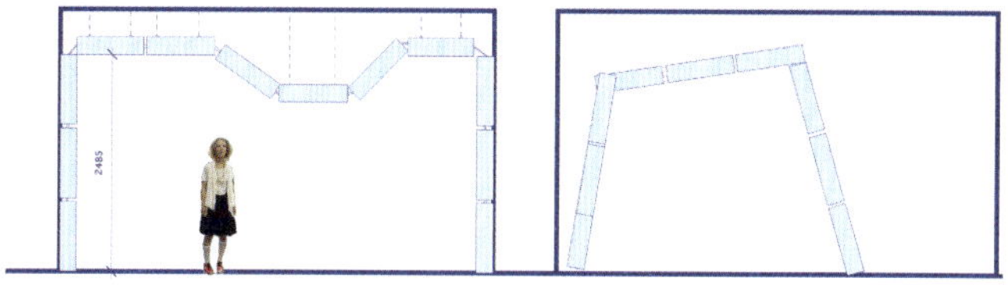

02
Die Grundform wird beibehalten, aber Variationen können schnell und sachlich hinzugefügt werden.

03
Ausgeweitete Formen erklären die dreidimensionalen Möglichkeiten.

04
Der Computer erleichtert den Onlinezugriff auf das Material von Herstellerwebseiten. Dieses Material kann man herunterladen und in den Designprozess integrieren. Farben, die Material oder Bemalung andeuten, Möbel und Figuren können gescannt und in das Bild eingefügt werden.

Fallstudie: Kreatives Denken am Computer

Olga Valentinova Reid hat einen Weg entwickelt, Bilder zu erstellen, die ihr zufällige Betrachtungsmöglichkeiten aufzeigen. Obwohl die Bilder zufällig erscheinen, sind sie nach ihrer Auffassung Ergebnisse der „Logik" des Computers und haben deswegen eine Bedeutung, auch wenn sie sprunghaft sind. Sie entstehen aus Projektdaten, die bereits in den Computer eingegeben sind. Wenn sie auch keine „Antworten" liefern, so machen sie doch Möglichkeiten deutlich – und dies in einer Bildersprache die dem Projekt angemessen ist.

Die Zeichnungen hier unten stellen nur einen kleinen Teil solcher Bilder dar. Die Anzahl der Möglichkeiten ist unbegrenzt. Valentinova Reid „erschafft" die Bilder durch eine spontane Auswahl der Softwarefunktionen, die fortschreitend den Anfangspunkt in irgendetwas vollkommen anderes Umwandeln und neue Sichtweisen bieten, die die Vorstellung auf neue Wege lenken, wenn diese in unproduktiven linearen Denkmustern festsitzt. Sie gibt zu, dass die Erstellung dieser Variationen zügellos werden kann, aber sie ist der Meinung, dass chaotisches Denken auch kreatives Denken darstellt und dass durch die Aufregung über unerwartete Variationen ihre Vorstellungskraft angeregt wird.

Valentinova Reid legt dar, dass, wenn diese zweidimensionalen Formen in ein dreidimensionales Zeichenprogramm (das mit den meisten Programmen funktioniert) überspielt werden, ein Designer die Gelegenheit hat, daraus Formen abzuleiten, und er damit beginnen kann, sich das Bild zu vergegenwärtigen und in etwas umzusetzen, das möglicherweise gebaut wird. Die Vorstellung eines Designers wird hartnäckig versuchen, die willkürlichsten Anfangspunkte in irgendeine Art von Machbarem überzuleiten, indem er über geeignete Materialien und Konstruktionsmethoden nachdenkt.

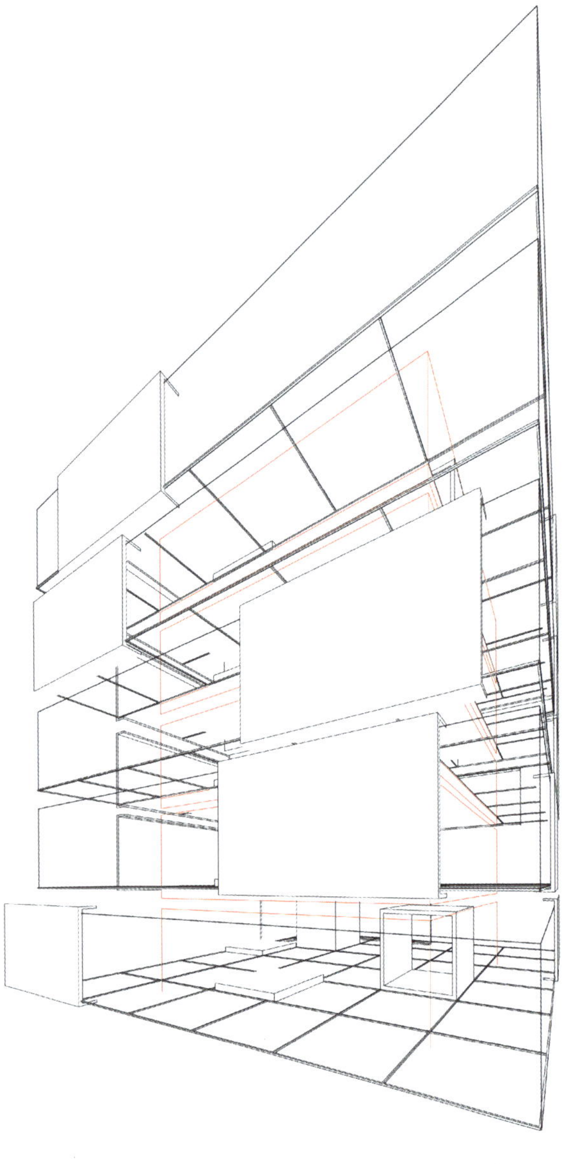

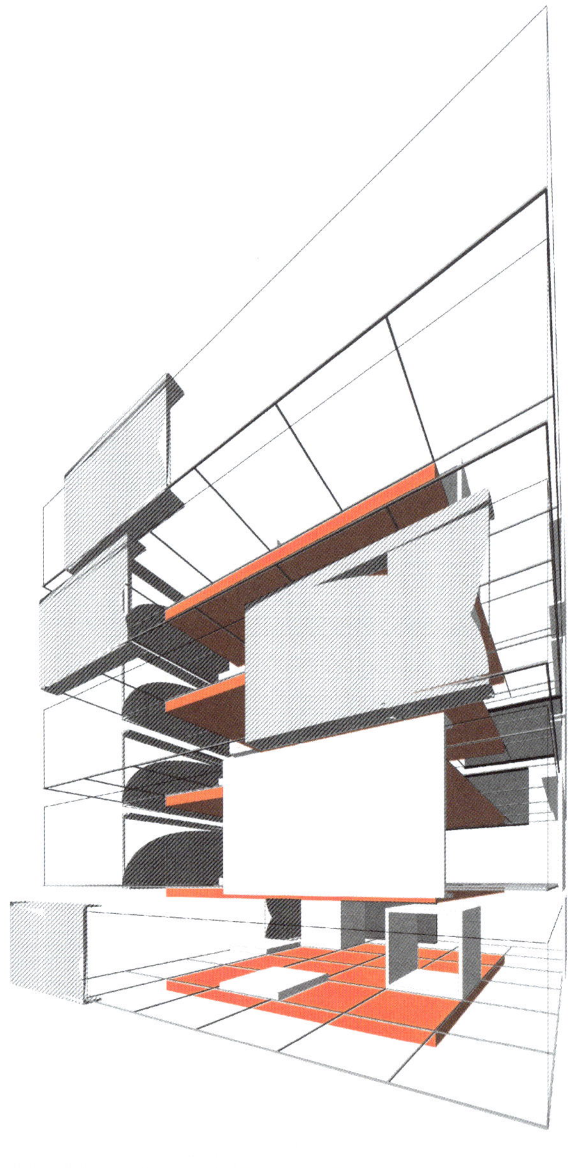

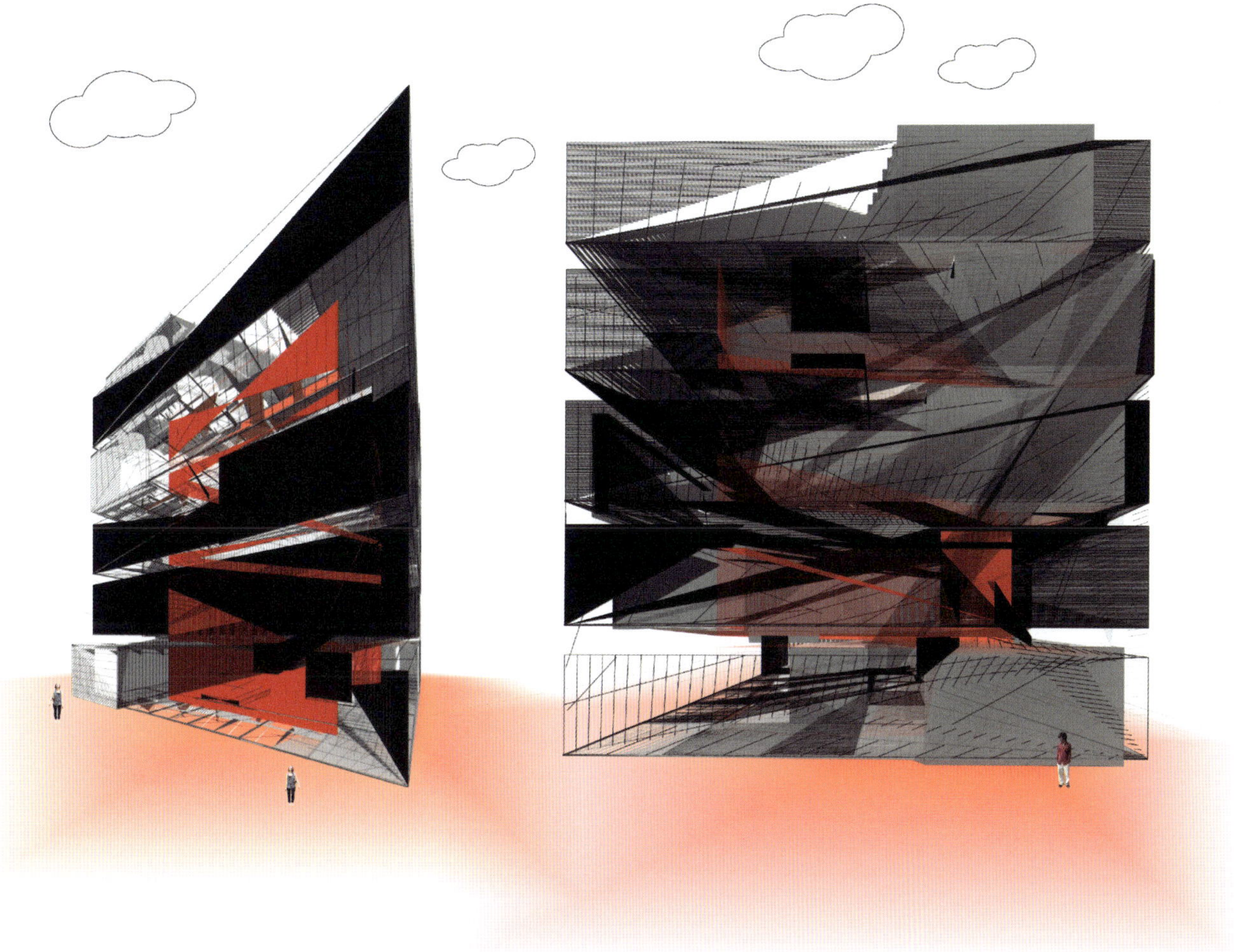

Linke Seite links
Das Bild links außen zeigt die Variation eines Aufrisses, bei dem der Computer „dazu gebracht wurde“, die rationalen ersten Visualisierungen des Projekts zu verändern. Es bietet einen Blick darauf, wohin das Projekt steuern könnte, und überlässt dem Designer die Entscheidung über die Machbarkeit, indem er über die geeigneten Materialien sowie über die Konstruktion nachdenkt.

Linke Seite rechts
Dieses noch abstraktere Bild deutet einerseits komplexe Strukturen und andererseits zwei- und vielleicht dreidimensionale Muster an.

Oben
Das dritte und vierte Bild in dieser Abfolge zeigen, wie man dieselbe Technik anwenden kann, um Optionen für Farben zu entwickeln. Derartige Formen, erstellt im Verlauf des Nachdenkens über die Natur des Projekts und in diesem Kontext kritisch bewertet, werden die Entsprechung des traditionellen Kritzelns sein – mit dem wesentlichen Unterschied, dass die kritzelnde Hand zwanghaft immer wieder dieselben bekannten Motive wiederholt, während diese Bilder, obwohl sie organisch aus dem Projekt erwachsen, gänzlich unerwartet sind und beständig neue Formen anbieten.

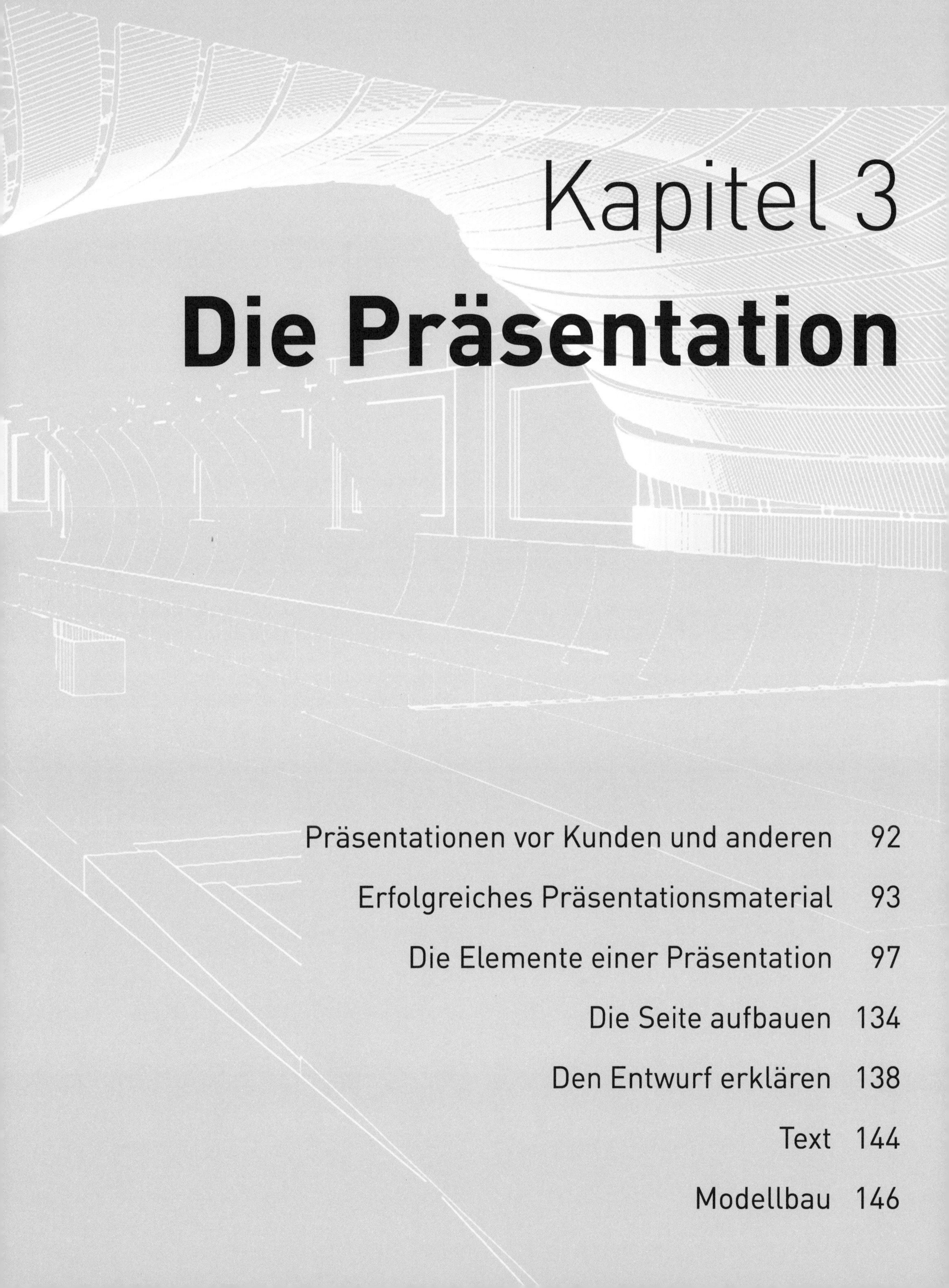

Kapitel 3

Die Präsentation

Präsentationen vor Kunden und anderen 92

Erfolgreiches Präsentationsmaterial 93

Die Elemente einer Präsentation 97

Die Seite aufbauen 134

Den Entwurf erklären 138

Text 144

Modellbau 146

Präsentationen vor Kunden und anderen

Für Präsentationen angefertigte Grafiken und Modelle sollen den Kunden oder andere Zielgruppen davon überzeugen, dass ein Projekt wünschenswert und glaubwürdig ist. Die Zustimmung des Kunden ist entscheidend, denn nur er kann Ideen, die sonst nur in der Fantasie des Architekten existieren, Realität werden lassen. Ein guter Architekt sollte deswegen die Bedürfnisse und Ziele seines Kunden zufriedenstellen können, wie konträr diese zu seinen eigenen Vorstellungen zunächst auch sein mögen.

Nicht selten ist eine formale juristische Genehmigung durch eine Körperschaft des öffentlichen Rechts erforderlich. Sollte diese beim ersten Antrag verweigert werden, wird es schwierig, gegen Urteile Berufung einzulegen oder Korrekturen vorzunehmen, denn der zeitliche Rahmen für innenarchitektonische Vorhaben ist gewöhnlich eng bemessen. Planer sind vor allem an Straßenfronten interessiert, aber auch an Änderungen, die denkmalgeschützte historische Innenräume betreffen. Kunden haben Räumlichkeiten meist gemietet und für Umbauten ist generell die Zustimmung der Eigentümer erforderlich.

Eine Präsentation vor Kunden oder anderen Zielgruppen wird nicht unbedingt nur einmalig durchgeführt. Es ist klug, während des Entwurfsprozesses mit allen in das Projekt involvierten Parteien Kontakt aufzunehmen, um sich zu vergewissern, dass die Arbeit nicht unproduktiv wird und sich unnötig in die Länge zieht.

Oft muss das erste Briefing noch präzisiert werden. Es liegt in der Natur der Sache, die durch die Vorgaben eines Gebäudes eingegrenzt ist, dass die Details der ersten Kundenwünsche meist neu beleuchtet werden müssen, sobald man mit den realen Gegebenheiten konfrontiert wird. Kunden, die bereit sind, bedeutende finanzielle Risiken einzugehen, sollten in allen Planungsstadien konsultiert werden. Sobald man Vorschläge prüft, präsentieren sich weitere Möglichkeiten quasi von selbst. Richtungsänderungen müssen besprochen und vom Kunden akzeptiert werden. Man sollte also gleich mehrere Präsentationstermine vorsehen, damit ein Projekt in verschiedenen Planungsstadien diskutiert und abgesegnet werden kann.

Eine Präsentation sollte bestehende Kenntnisse, Auffassungen und Vorurteile auf Seiten der Auftraggeber berücksichtigen. Manch einer wird von der „künstlerischen" Qualität von Zeichnungen beeindruckt sein, anderen gibt der Nachweis technischen Wissens Sicherheit. Immer jedoch sollte ein Kunde verstehen, was er absegnen soll. Unzulänglichkeiten lassen sich zeitweise übertünchen, werden aber am Ende umso deutlicher zutage treten. Dann Änderungen vorzunehmen, ist nicht nur kostenintensiv, sondern auch peinlich. Inwieweit ein Kunde die verschiedenen Arten von Entwürfen zu verstehen vermag, wird sich schon während der ersten Gespräche herausstellen.

Wenn ein Kunde mit der Arbeit eines Architekten vertraut ist – oder wenn man bereits zusammengearbeitet hat –, mag es passend erscheinen, weniger und eventuell weniger detaillierte Zeichnungen anzufertigen, doch es darf nicht der Eindruck entstehen, dass der Kunde als selbstverständlich angesehen wird und nun weniger für sein Geld bekommt. Manchen Kunden sagt die Zusammenarbeit bei der Entwicklung von Ideen zu – diese ziehen vielleicht skizzenhaftere Entwürfe vor, die den Entstehungsprozess der Arbeit zeigen. Bei Neukunden ist es wichtig, einen guten Eindruck zu machen – und vielleicht eher etwas mehr als unbedingt nötig zu liefern, sicherlich aber nicht weniger. Zeigt man sich kompetent und von der Arbeit begeistert, so lassen sich zumeist auch Vorbehalte überwinden.

Erfolgreiches Präsentationsmaterial

Architekten sind oft fasziniert davon, wie Kunden auf ihre Präsentationen reagieren, insbesondere auf einzelne Zeichnungen der Gesamtpräsentation, und bemühen sich, die eine Illustration zu identifizieren, die die Diskussion in Gang gebracht hat – und denken später gern daran, wie ein einziges verführerisches Bild einen Klienten dazu gebracht hat, das Budget aufzustocken.

Der Ton jeder Präsentation, insbesondere bei einer persönlichen Unterredung mit dem Kunden, hängt stark von der Persönlichkeit des Architekten ab. Wer von Natur aus seriös wirkt, hat keinerlei Probleme, seine Kunden von der Ernsthaftigkeit seiner Absichten und von seiner Zuverlässigkeit zu überzeugen, während andere gern ihre humorvolle Seite herausstellen und eine persönlichere Ebene der Kommunikation finden. Ob man dem einen oder eher dem anderen Typus zuneigt, zeigt sich in der visuellen wie der verbalen Präsentation gleichermaßen. Beide Positionen – und jegliche Zwischenposition – wird drastisch von einem offensichtlichen Fehler in einem Entwurf unterminiert.

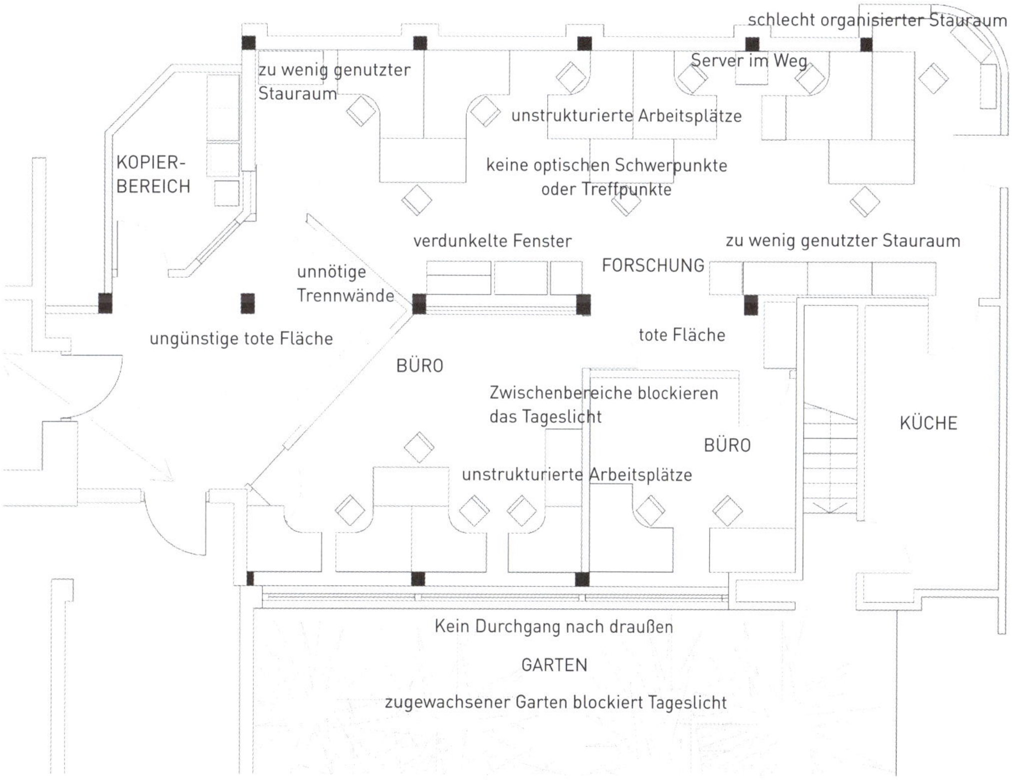

Linke Seite
Zwei Entwürfe aus einem Satz von insgesamt 14. Beide zeigen verschiedene Bereiche innerhalb eines Einkaufszentrums. Sie lenken die Aufmerksamkeit des Kunden auf die jeweils spezifischen Elemente und liefern reichlich Material für eine detaillierte Diskussion.

Oben rechts
Der Grundriss rechts wird ergänzt durch eine Collage von Schnappschüssen, die die praktischen Nachteile der bestehenden Bürofläche illustrieren.

Rechts
Der ursprüngliche Entwurf ist ein Grundriss der bestehenden Bürofläche. Der Text jedoch weist auf die praktischen Nachteile hin, anstatt die Bereiche zu identifizieren, die dem Kunden bereits wohlbekannt sind.

Das nachfolgend beispielhaft vorgestellte Präsentationsmaterial führte zur Zustimmung der Kunden und zur Beauftragung. Die ersten beiden Beispiele (diese Seite) wurden bei einem der ersten Kundentermine präsentiert.

Die nächsten beiden Entwürfe (rechte Seite) zeigen Alternativen auf. Häufig, wenn auch nicht in diesem Fall, schlägt der Kunde eine Lösung vor, die Elemente aus mehreren oder allen vorgestellten Optionen vereint. Das mag dem Architekten ärgerlich erscheinen, aber es hilft, Prioritäten zu identifizieren.

Am Computer lassen sich überzeugende Perspektiven erstellen; handgezeichnete Details sind notwendigerweise vereinfacht und erfordern zusätzliche Erklärungen. Die Collage mit eingescannten Fotos von Elementen aus anderen fertiggestellten Innenräumen präsentiert einige der geplanten Qualitäten des Projekts. Die einzelnen Illustrationen, insbesondere der Stühle, beweisen den hohen Standard der gezeichneten Skizzen und legen nahe, dass der Architekt alle Aspekte des kreativen Prozesses beherrscht. Es besteht immer die Gefahr, dass eine zu intensive Verwendung vorgefundener Bilder im Kunden falsche Erwartungen weckt. Daher ist es sinnvoller, bei der Bebilderung, möglichst auf eigene abgeschlossene Projekte zurückzugreifen.

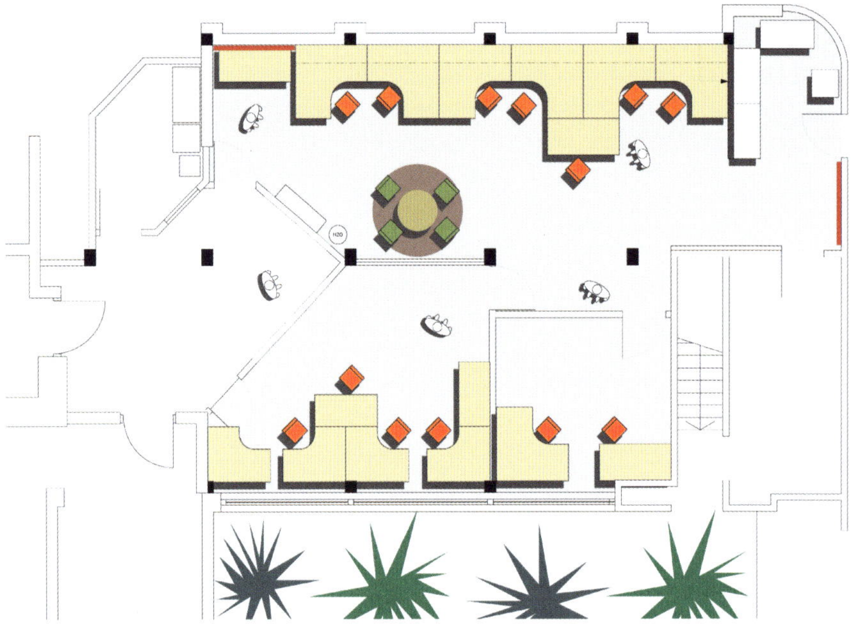

Ganz oben und oben

Option 1, bezeichnet als das „Konzept mit geringem Eingriff“, zeigt, wie eine minimale Bereinigung des Grundrisses und die Aussstattung mit neuem Mobiliar den Arbeitsbereich verbessern würde. Die am Computer erzeugte Perspektive wurde von Hand zeichnerisch überarbeitet. Farben und Schattierungen wurden dann wieder am Computer ergänzt.

Rechts und unten

Option 2 – oder das „vollständige Konzept" – wendet dieselben Techniken an, auch der Grundriss ist identisch. Die perspektivische Ansicht illustriert nun den gesamten Büroraum, weil der komplette Bereich umgestaltet wurde und der Außenbereich nun größeres Gewicht erhält. Der Grundriss zeigt eine viel rationalere und effizientere Lösung, die das vernachlässigte Potenzial des vorhandenen Raumes identifiziert und nutzt. Die Präferenz des Architekten für diesen Entwurf zeigt sich vielleicht an der extensiveren Bleistiftüberarbeitung, die die rohen Linien der Computerzeichnung verschönert. Auch die Kunden zogen diese Option vor.

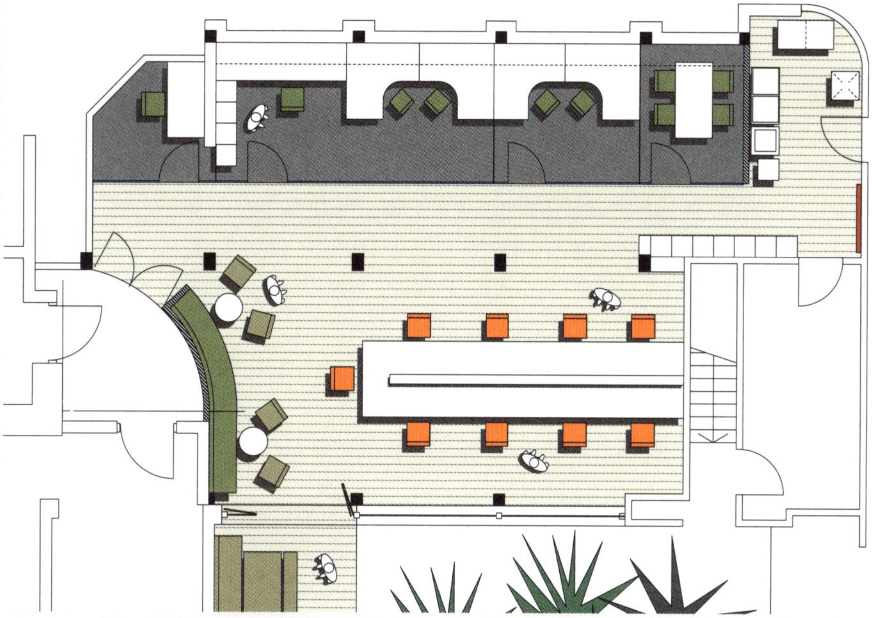

Manche Projekte gewinnt man bei Wettbewerben. Dabei empfiehlt sich dann eine etwas andere Strategie, weil die Architekten eventuell keine Gelegenheit zum persönlichen Gespräch mit den Preisrichtern haben.

In manchen Fällen ist ein Auftraggeber nicht auch der Nutzer der Fläche. Insbesondere bei öffentlichen Einrichtungen erfolgt die Beauftragung häufig durch ein Komitee – in der Regel kein einfacher Verhandlungspartner. Es gibt keine Einzelperson als Ansprechpartner; auch können Spannungen innerhalb der Gruppe bestehen – die mit dem Vorschlag in keinerlei Zusammenhang stehen müssen –, die einen Dissens unvermeidlich machen. Unter solchen Umständen müssen die Dinge klar und einfach gehalten werden. Oft sind auch Laien involviert, die eventuell befürchten, hoch spezialisierte Entwürfe nicht zu verstehen und sich zu blamieren, sodass sie sich nur widerstrebend mit dem präsentierten Material auseinandersetzen und ihre Ansichten oder Zustimmung nur zögerlich ausdrücken. Leicht verständliche Entwürfe, die in entspannter, humorvoller Atmosphäre verbal erklärt werden, können eine solche Haltung überwinden helfen.

Die auf diesen Seiten gezeigten Wettbewerbsunterlagen für einen Ausstellungsraum wurden auf A3 präsentiert, wodurch die Preisrichter veranlasst wurden, sich nur mit einer Idee auf einmal auseinanderzusetzen. Die Zeichnungen waren einfach gehalten, entsprechend dem Thema der Wiederverwendung einfacher Grundelemente.

Links
Eine Folge von Zeichnungen illustriert einige der Möglichkeiten, die die Grundelemente eines Ausstellungssystems bieten.

TIPP ENTWÜRFE FÜR ZWISCHENPRÄSENTATIONEN

Die Entwürfe sollten folgende Merkmale aufweisen:

- einfach und informell
- verständlich, ohne endgültig zu wirken
- realistisch – zeigen Sie nichts, was Sie nicht liefern können
- schnell – ausgefeilte Präsentationen sind zeitaufwendig und kostenintensiv

Rechts
Dieses Bild illustriert eine Lösung für die Versorgung einer typischen Konfiguration von Grundelementen mit Licht und Strom.

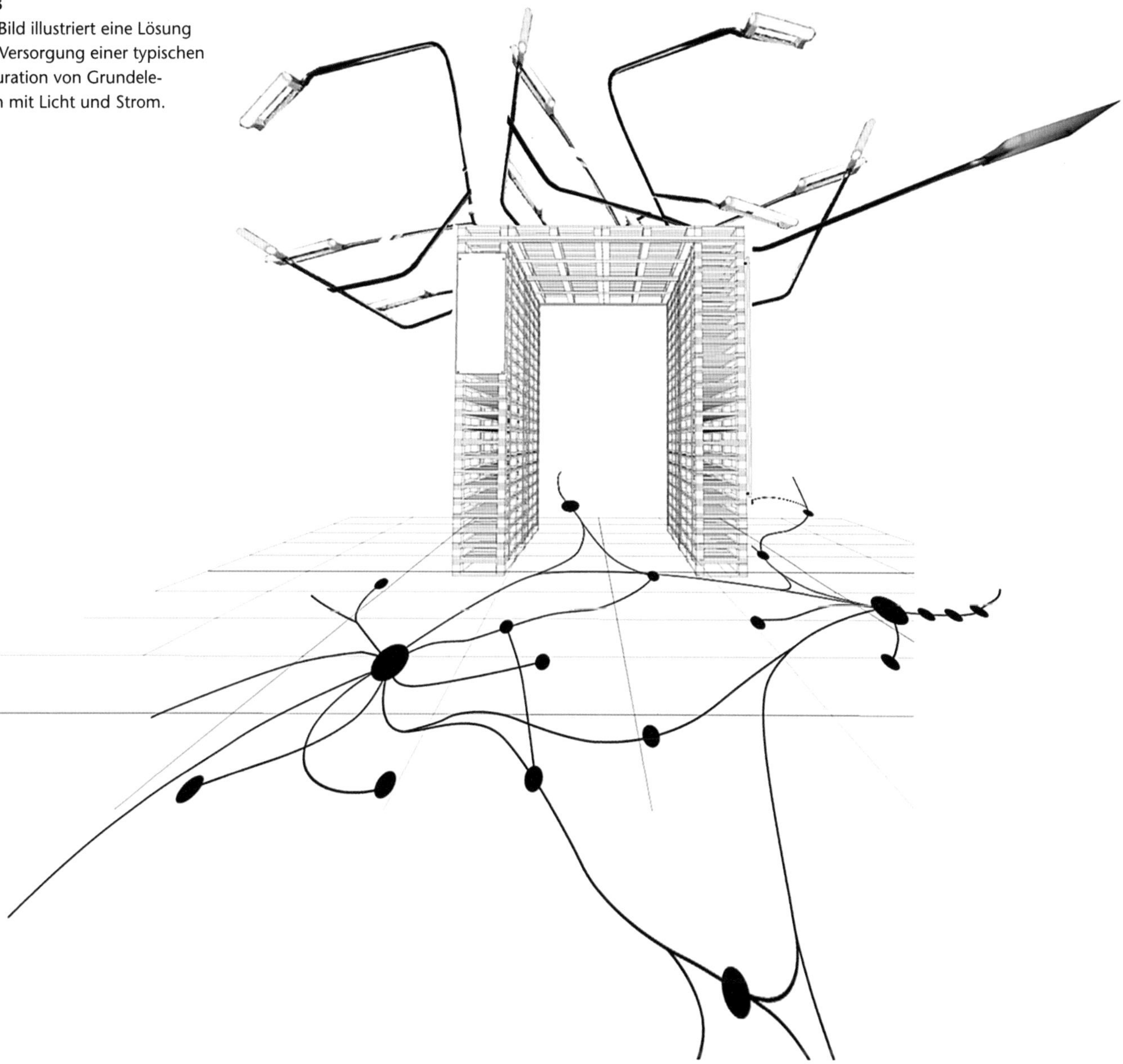

Die Elemente einer Präsentation

Ob nun für Zwischen- oder Abschlusspräsentationen – die meisten Projekte erfordern eine Reihe von Standardzeichnungen, jede mit ihren eigenen Konventionen. Der Charakter einer technischen oder anderen Zeichnung wird durch das Medium bestimmt, das zu ihrer Anfertigung verwendet wird. Entwürfe für den Innenausbau müssen exakt sein.

Zeichnet man händisch, fördern Linien verschiedener Stärke, sofern man einen Bleistift verwendet, und Dicke im Falle von Stiften die Verständlichkeit. Farbe war auf einmalig verwendete Zeichnungen beschränkt, bis gute Farbkopien möglich wurden. Die Ausarbeitung einzelner Elemente innerhalb der Zeichnung erforderte vor der Anwendung von CAD aufwendiges Schraffieren und Einfärben. Zeichnen und Drucken am Computer machen heute die Verwendung von Farben und unendlich vielen Grauschattierungen einfach. Die umfangreiche Farbpalette des Computers bietet hier einen ganzen Fundus von Optionen. Wichtige Fakten dürfen jedoch nicht hinter einem Übermaß an Farbe und Textur verschwinden.

Während die Perspektivansicht als Quintessenz aller Präsentationswerkzeuge gelten mag, vermitteln weniger spektakuläre zweidimensionale Zeichnungen wichtige Information mit größerer Deutlichkeit.

Der Grundriss

In der Regel ist ein Grundriss erforderlich. Er stellt dar, wie sich die geplante Einrichtung im Raum entfaltet, und bestätigt, dass sie in den vorhandenen Raum passt.

Je nach Notwendigkeit kann ein Grundriss sehr komplex sein. Aus diesem Grund ist es gute Praxis, als Einführung eine schematische Version des Grundrisses zu verwenden, um darzulegen, wie die wesentlichen Elemente angeordnet werden, um eine komplexere Version anzuschließen, die umfangreichere und detailliertere Information enthält.

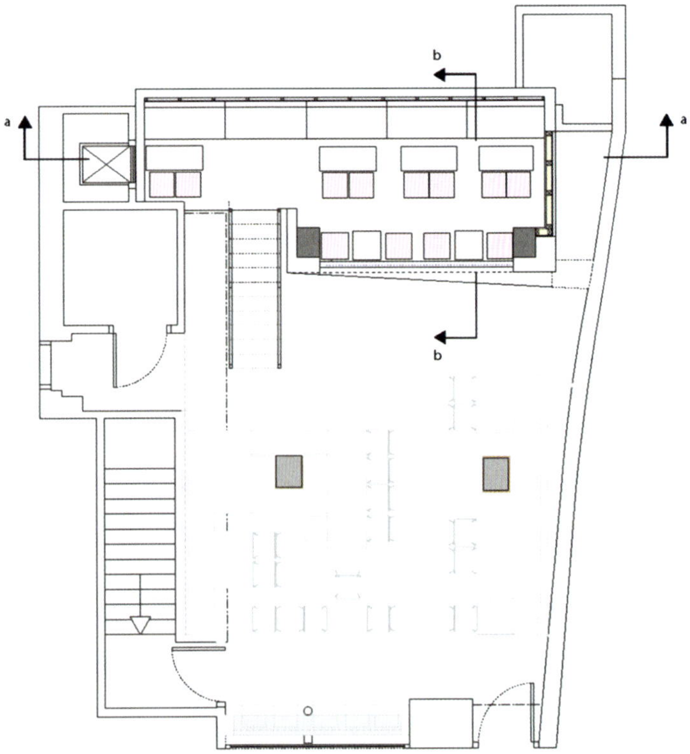

Oben
In diesen einfachen Grundriss eines Halbgeschosses wurden per Computer Schattierung und Farbe eingefügt, um die Informationen zu differenzieren. Die grauen Bereiche bezeichnen die Wände in der unteren Hälfte des Entwurfs, die beiden Säulen, die die gesamte, zwei Stockwerke umfassende Raumhöhe einnehmen. Eine neue Wand ist orange gefärbt, gepolsterte Sitzgelegenheiten rosa.

Rechts
Eine detaillierte Darstellung wird angereichert durch am Computer erzeugte exakte Schattierungen, Farbflächen und Text. Im kleineren Grundriss setzen Farbflächen verschiedene Aktivitätsbereiche voneinander ab. Die Ergänzung durch Möbel und Raumausstattung in der größeren Version bestätigt, dass die detailbetonte Planung zu effizienter Raumnutzung führt.

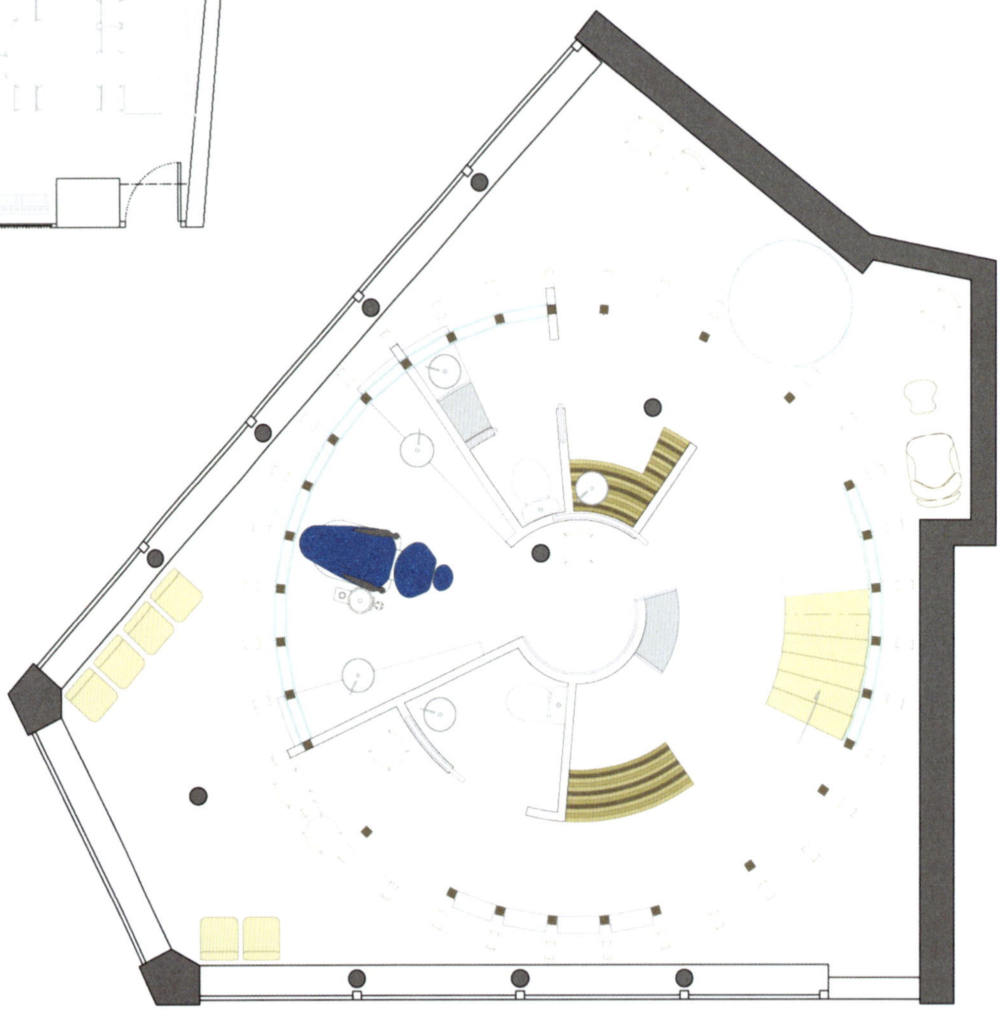

TIPP MASSSTÄBE

Im Baugewerbe sind für Entwürfe Standardmaßstäbe üblich. Generell ist 1:50 für Grundrisse sinnvoll: Bei diesem Maßstab lassen sich zahlreiche Details darstellen und die meisten Projekte passen auf ein Blatt. Auch im Maßstab von 1:100 lassen sich noch wichtige Informationen darstellen, insbesondere mit der Präzision und Qualität der Linienführung, die sich am Computer erreichen lässt. Bei einem Maßstab von 1:200 gehen hingegen schon wichtige Details verloren. Wenn ein umfassender Grundriss eines großen Projekts erforderlich und dieser nur bei einem Maßstab von 1:200 darstellbar ist, lassen sich Bereiche, die sehr klein, aber von besonderem Interesse sind, gesondert in größerem Maßstab darstellen, z.B. 1:50 oder 1:20. Da sich der Maßstab mit Hilfe des Computers problemlos ändern lässt, ist eine solche Anpassung einfach durchzuführen.

Der Maßstab sollte auf der Zeichnung angegeben sein. Wird ein Maßstab angewandt, der sich nicht korrekt auf ein Längenmaß bezieht – und sich die Darstellung deshalb nicht messen lässt –, sollte an gut sichtbarer Stelle auf dem Papier „nicht maßstabsgetreu“ vermerkt werden.

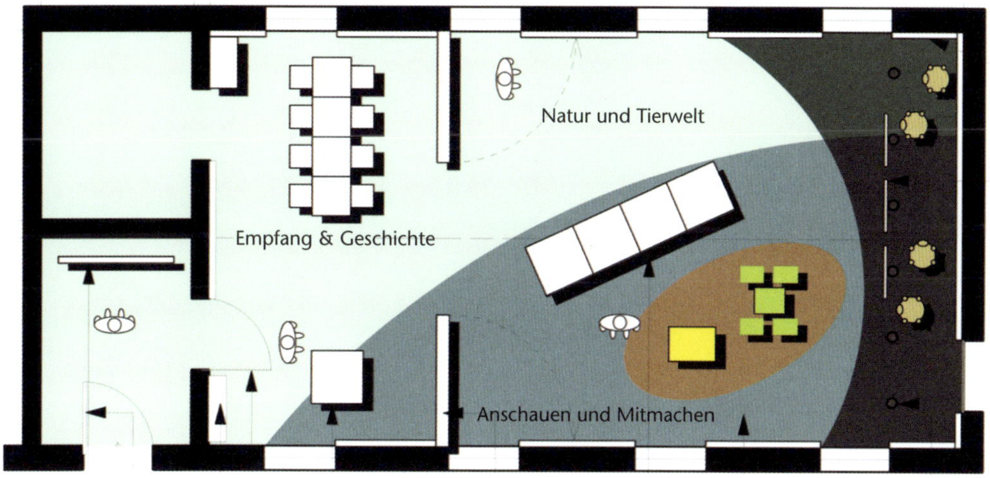

Links
Dieser Ausstellungsplan funktioniert auch als architektonische Zeichnung, denn der Raum ist einfach und enthält nur wenige Elemente bzw. Einrichtungsgegenstände. Das Muster des Bodenbelags dominiert, wie das auch in den fertiggestellten Innenräumen der Fall wäre, und kennzeichnet verschiedene Bereiche. Die erklärenden Beschreibungstexte sind auf ihre Themen bezogen, ohne den Plan zu stören, und die Anordnung des Mobiliars betstätigt, dass die Räume funktionieren.

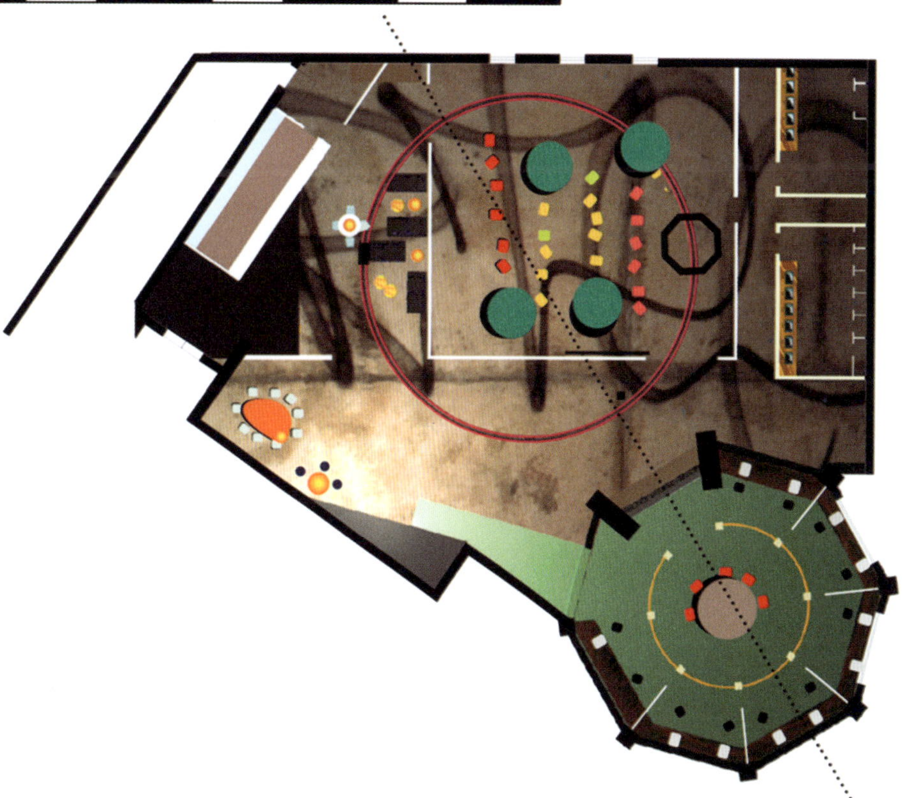

Rechts
Schwarz repräsentiert vorhandene Elemente, Weiß neue Wände. Weitere Farben beziehen sich auf Bodenbeläge. Variationen im Farbton deuten die Wirkung künstlicher Beleuchtung an. Die „Schatten“ der runden Tische und die Farbabstufung auf der grünen Rampe erzeugen ein gewisses Maß an Dreidimensionalität.

Unten
Einen maßgefertigten Plan abzupausen gewährleistet, dass die Dimensionen in akzeptablem Maße akkurat sind. Schnelles Freihandzeichnen macht es einfach, Schattierungen und Möblierung anzudeuten.

Unten rechts
Dieses Projekt stellt mehr Details dar, folglich ist auch der Entwurf akkurater. Ein Zeichenstift wurde einem Bleistift vorgezogen, weil er Exaktheit und Dauerhaftigkeit der Linien ermöglicht. Die Konturen in schwarzer Tinte wurden auf Transparentpapier gezeichnet, das anschließend auf der Rückseite mit Farbstiften bearbeitet wurde. Neue Wände und Träger wurden orange gekennzeichnet, um das geringe Ausmaß der erforderlichen Bauarbeiten zu verdeutlichen. Weitere Linien und Farbflächen stellten Bodenbeläge und Möblierung dar. Die Grundrisse der drei Etagen wurden nebeneinandergesetzt und durch unterschiedliche Farbintensitäten voneinander abgesetzt.

Handgezeichnete Grundrisse

Annähernd perfekte Linien kann jemand zeichnen, der ständig technische Zeichnungen händisch anfertigt. Dennoch kann die menschliche Hand niemals die außerordentliche Exaktheit und Ebenmäßigkeit der Linien und die perfekten Ecken einer am Computer erstellten Grafik erreichen. Das Ergebnis ist folglich „informeller, wenn man von Hand zeichnet: Man gesteht z.B. zu, dass Linien sich überschneiden und Schraffierungen und Farbaufträge etwas kräftig geraten, was vielleicht auch als gewisser kreativer Überschwang gedeutet werden kann.

Für einfache Projekte lassen sich Zeichnungen freihändig erstellen – ohne Messschieber oder Geodreieck. Ecken, die gewöhnlich annähernd 90° messen, können nach Augenmaß angelegt werden. Übung verbessert dieses Können. Größere Dimensionen sollten, auch in einer Freihandzeichnung, abgemessen werden. Wenn diese vergleichsweise akkurat sind, lassen sich weitere Elemente in glaubhafter Relation dazu ergänzen.

Alternativ lässt sich bei komplexeren Grundrissen mit technischen Mitteln ein Entwurf der wichtigen Elemente anfertigen, der dann von Hand weiter ausgearbeitet wird. Es ist nicht ratsam, die Computerzeichnung zu sorgfältig auszuführen, denn wenn der Großteil der Zeichnung übermäßig akkurat ist, wirken die unvermeidlichen, noch so geringen Abweichungen im Vergleich dazu ungeschickt. Eine schnelle Zeichnung ist generell besser, um Spontaneität zu erhalten. Technische und freihändige Zeichnungen können vorteilhaft im selben Entwurf verwendet werden – erstere, um die neuen Elemente präzise zu definieren, letztere, um existierende Elemente anzudeuten.

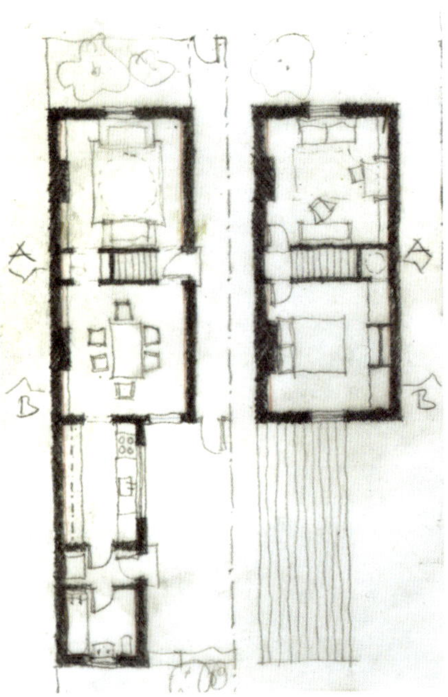

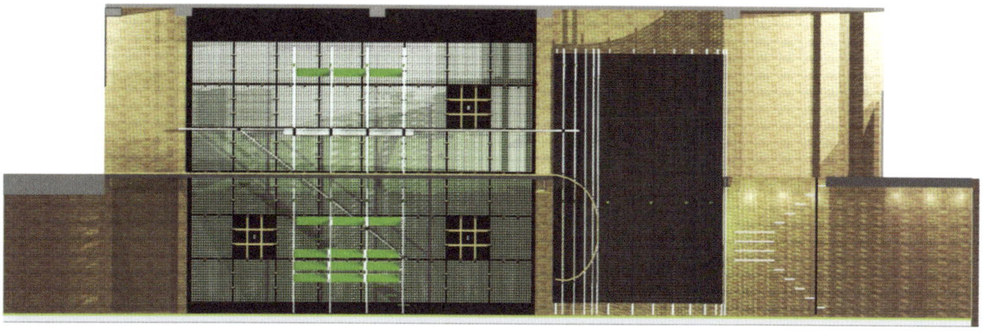

Links
Ausgefeiltes Rendering von Materialien verschafft einen Eindruck von Materialität, Farben, Textur und Licht.

Unten links
Es wird langsam gängige Praxis, Zeichnungen mit glamourösen Modellen zu bevölkern, und solche Übermenschen sitzen wenig eingepasst in vielen Entwürfen von Innenräumen. Auf dieser detailgetreuen Darstellung trifft man eine viel eklektischere und ansprechendere Mischung von „Charakteren" an.

Der Schnitt

Alle Aussagen über das Anfertigen von Grundrissen treffen ebenso auf den Schnitt zu. Der Schnitt ist das wichtigste Mittel, Veränderungen in der Höhe, egal ob Boden- oder Deckenhöhe, exakt darzustellen, weil Raumtiefe und Auskragungen in Perspektivansichten nur undeutlich vermittelt werden können.

Es kann kontraproduktiv auswirken, beim Anfertigen von Schnitten zu gewissenhaft vorzugehen. Sind zu viele Linien vorhanden, die Hintergrunddetails darstellen sollen, lässt sich das Ganze nur schwer entschlüsseln. Wenn man die Zeichnung plant, muss man Prioritäten festlegen und auf unwichtige Information verzichten.

Ein Schnitt kann eine prosaische Darstellung des physischen Raumes sein oder durch genaue Vermittlung von Farbe, Materialien, Lichteffekten und Möblierung Atmosphäre erzeugen.

Wo der Grundriss den Betrachter einen Raum durchschreiten und seine Topografie verstehen lässt, legt der Schnitt seine vertikalen Ebenen dar und ermöglicht dem Betrachter, ihre Komposition zu erfassen, während er sich „durch den Raum bewegt". Der Computer ist hierfür das ideale Werkzeug, da er fertige Ausführungen exakt wiedergeben kann.

Wichtig ist die Entscheidung, welche Ansicht sinnvoll und nützlich ist, also welcher „Schnitt" durch das Gebäude gezeigt werden soll. Diese Entscheidung sollte sicherstellen, dass die gewählte Zeichnung dann die Informationen enthält, die für das Projekt wesentlich sind. Es ist empfehlenswert, mehrere Schnitte anzufertigen, die jeweils wichtige Aspekte darstellen, statt an der falschen Stelle zu sparen und mehrere einander überlagernde Schnitte zu erzeugen. Generell gesprochen sollte ein Schnitt einen Querschnitt des Treppenhauses zeigen, um praktisch und ästhetisch darzustellen, wie Stockwerke miteinander verbunden werden. Weiter ist es unabdingbar, einen Querschnitt von Zwischengeschossen anzulegen, um Änderungen und optische Verbindungen zwischen verschiedenen Ebenen zu zeigen.

Weiterhin ist zu entscheiden, in welche Richtung ein Schnitt überhaupt „blicken" soll. Es liegt nahe, ihn so auszurichten, dass Elemente in den aufschlussreichsten Kontext gestellt werden oder dass Information über ein wichtiges Hintergrundelement integriert wird.

Modellfiguren und andere Requisiten verdeutlichen den Maßstab des Schnittes und stellen klar, wie sich die Räumlichkeiten nutzen lassen. Gut gewählte Figuren machen wenig ansprechende technische Zeichnungen zugänglicher.

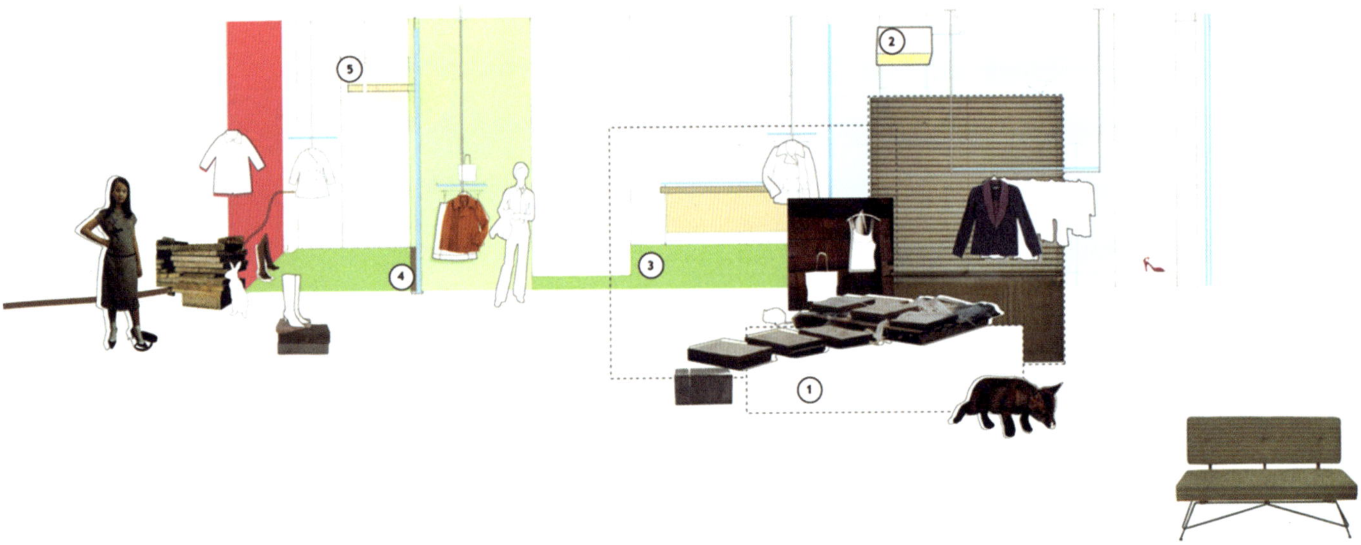

Oben
Hier handelt es sich nicht um eine traditionelle Schnittansicht, doch die Farbelemente zeigen die wesentlichen Komponenten eines Bekleidungsgeschäfts im minimalistischen Stil. Die Projektion dieser Elemente jenseits der engen Grenzen einer Schnittansicht deutet eine gewisse Tiefenwirkung an. Die sparsame Andeutung wird aufgelockert durch die vielleicht ironisch gemeinte Einführung von Tieren in die Szenerie.

TIPP DIE WAHL DES BESTEN SCHNITTES

Ein Schnitt durch ein Treppenhaus besitzt stets einen hohen Informationswert, weil er die vertikale Interaktion verschiedener Ebenen darlegt. Dieses Beispiel beschäftigt sich auch mit dem Einfluss von Farbe und Licht; die Glasbalustraden werden zur besseren Sichtbarkeit durch weiße Umrisse angedeutet.

Axonometrie und Isometrie

Grundriss und Schnitt ermöglichen es dem Betrachter, sich virtuell durch einen Raum zu bewegen, jedoch nur zweidimensional. Die Perspektive geht von einem festen Standpunkt aus. Axonometrische und isometrische Darstellungen sind dreidimensionale Ansichten aller Bereiche innerhalb eines Gebäudes, wobei das Dach und mindestens zwei Wände fehlen. Sie sind eine Methode, Entwürfe zu konstruieren, die die Vorteile sowohl zweidimensionaler wie auch dreidimensionaler Darstellungen verbinden.

Sie sind einfach anzufertigen und zeigen, wie Grundrisse und Schnitte in drei Dimensionen überführt werden. Außerdem ermöglichen sie dem Betrachter, sich vorzustellen, wie er sich durch den Raum oder eine Folge von Räumen bewegt, und zu verstehen, wie ein Bereich in einen anderen übergeht und wie die Ästhetik des einen Raumes in einem anderen weitergeführt wird. Der gewählte Standpunkt muss in jedem Fall sicherstellen, dass die maximale Information zu dem Objekt angeboten wird. Oft ist es sinnvoll, ein Projekt von mehr als einem Standpunkt aus zu zeichnen – in der Regel von zwei diagonal einander gegenüberliegenden Ecken, um ein möglichst vollständiges Bild zu vermitteln.

Eine Serie solcher Bilder lässt sich problemlos elektronisch generieren, sobald relevante Information über Grundriss und Schnitt in den Computer eingegeben wurde. Sie sind auch von Hand vergleichsweise einfach anzufertigen, weil die Linien parallel angeordnet sind und nicht ständig wechselnden Divergenzen unterworfen sind wie bei der Perspektive. Diese unkomplizierte Formel macht das Erstellen axonometrischer und isometrischer Zeichnungen von Hand mit einem zufriedenstellenden Grad von Genauigkeit unproblematisch, sodass dies eine effektive Art darstellt, dreidimensionale Entwürfe für eine Besprechung anzufertigen. (Die Prinzipien zu ihrer Erstellung finden Sie im Abschnitt „Axonometrische und isometrische Projektionen" in Kapitel 1, Seite 42–43.)

Unten links
Diese Computerillustration verdeutlicht die dreidimensionale Organisation des Raumes. Detailgetreues Rendering stellt die Oberflächenbeschaffenheit überzeugend dar.

Unten
Bei handgefertigten Zeichnungen entsteht Dreidimensionalität vor allem durch Kontur und obwohl jede Fläche mit Pastellfarben und Buntstiften ausgefüllt ist, kann sie nicht dieselbe Genauigkeit in der Darstellung des Materials erreichen wie die computergenerierte Grafik.

Fallbeispiel: Eine Entwurfsserie präsentieren

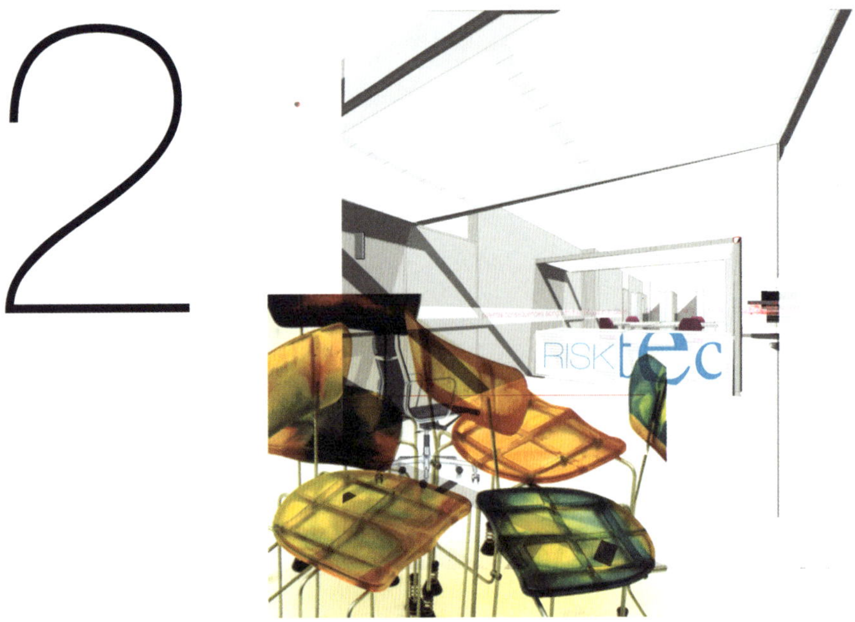

Diese Präsentation stützt sich ausschließlich auf computergenerierte Images. Da die bestehenden Büroräumlichkeiten unverändert bleiben, handelt es sich in allen Fällen um dreidimensionale Ansichten. Die Kunden waren offensichtlich mit dem Kontext vertraut, Ideen wurden vor Ort besprochen.

Die Abbildungen der Möbel wurden von Herstellerwebseiten geladen. Da dies eine sehr exakte Darstellung ermöglicht, sind weitere unterstützende Fotos von Möbeln nicht erforderlich. Die Folge von Images erklärt die Funktion der einzelnen Bereiche.

Insgesamt werden die Images jedoch als Work in Progress präsentiert: Sie sind bewusst einfach gehalten, eröffnen verschiedene Möglichkeiten, lassen Raum für Diskussion und, sehr wichtig, für ein Projekt mit kleinem Budget, sind schnell angefertigt. Die Platzierung der identifizierenden Zahlen korrespondiert klug mit dem Inhalt der Bilder: Die „1" begrenzt die erste Grafik am linken Rand, die horizontale Linie der „2" befindet sich auf einer Höhe mit dem purpurfarbenen Text, die geschwungene Form der „3" wird in den Stühlen wieder aufgenommen, die „4" ist mit der Wand verzahnt, die hervorgehoben ist, und die „5" spiegelt die Kurvenstruktur wider.

Die Präferenz des Architekten und schließlich auch des Kunden war Option 1. Dies ist nicht ungewöhnlich, denn ein erfahrener Architekt hat ein Gespür für die richtige Lösung und seine erste Idee ist oft die passendste. Doch aus der ersten Idee heraus entstehen oft andere Lösungen und

3

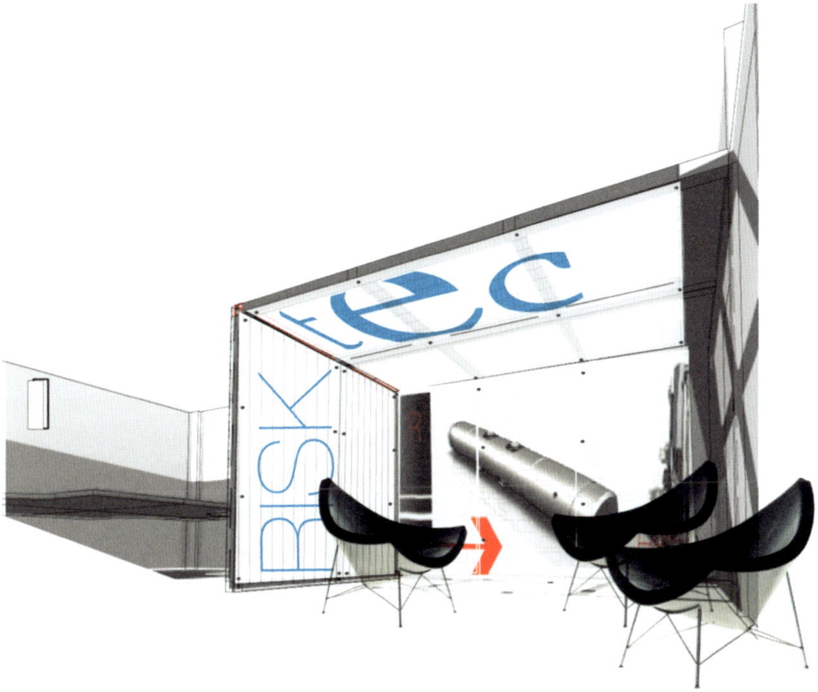

4

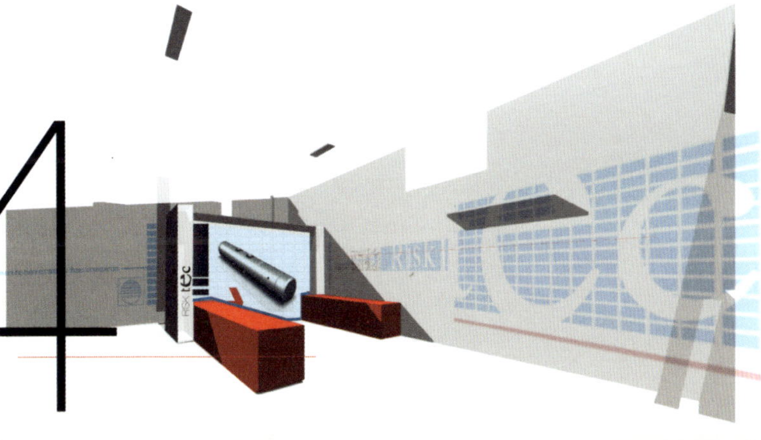

5

Variationen, und diese wollen geprüft werden. In diesem Fall sagte dem Kunden auch Option 4, dem Architekten Option 5 zu. Die Diskussion von Alternativen eröffnet beiden Parteien Wege, die Position des jeweils anderen wertzuschätzen, und gibt dem Kunden größeres Vertrauen zu seiner endgültigen Entscheidung. Ein Architekt, der mehrere Möglichkeiten geprüft hat, ist zuversichtlicher, dass die endgültige Entscheidung die richtige ist, und solch eine Zuversicht ist wichtig, um das Projekt voranzutreiben. Die Mühe, die zur Ausarbeitung mehrerer Optionen erforderlich ist, ist selten vergeblich, weil Ideen, die in einem Projekt entstehen, Teil des Vokabulars eines Architekten werden und in anderen Kontexten produktiv wieder aufgenommen werden können.

Alle Bilder
Die deutlich sichtbare Nummerierung der Images wirkt als klug eingesetztes optisches Merkmal in dieser Folge von Entwürfen für die Kundenpräsentation.

Rechts
Die durch drei Entwürfe dokumentierte Strategie für den Bau einer geschlossenen Bürofläche stellt dar, wie sich eine scheinbar komplexe Struktur mit vertrauten Materialien und Konstruktionstechniken realisieren lässt.

Unten
Darstellung eines fortlaufenden Elements, das sich über die ganze Länge eines lang gestreckten, schmalen Gebäudes wiederholt und allmählich seine Funktion, nicht aber seinen Charakter ändert. Die Zeichnung ist vereinfacht, bleibt aber hinreichend detailliert, um die zentrale Idee zu verdeutlichen. Der Verzicht auf Außenwände und Boden lenkt die Aufmerksamkeit auf die neuen Elemente.

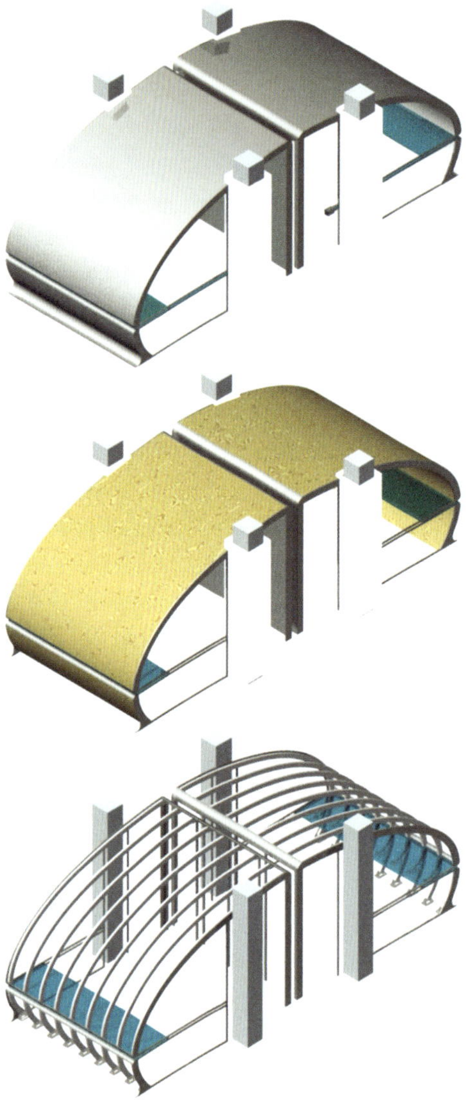

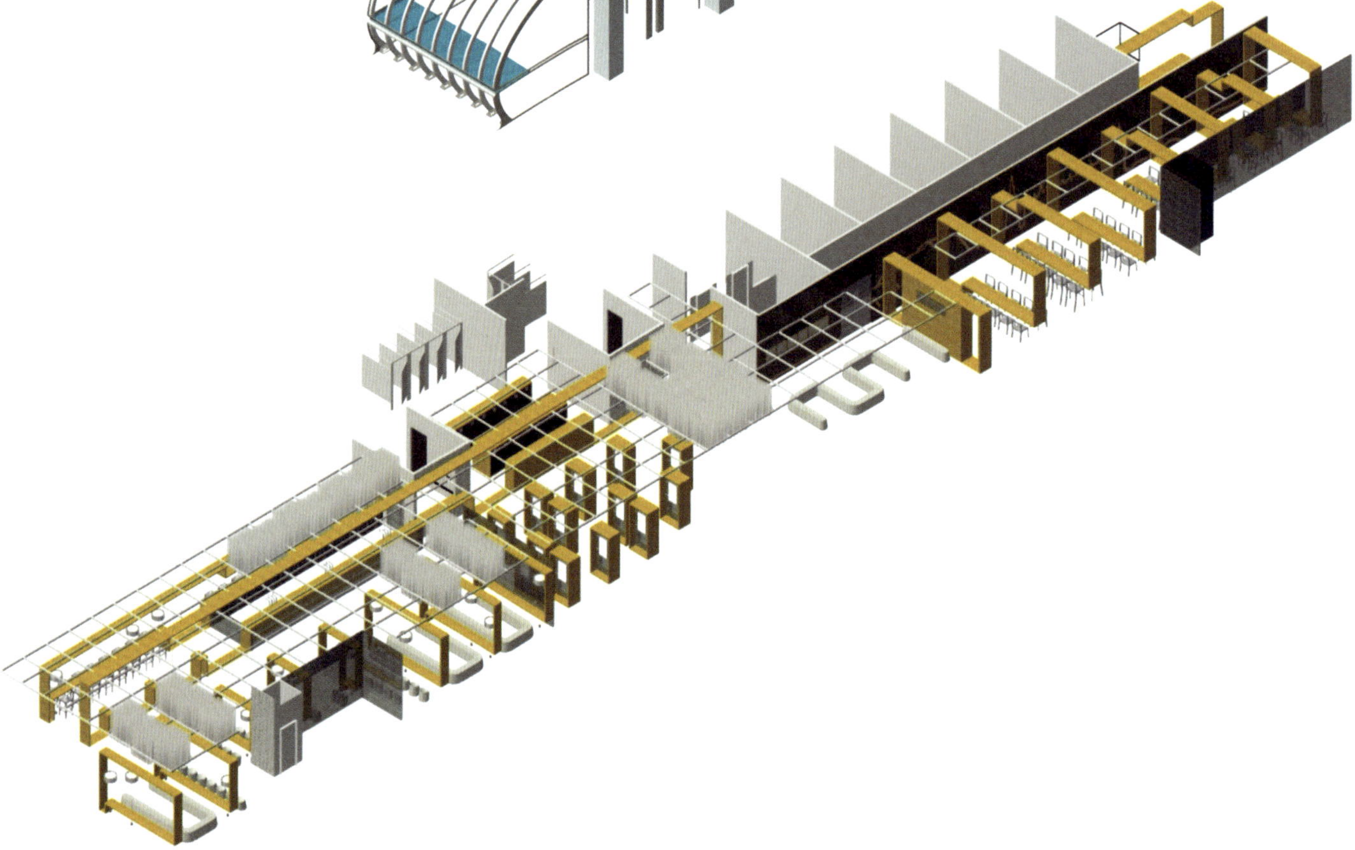

Die Schwierigkeit bei einem Entwurf mit mehreren Gebäudeebenen liegt oft bei der Integration des Treppenhauses, das sich in Höhe von und zwischen jedem Stockwerk befindet. Die Zeichnungen auf dieser Seite verdeutlichen die dreidimensionale Interaktion von mehreren Stockwerken mit dem Treppenhaus in einem Gebäude. Bei der Lösung, die der Architekt dieses Projekts erarbeitet hat, wird das Treppenhaus (hier das dunkelrote Element) von beiden Etagen isoliert. Die Farbe der geschwungenen, abfallenden Wand des Treppenhauses, die auf beiden Stockwerken wieder aufgenommen wird, zeigt wie die Elemente ineinandergreifen. Die Aussparung im Grundriss des oberen Stockwerks für das separat dargestellte Treppenhaus verdeutlicht dessen Lage innerhalb des Gebäudes. Der Entwurf wird noch besser verständlich, wenn man ihn in Verbindung mit der Perspektivansicht darunter liest. Die einzelnen Zeichnungen einer Präsentation beziehen sich oft aufeinander und der spezifische Fokus jeder einzelnen trägt zum Verständnis des Ganzen bei.

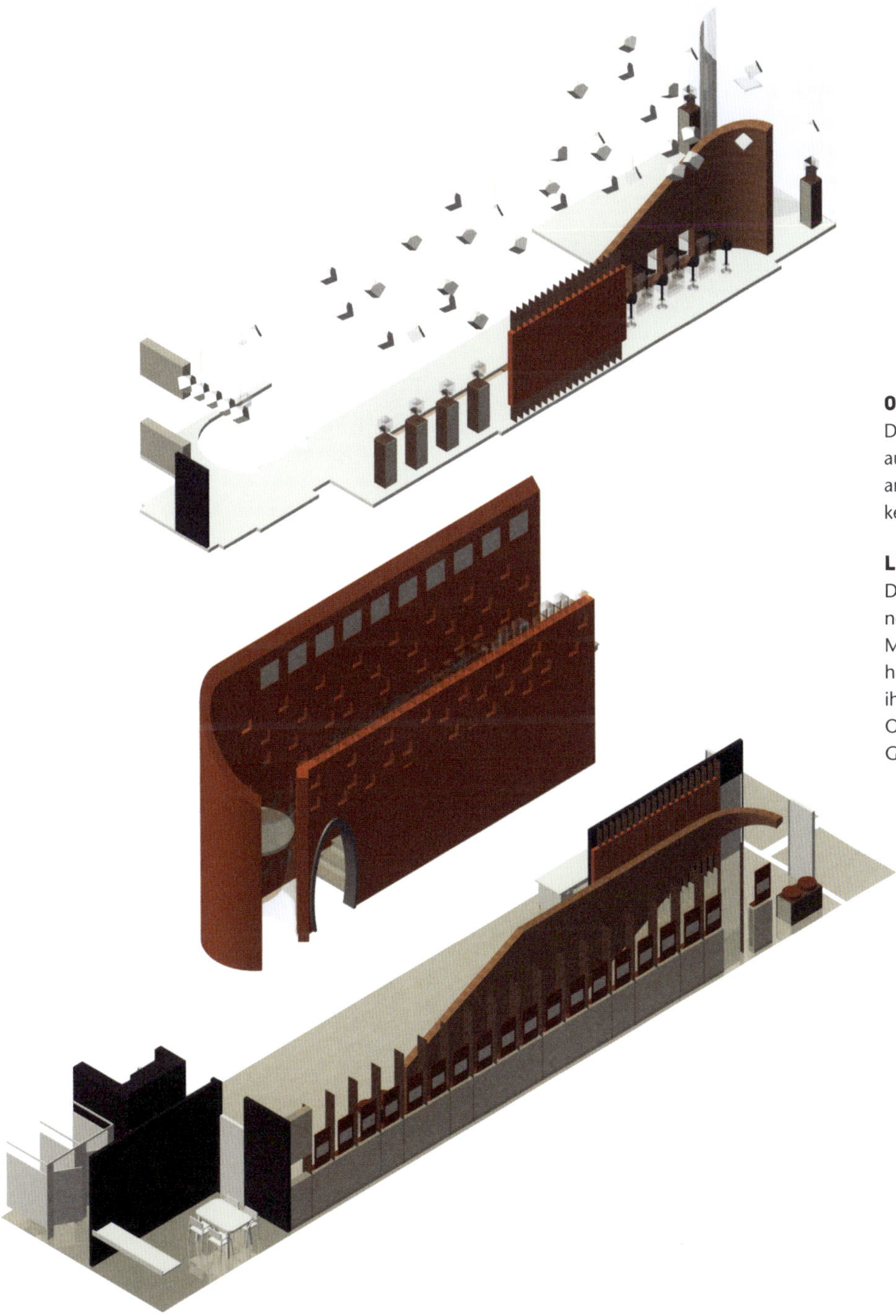

Oben
Diese Ansicht vom Eingang zum Treppenhaus auf der unteren Ebene zeigt dessen Lage aus anderer Perspektive und führt die Räumlichkeiten in seiner direkten Umgebung näher aus.

Links
Die dunkelrote Wand tritt auf beiden Ebenen des Gebäudeinneren in Erscheinung. Im Mittelteil der Darstellung wird das Treppenhaus separat von den Geschossen, zwischen ihnen schwebend, dargestellt, sodass das Obergeschoss eine Aussparung und das untere Geschoss leere Bodenfläche aufweist.

Oben
Diese Aufsicht zeigt, wie Elemente in einem Raum mit doppelter Raumhöhe angeordnet sind. Das Bild ist notwendigerweise komplex, aber es stellt einen deutlichen Kontrast zwischen der Fragilität der Treppe und der Verbindungsbrücke zu den geschlossenen Arbeitsplätzen her.

Rechts
Diese Aufsicht entfernt sich gerade so weit vom echten Grundriss, dass es ihr gelingt darzustellen, wie Farbe und Materialien eingesetzt werden, um die Interaktion der Wände auszudrücken. Das Mobiliar deutet die Raumnutzung an. Wesentliche Elemente der Außenwände wie Fenster und Mauerteile werden an den Rändern angedeutet.

Für einen Computer ist eine Kurve nicht schwieriger zu zeichnen als eine Gerade – und eine perspektivische Ansicht nicht schwieriger als eine axonometrische. Im Fall von sehr komplexen Räumlichkeiten ist die formale Logik der axonometrischen Darstellung hingegen aufschlussreicher.

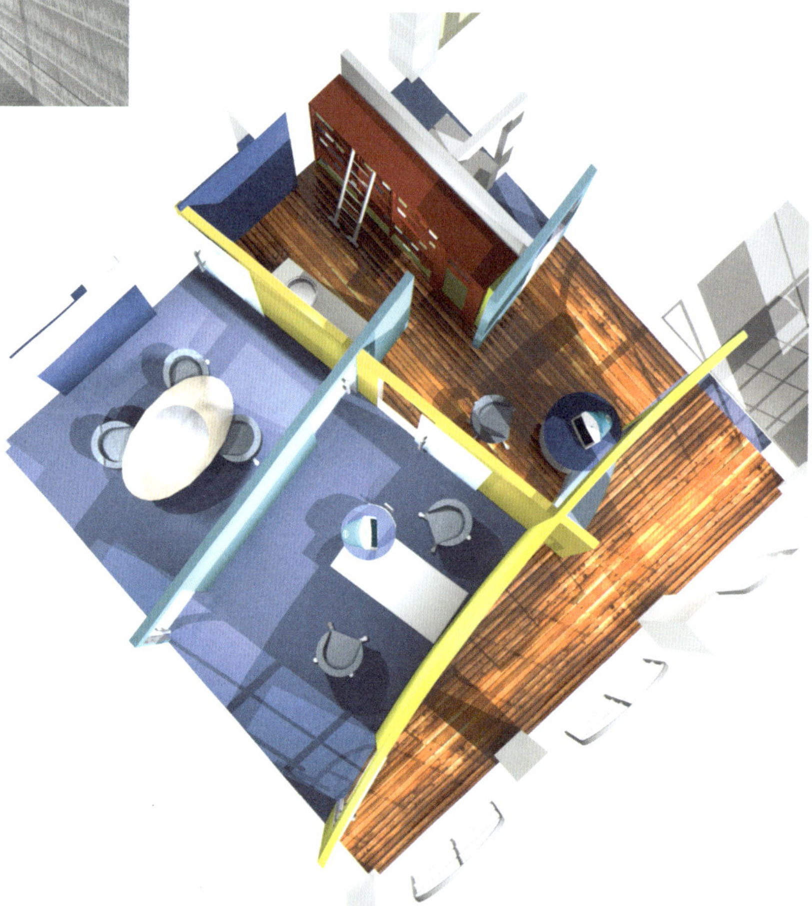

Die Perspektive

Kunstvolle, detaillierte und geschliffene perspektivische Ansichten sind in der Regel die wichtigsten Entwürfe jeder Präsentation, da sie schnell die wesentlichen Elemente eines Projekts vermitteln und den besten Zugang bieten. Eine umfassende Perspektive kann alles enthalten, was gezeigt werden muss. Dennoch ist es stets der Mühe wert, mehrere Ansichten anzufertigen, von denen sich jede auf andere Elemente konzentriert. Solche Verschiebungen im Fokus entsprechen auch dem normalen Verhalten im Innern eines Gebäudes, da das Auge nacheinander bestimmte räumliche Einheiten fokussiert. Auch ist es durchaus eine Überlegung wert, Detailansichten in niedrigem Maßstab, Materialverbindungen und Teile von Einbaumöbeln zu ergänzen. Derartige Details können großes Interesse des Architekten am Projekt bezeugen. (Für die Prinzipien der Erstellung von Perspektivansichten siehe den Abschnitt „Eine einfache Freihandperspektive erstellen“ in Kapitel 1, Seite 38–40.)

Der Vorteil des Zeichnens mit Computer liegt darin, dass sich vergleichsweise einfach so viele komplexe Perspektivansichten wie nötig oder gewünscht erzeugen lassen, hat man nur einmal die Basisinformation für Grundrisse und Höhen eingegeben. Nachteilig ist jedoch, dass zu viele solcher Ansichten die Wirkung verwässern. Es ist besser, die wichtigen Ansichten zu identifizieren und etwas Arbeit zu investieren, um sie detaillierter auszuführen.

Oben
Es ist sinnvoll, eine neue Straßenfront als ersten Entwurf in der Präsentation vorzustellen. Diese kann als Vorderansicht oder …

Links
… als perspektivische Ansicht ausgeführt sein. Am Computer lässt sich problemlos eine neue Ansicht erzeugen, um die Perspektive derjenigen eines – vorzugsweise digitalen – Fotos der umgebenden Gebäude anzupassen. Letztere können ihrerseits ebenfalls mit dem Computer bearbeitet werden, um die perspektivische Linienführung aller Elemente zu vereinheitlichen.

Rechts und unten
Selbst die komplexesten Entwürfe lassen sich für eine kritische Bewertung bzw. eine Präsentation per Computer problemlos aus unendlich vielen Perspektiven darstellen.

Rechts
Auf den ersten Blick wirkt dieses Bild fotografisch: Die Absicht ist, eine perfekte Maschinenwelt darzustellen. Daher sind die Oberflächen hyperglatt und die ganze Szenerie ist in dramatisches Licht getaucht. Eine solche Verfremdung ist legitim, um den Esprit des Projekts auszudrücken – solange die Manipulation offensichtlich ist.

Links
Künstliche Transparenz ist ein deutliches Zeichen für Stilisierung und in diesem Beispiel verleiht sie auch dem Esprit des Projekts Ausdruck.

Innenräume zu bauen ist zwangsläufig ein schwierigeres Unterfangen, als ein idealisiertes Bild davon zu entwerfen. Wenn eine Darstellung perfekt wirkt, kann ein Kunde berechtigt annehmen, die gezeigten Materialien und Farben entsprechen exakt denen, die in der fertigen Innenausstattung Verwendung finden – und jegliche Abweichung davon kann zu Beschwerden führen. Daher ist es manchmal sinnvoller, einen impressionistischeren und weniger exakten Entwurf zu präsentieren.

Unten links und rechts
Diese Bilder zeigen, wie eine Palette von Materialien und Farben in einer Serie von Räumen konstant wiederkehrt. „Freihändig" am Computer gezeichnet, stellen sie das Interieur ohne die für dreidimensionale Details erforderliche zeitaufwändige Präzision dar. Wichtige Elemente wie die Wandnischen für die Kleiderkollektion oder die freigelegte Deckenkonstruktion sind detailgetreu, aber die Größenunterschiede sowie die extreme Haltung und Kleidung der Figuren bestätigen, dass Akkuratesse nicht beabsichtigt ist.

Die sauber innerhalb eines Rechtecks komponierte konventionelle Perspektivansicht neigt dazu, gleich einem Foto alle Elemente gleich zu gewichten. In einem realen Interieur fokussiert man hingegen eher die optisch bedeutsamen Elemente. Entsprechend ist es in einer Zeichnung sinnvoll, die Aufmerksamkeit auf die wichtigen Elemente zu konzentrieren, die untergehen würden, wenn alles dieselbe Gewichtung erhielte. Die Darstellung sollte Prioritäten setzen.

Es gibt starke Argumente für computergenerierte Bilder mit skizzenhaftem Charakter. Skizzen wirken stets faszinierend: Sie sind nicht definitiv, lassen der Fantasie Raum – und drücken Spontaneität, Energie und eine Nähe aus, die ein perfekt ausgeführtes Bild unweigerlich verloren hat. Sie bleiben zugänglich.

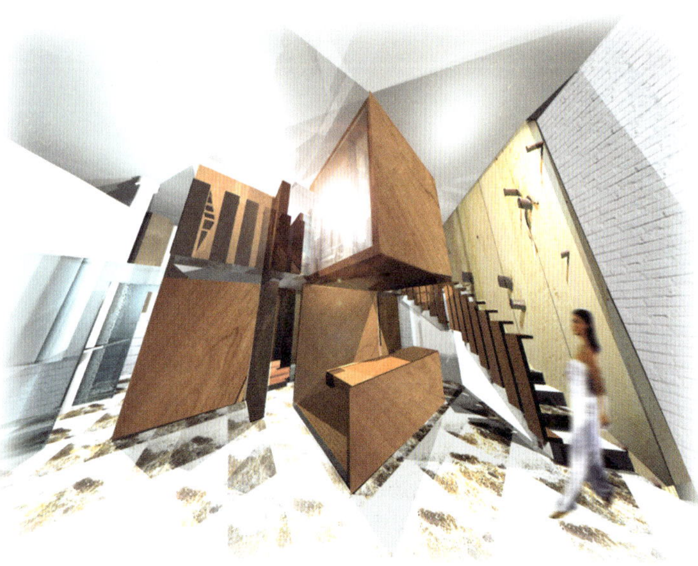

Links
Die glatte weiße Fläche von Wänden, Boden und Decke werden durch das Weiß des Papiers repräsentiert, auf das der Entwurf gedruckt ist. Die Zeichnung enthält nur die wichtigen Elemente. Die Stilisierung der Ansicht wird deutlich durch die offensichtliche Verzerrung der Perspektive, die wiederum aufgegriffen wird in der verzerrten Straßenansicht hinter dem Fenster.

Linke Seite unten links und rechts
Keine dieser Darstellungen strebt eine exakte Perspektivansicht an, aber sie machen klare Aussagen über den Charakter der geplanten Räumlichkeiten: Im linken Bild ist sie hoch und luftig, im rechten kleiner und intimer. In beiden wird die Materialbeschaffenheit der Flächen jedoch sehr deutlich herausgearbeitet.

Bildränder

In realen Innenräumen fokussiert das Auge den Bereich, der direkt auf der Sichtachse liegt, und registriert Elemente am Rand des kegelförmigen Blickfelds weniger deutlich. Die dominanten Elemente ziehen den Blick auf sich, er bleibt auf ihnen ruhen, während die Ränder des Sichtfelds zum Gesamteindruck beitragen, aber nicht genau erfasst werden.

Bilder mit unregelmäßigen Konturen brechen auch das erwartbare Raster auf, das sich bei mehreren rechteckigen Zeichnungen auf einem Präsentationsblatt ergibt.

Links
Die teilweise Beibehaltung der Linien eines Drahtmodells ermöglicht es, dass die Genauigkeit der Ausarbeitung von links nach rechts reduziert wird. Die Zeichnung löst sich allmählich auf und die Linien helfen, einzelne Elemente zu definieren.

Unten links und rechts
Die weiß gestrichelten Linien definieren, gleich dem Bildausschnitt im Sucher einer Kamera, den Bereich von Interesse. Gemeinsam mit dem schwebenden rosafarbenen Rechteck im Hintergrund und den Figuren, die über den Rand des Bildes ragen, verstärken sie den Eindruck von Raumtiefe.

Rechts
Die Projektion der Linien des Drahtgeflechtmodells integriert das Bild in das Blatt. Die Linien gehören zwar offensichtlich zum Projekt, führen aber die der Zeichnung nicht exakt weiter und diese Brüche erzeugen den Eindruck, dass sie über dem Blatt schwebt. Die Stuhlbeine, die ebenfalls die scharfen Bildgrenzen sprengen, verstärken den Eindruck von Raumtiefe.

Unten rechts
Das Zentrum dieser Zeichnung bildet der am solidesten gerenderte Bereich. Die Farbtöne werden mit zunehmender Entfernung in die Höhe schwächer. Es handelt sich um eine unrealistische Ansicht, die einen winzigen Raumausschnitt zeigt. Der Hauptzweck der Zeichnung ist, einen Eindruck der verschiedenen für die Flächen verwendeten Materialien zu vermitteln.

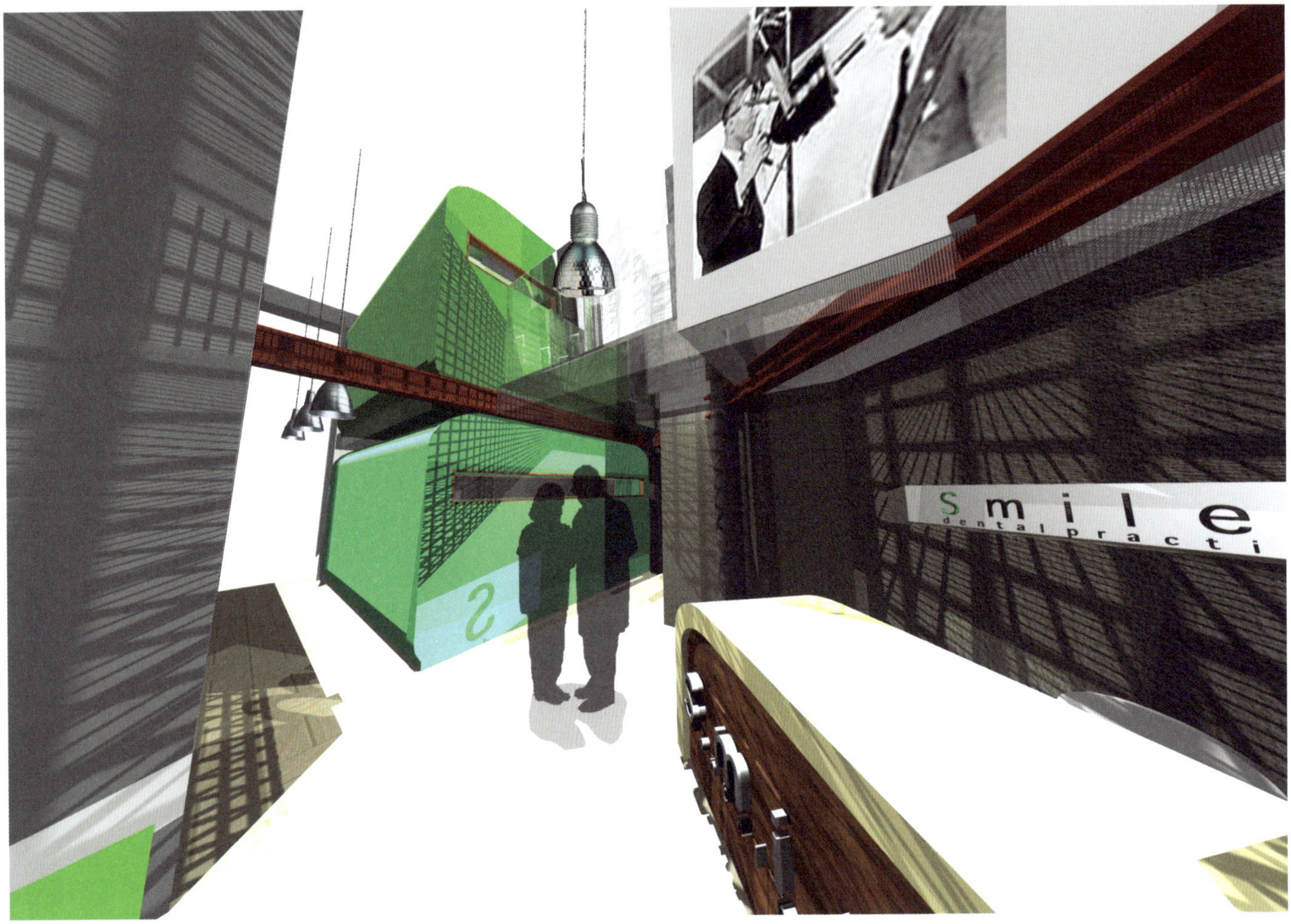
smile
dentalpracti

Linke Seite oben und unten
Da Boden und Decke weggelassen wurden, kann das Weiß des Papiers diese Zeichnungen durchdringen. Während ein Rand deutlich suggeriert wird, vermitteln die Elemente und insbesondere die grüne Struktur im oberen Bild stark die Vorstellung eines sie umgebenden „Raumes" – was leicht verloren geht, wenn mehrere gerenderte Flächen aneinander angrenzen.

Oben
Die winkligen Linien der Streifen und Schatten sind um das Herzstück mit der geschwungenen Chaiselongue zentriert und innerhalb eines hellrosa Quadrats gehalten, das sich vom Weiß des Papiers leicht abhebt.

Links
Dieses Bild ist auf einen Eindruck der Oberflächenmaterialien und eine Andeutung von Ebenen reduziert. Farben und Muster werden durch die Figur im Vordergrund komplementiert. Die Linie auf dem Boden verbindet die beiden Hauptbereiche. Die schwerere rechte Seite wiegt die schwebende Dreiecksform oben links auf.

Entwurf von Endausführungen

Es ist üblich – und gleichzeitig etwas unbedacht – zu sagen, Interior Design habe „etwas mit Räumen" zu tun. Im selben – vielleicht sogar höheren – Maße beschäftigt sie sich mit Flächen, Farben und Texturen. Da Innen-„Räume" gewöhnlich rechteckig und etwa 2,5 m hoch sind, hängt ihr Erfolg mehr von kreativen Lösungen für die Gestaltung der Flächen als von dramatischen skulpturalen Gesten ab. Wie gut diese „Skulptur" auch konzipiert wird – die Art, wie sie wahrgenommen wird, bestimmen die Materialien, die sie konstituieren.

Kunden möchten genau wissen, wie ihre Räume aussehen werden, und um sie von einem Entwurf zu überzeugen, sind Grafiken sinnvoll, die sich auf die Materialbeschaffenheit konzentrieren. Konventionelle Perspektiven können dies bereits leisten, doch oft lohnen sich zusätzliche Entwürfe, die die Materialien in den Mittelpunkt stellen.

Keine traditionelle Methode kommt bei der Wiedergabe von Materialien an den Computer heran. Handgefertigte Zeichnungen vertrauen auf optische Codierung, auf verschiedene Grade der Genauigkeit, um die Realität implizit auszudrücken. Da es sich hierbei um hoch spezialisiertes Können handelt, war und ist es gängige Praxis, sich von einem „grafischen Ideengestalter" beraten zu lassen, der aufgrund intensivier Praxis etwas Realitäts-

Oben und rechts
Entsprechend seiner Programmierung verarbeitet der Computer objektiv komplexe Aspekte von Perspektive, Materialbeschaffenheit und Beleuchtung innerhalb einer präzisen dreidimensionalen Darstellung in deren Kontext. Diese Bilder illustrieren insbesondere die Fähigkeit, die Interaktion reflektierender Oberflächen zu errechnen und darzustellen. Eine realistische und objektive Abbildung macht eine Stilisierung, wie sie bei einer Handzeichnung unvermeidlich war, unnötig.

Oben und links
Weitere abstrakte Darstellungen von transparenten, lichtdurchlässigen und lichtundurchlässigen Flächen stellen ebenfalls die Fähigkeit des Computers unter Beweis, die Oberflächenqualitäten verschiedener Materialien, ihre Interaktion und die Wirkung künstlicher und natürlicher Lichtquellen zu berechnen und zu imitieren.

Links
Verschiedene Transparenzen lassen sich bei glatten, verglasten Oberflächen leicht kontrollieren. Schwieriger wird es, wenn das Glas eine Textur hat oder wenn, wie hier, weiche Stoffe lose in Falten herabhängen. Beispiele ausgewählter Materialien lassen sich eventuell scannen, aber beim Vergrößern wird der Maßstab verzerrt. In diesem Beispiel wurde eine geeignete Basistextur am Computer bearbeitet, um Falten und ihre Transparenz bei unterschiedlicher Lichtintensität darzustellen.

Unten
Dieses Bild beschäftigt sich mit dem Problem, wie Glas, das durch eine Öffnung im Boden aufragt, auf Licht von unten reagiert. Es zeigt, wie der Computer das spezifische Verhalten von Licht aus einer definierten Quelle auf bestimmten Materialien akkurat berechnet.

nahes zu Papier bringen kann, um eine handgezeichnete Perspektive anfertigen zu lassen. Zwangsläufig haben solche Spezialisten ihren eigenen Stil und Architekten beauftragen in der Regel jene, deren Technik in ihren Augen dem Esprit des eigenen Projekts am nächsten steht. Nachteilig ist, dass gleich wie Architekt und Ideengestalter auch miteinander harmonisieren, Ersterer von Letzterem abhängig ist, der die Idee des Architekten nicht exakt so „sehen" wird, wie dieser sie sich gedacht hat.

Mit Übung und der richtigen Software können Architekten nun ihre Perspektiven selbst anfertigen und so ihre Vorstellung genau ausdrücken. Oberflächenbeschaffenheiten, einst das am schwierigsten überzeugend darstellbare Element eines Entwurfs, lassen sich nun einfach visualisieren und Materialien, die früher als Fragmente auf einem Musterbrett präsentiert wurden, werden nun mit fotografischer Genauigkeit eingescannt und im Kontext präsentiert.

Vorhandene Elemente einbeziehen

Dies ist ein archetypischer Entwurf eines Innenraums innerhalb eines streng eingehaltenen Umrisses und mit peinlich genau wiedergegebenen Materialien und Farben, die einen exakten Eindruck vermitteln sollen. Wichtig innerhalb des Interieurs ist das Fragment der besonders ausgeformten Putzdecke. Diese per Computer nachzustellen wäre sehr aufwendig. Die Lösung besteht darin, sie zu fotografieren – vorzugsweise digital –, um das Bild am Computer dann so zu bearbeiten, dass seine Tonwerte denen des Entwurfs entsprechen. Wenn man solch ein Foto anfertigt, ist es wichtig, sich selbst so nah wie möglich auf dem Standpunkt des beabsichtigten Renderings zu positionieren, sodass Orientierung und Perspektive des bestehenden Elements kompatibel sind mit denjenigen der virtuellen Elemente.

Links
Oft ist es einfacher und effizienter, bestehende Elemente (wie die dekorative Putzdecke in diesem Raum) zu fotografieren, zu scannen und in computergenerierte Illustrationen einzuarbeiten, als sie am Computer nachzubauen.

TIPP MATERIALIEN FOTOGRAFIEREN

Eine Neukonstruktion im Bild links ergänzt die bestehende Steinwand rechts. Die existierende Wand wurde digital fotografiert, gescannt und bearbeitet. Das Problem, die Perspektive des neuen Entwurfs mit der des Fotos zu vereinbaren, wurde durch übertriebene Darstellung beider Elemente gelöst, sodass konventionelle Regeln scheinbar keine Anwendung finden.

Unten
Bei vielen Projekten mit großen Fensterfronten ist der Blick nach außen zwangsläufig integraler Bestandteil des Innenraums und das „Einkopieren" eines digitalen Fotos der Straßenansicht stellt den Entwurf in räumlichen Zusammenhang. Das Problem unvereinbarer Perspektiven ist vermutlich groß, und wieder besteht die Lösung darin, die Perspektive beider Elemente zu verzerren. Zusätzlich wird die Straßenansicht „aufgeweicht", um anzudeuten, dass sie durch Glas gefiltert wird.

Rechte Seite oben
Diese Collage zeigt drei wichtige und sehr unterschiedliche Elemente: Die profanen, seriellen Bücherregale – mit ihrem Patchwork aus Bücherrücken, die ohne Bearbeitung einfach gescannt und einkopiert wurden – übernehmen die Funktion einer Kontur, um zur Abbildung der bestehenden gemauerten Wände – dargestellt als computergeneriertes Pastiche einer traditionellen architektonischen Linienzeichnung – zu passen. Den neuen Steinboden mit seinem unregelmäßigen Muster lässt man in vergrößertem Maßstab „hineinfallen", um seine Oberflächenstruktur sichtbar zu machen. Keines der drei Hauptelemente unternimmt den Versuch, sich einer übergreifenden Perspektive unterzuordnen und so vermeiden sie Probleme der Kompatiblität.

Links
Beleuchtungseffekte sind entscheidend für den Erfolg dieses Entwurfs und, als Fortführung davon, des entworfenen Interieurs, das auf eine Palette von dunklen, kräftigen Farben aufbaut. Das Licht, insbesondere das auf der roten Wand und dem „Bücherturm" spielende, hebt diese vollen Töne hervor. Es besteht ein subtiler, aber wichtiger Unterschied in der Qualität des natürlichen Lichtes rechts von der roten Wand. De Wirkung des Entwurfs hängt von der exakten Wiedergabe von Details ab, was beispielhaft der hochflorige Teppich am linken Bildrand zeigt.

Mobiliar

Mobiliar ist ein grundlegender Bestandteil jedes Interieurs – das Element, mit dem die Interaktion ganz direkt stattfindet – und es muss gleich von Beginn des Entwurfsprozesses an berücksichtigt werden, denn es trägt zur Definition des ästhetischen Themas der Räumlichkeit bei.

Anders als bei Einzelstücken wie Empfangstresen oder Bar besteht selten die Notwendigkeit, ein Möbelstück speziell für ein Projekt zu entwerfen. Ein Architekt erlebt vielleicht einzelne inspirierte Momente der Kreativität, wenn eine schlagkräftige und vielversprechende Idee als Nebenprodukt entsteht, während er über das gesamte Projekt nachdenkt, doch diese Augenblicke sind rar. Vorzugsweise wählt man Stücke aus der Überfülle des Möbleangebots der Hersteller aus. Man könnte es auch als Mangel an Fantasie oder professionellem Wissen auslegen, wenn man unter den Myriaden von Varianten der auf dem Markt verfügbaren Tische und Stühle nichts Passendes findet.

Im Großen und Ganzen sind Möbel konform zu strengen Größenanforderungen und Vorgaben. Deshalb können vertraute Objekte wie Stühle bzw. Sessel und Tische als wirkungsvoller Ersatz für menschliche Figuren fungieren, um den Maßstab eines Interieurs zu definieren.

Oben und rechts
Diese beiden Entwürfe stellen eine stilistische Verbindung zwischen dem Mobiliar und dem Raum darum her. Die kubischen gelben Sessel oben nehmen das Volumen des vorkragenden Geschosses darüber auf. Die an Kohleklumpen erinnernden Sessel rechts passen zu den Farben und dem einfach gehaltenen Interieur. Rote Elemente setzen Schwerpunkte.

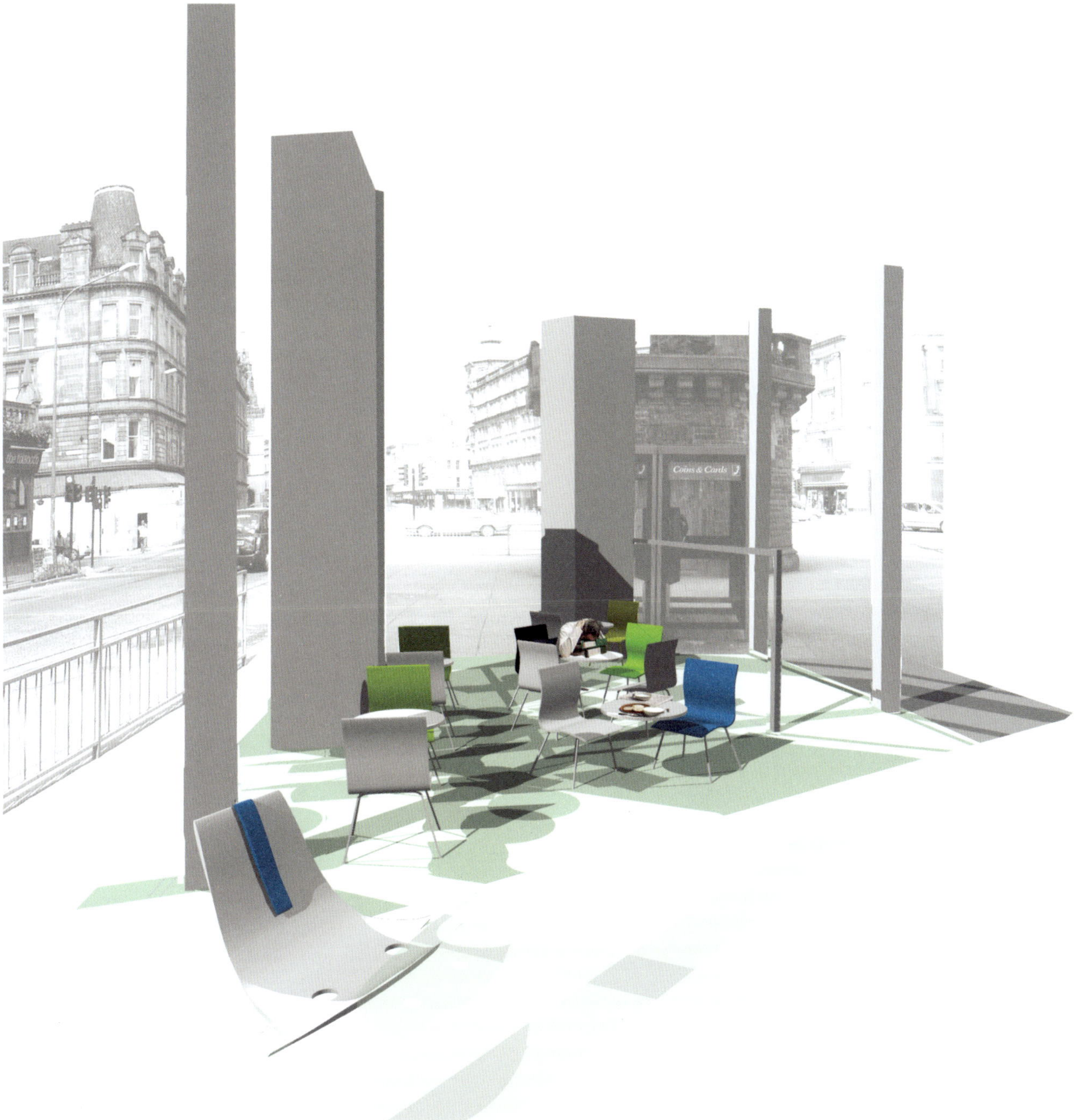

Oben
Sessel und Tische definieren diese minimale Antwort auf eine großzügig verglaste, an einer Ecke gelegene Lokalität. Einige Stücke Keramik, Besteck und eine Schlafecke bieten abwechslungsreiche Details.

Weil das Mobiliar eine so große Auswirkung auf den Charakter eines Interieurs hat, ist es wichtig, es in jeder Art von Darstellung akkurat abzubilden. Dies mag erfordern, dass Fotos aus Katalogen in der Größe angepasst und einkopiert werden, entweder von Hand oder per Computer, und dass die Perspektive in Bezug zum Raum, der sie umgibt, korrekt angepasst wird. Dies kann auch bedeuten, dass mit großem Aufwand von Hand oder Computer eine fast realitätsgetreue Abbildung angefertigt wird. Die effizienteste und praktischste Alternative ist das Herunterladen, wo verfügbar, von Daten von der Internetseite eines Herstellers, wodurch man exakte Abbildungen einzelner Stücke erhält, die sich so bearbeiten lassen, dass sie überzeugend wirken und sich in eine übergreifende Perspektive einfügen.

Linke Seite und oben
Zwei außergewöhnliche Möbelstücke werden geschickt in den Kontext eingefügt. Das Detail in den Entwürfen scheint ihrer Einzigartigkeit Rechnung zu zollen. Im Bild der linken Seite spiegeln das kreisrunde Fenster und das Gesicht darin die orangefarbene Luftpolsterröhre mit der Figur darin wider. Die verzerrten Gesichter auf den Bildschirmen im Bild oben scheinen angesichts des unter ihnen schwebenden außergewöhnlichen Sitzmöbels zu verzweifeln.

TIPP MIT MOBILIAR EINEN RAUM DEFINIEREN

Eine realistische Darstellung und Anordnung von Möbelstücken auf der Basis von Bildern, die von einer Herstellerinternetseite heruntergeladen wurden, verleiht einem ansonsten impressionistischen Entwurf Realismus.

Abbildungen von Möbeln von Herstellerinternetseiten herunterladen

Nur bei ganz wenigen, einzigartigen Projekten muss ein Architekt auch Mobiliar entwerfen. Viele Hersteller stellen als Werbemaßnahme digitale Abbildungen von Stücken ihrer Produktsortimente bereit. Diese dürfen heruntergeladen und in Grundrissen, Schnitten sowie in Perspektivansichten verwendet werden, wo sie am spektakulärsten und nützlichsten sind. Da Möbel und Armaturen den Charakter eines Raumes wesentlich definieren, sollten sie möglichst präzise dargestellt werden. Die Verwendung von Herstellerbildern bietet hier eine Lösung und erspart gleichzeitig die aufwendige Anfertigung weniger genauer Faksimiles.

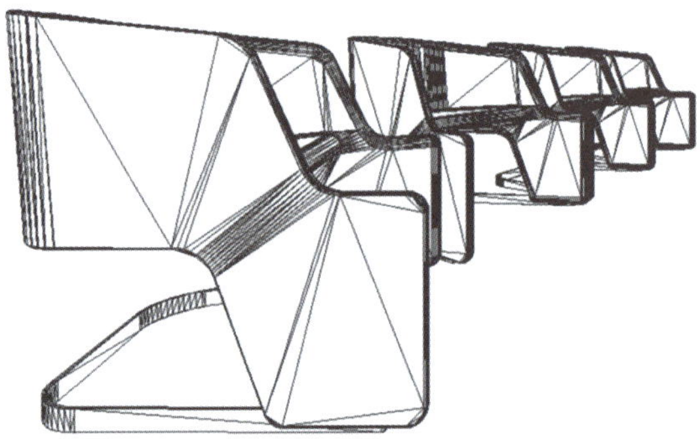

01
Die Daten für die digitale Erstellung eines Möbelstücks werden im ersten Schritt als Drahtgittermodell geladen. Das ermöglicht, die Stücke exakt in die Perspektive des geplanten Entwurfs einzupassen. Hersteller stellen diese Information in der Regel frei zur Verfügung, um ihre Produkte zu bewerben.

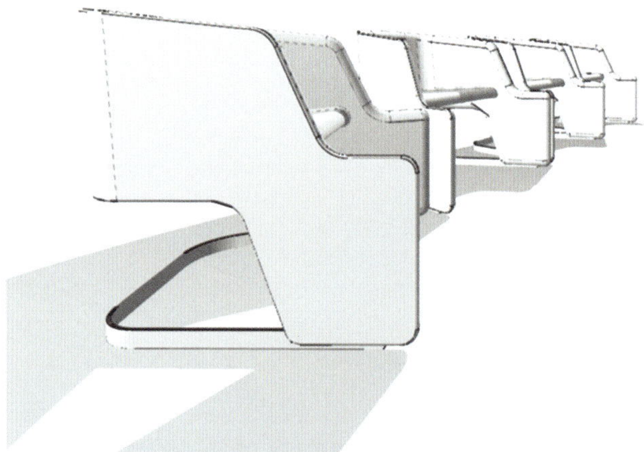

02
Wenn die Komposition akzeptabel ist, dann erhalten die Elemente eine solide Struktur …

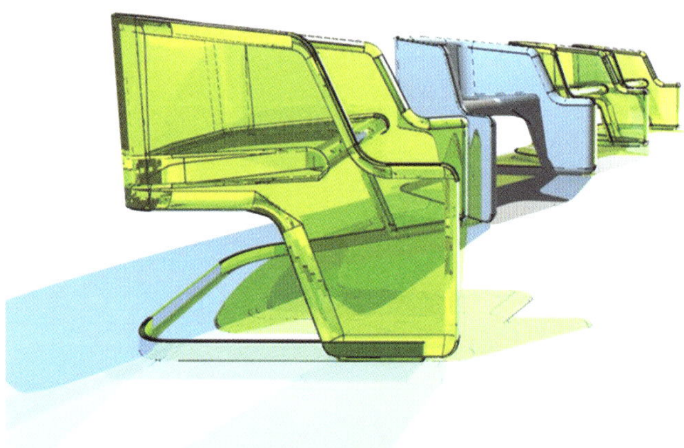

03
… und werden mit zunehmender Raffinesse gerendert …

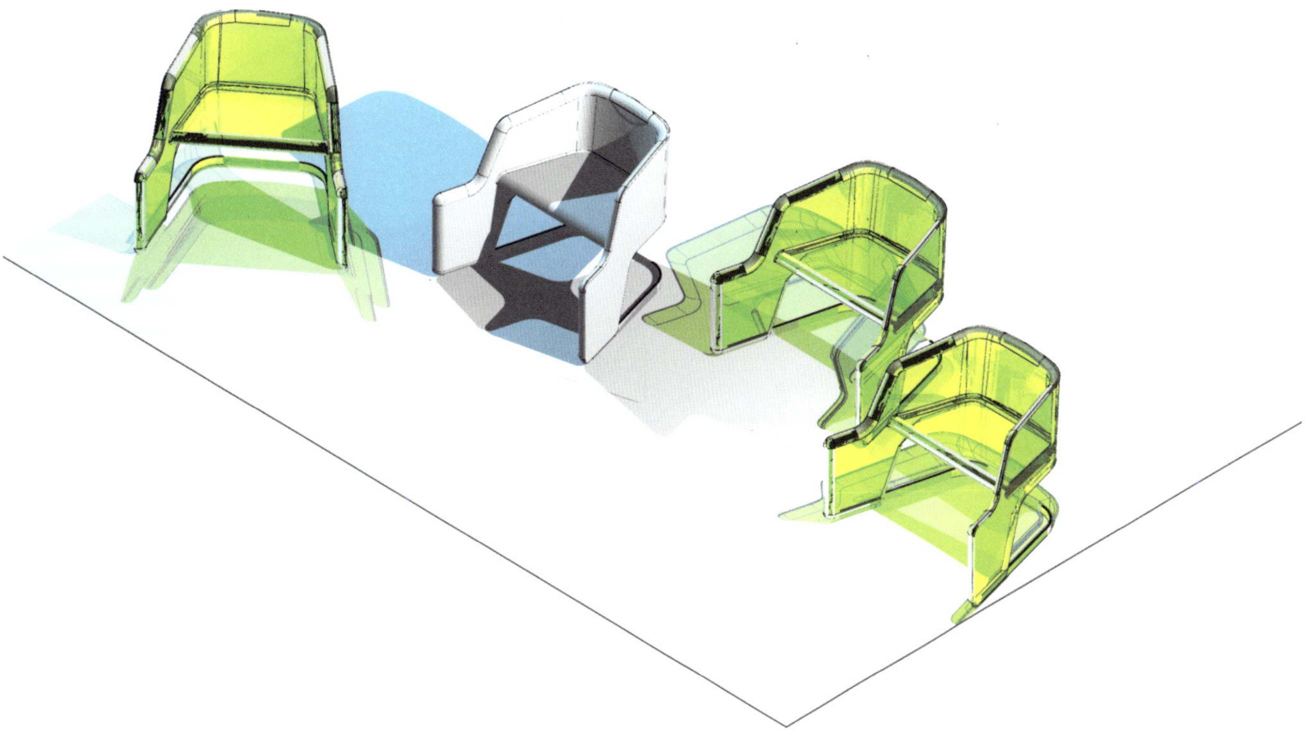

04
… diese Daten lassen sich dann in unendlich vielen Ansichten wiederverwenden …

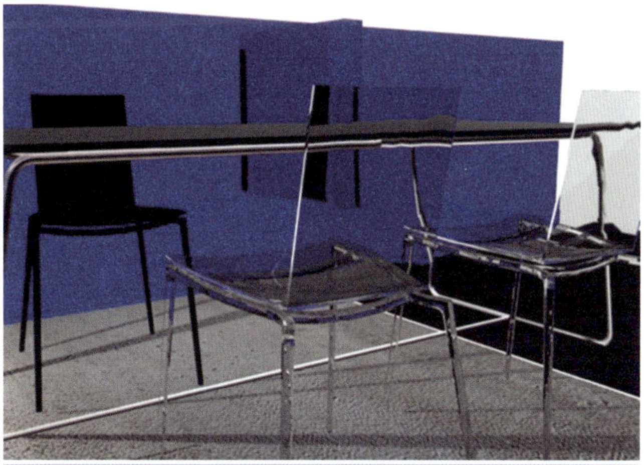

05
Derartige geladene Daten sind äußerst detailliert und erzeugen außerordentliche, hyperrealistische Bilder.

06
Spezielle Software stellt die Interaktion von transparenten und reflektierenden Oberflächen überzeugend dar.

Figuren

Menschliche Figuren verdeutlichen den Maßstab eines Raumes und zeigen, wie er genutzt und bewohnt wird. Fotos von Innenräumen werden generell ohne Menschen gezeigt. Dies ist sinnvoll, wenn ein Interieur an sich dokumentiert werden soll, denn wechselnde Kleider- und Frisurenmoden verankern selbst radikalste Kreationen mit der Zeit auf ganz grobe Weise. Eine etwaige Datierung ist hingegen kein Problem bei Entwürfen für Präsentationen, da diese nur zum Zeiptunkt ihrer Entstehung relevant sind und diese Zeit auch widerspiegeln sollten. Der Computer bietet Möglichkeiten, ausgewählte Figuren einzubauen, die ein Projekt ästhetisch ergänzen. Diese können originell oder poetisch sein und wertvolle Dienste leisten, indem sie beim Kunden Fantasie und Sympathie anregen.

Bekanntlich ist es schwierig, in Präsentationen von Interieurs lebensechte, handgezeichnete menschliche Figuren einzubauen. Der Körper ist zu komplex und Freihandzeichnungen lassen sich kaum überzeugend neben die harten Kanten der Einrichtungsobjekte platzieren. Daher ist es übliche Praxis, Figuren zu stilisieren.

Links und oben
Figuren verdeutlichen den Maßstab eines Interieurs, aber es ist nicht notwendig und oft unpraktisch, diese sehr detailliert oder lebensecht auszuführen – die Verwendung stilisierter Figuren ist übliche Praxis.

Links
Diese Figuren sind lediglich Schemen, die schnell angefertigt wurden, um die Spontaneität einer Skizze zu vermitteln. Solche schematischen Figuren bewirken, dass die fertig ausgeführten Elemente im Bild vorherrschen.

Oben
Figuren können auch unterschiedliche Distanzen anzeigen.

Rechts
Verschiedene Ebenen und deren Nutzung lassen sich mit Figuren klarer herausstellen.

Rechts außen
Transparente Figuren zeigen den Maßstab, ohne das Interieur zu verdecken.

Größe und Qualität eines Bildes sind am Computer einfacher und in größerem Umfang manipulierbar. Man kann von kostenlosen oder Mitgliedswebseiten eine ganze Palette Figuren verschiedenen Alters und Charakters in den unterschiedlichsten Körperhaltungen herunterladen. Auf manchen Internetseiten werden komplett digital generierte Figuren angeboten, die so programmiert werden können, dass sie jede gewünschte Körperhaltung einnehmen, doch die sind zumeist eigenschaftslos und wenig ansprechend.

Üblich ist die Praxis, sich eine persönliche Kollektion von Figuren aus Zeitschriften anzulegen oder projektbezogen Fotos geeigneter „Charaktere" mit den gewünschten Körperhaltungen zu recherchieren. Generell dürfen die Figuren den Raum nicht dominieren. Eine gut gewählte und eingepasste Figur kann hingegen die Wahrnehmung des Entwurfs stark beeinflussen.

Auch Abbildungen von Menschen sind den Regeln der Perspektive unterworfen und darin liegt das Hauptproblem, wenn man diese aus Magazinen entnimmt und in eine Zeichnung einbindet. Eventuell passen sie nicht auf die Fußbodenebene, auf die sie gestellt werden sollen. Doch hierfür gibt es Lösungen.

Zum Beispiel kann man sich selbst oder einen Freiwilligen mit einer Digitalkamera in bestimmten Stellungen aufnehmen, um die spezifischen Anforderungen eines Projekts zu erfüllen, und solche digital erstellten Bilder lassen sich nach Belieben am Computer bearbeiten.

Links
Figuren können den Betrachter direkt ansehen und ihn in das Interieur einladen. Sie lassen sich auch für die Steuerung der Aufmerksamkeit bei der Bildbetrachtung verwenden.

Linke Seite
Damit die Figur mit der Perspektive ihrer Umgebung harmoniert und eine der Räumlichkeit zugedachten Aktivität ausführt, fertigt man ein maßgeschneidertes Bild an, was sich mit einer Digitalkamera einfach bewerkstelligen lässt.

Oben
Am besten nimmt man eine Serie geringfügiger Variationen auf, von denen die passendsten ausgewählt werden. Zum Schluss fügt man die Figur durch subtile Korrekturen am Computer in den Entwurf ein. Hier deutet der – freihändig gezeichnete – Schatten überzeugend eine Bodenebene an.

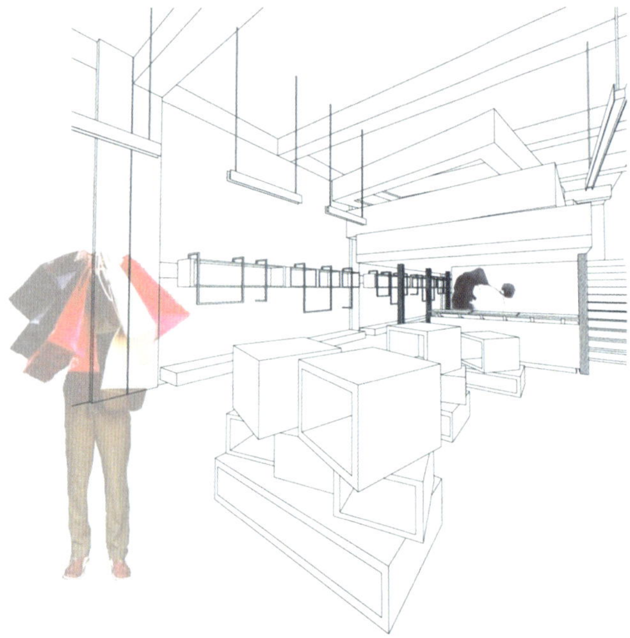

Oben
Die Umrisszeichnung verdeutlicht die dreidimensionalen Formen und die gerenderte Version zeigt die Oberflächenbeschaffenheiten.

Die Seite aufbauen

Es ist üblich, mehr als ein Bild auf jede Seite einer Präsentation zu drucken, sofern sie sich alle mit demselben Bereich des Projekts beschäftigen. Die Reihenfolge, in der die Seiten präsentiert werden, ergibt sich oft von selbst – ebenso die Frage, wie die Bilder auf jedem Blatt platziert sein sollten. Die Präsentation besteht aus der „Story" der Projektentwicklung und gewöhnlich ist es sinnvoll, auch mit dem Beginn anzufangen und logisch bis zum Ende vorzugehen.

Gruppierte Bilder sollten einander ergänzen. Eine Perspektivansicht kann einen Eindruck von der Atmosphäre vermitteln; ergänzende Grundrisse und Schnitte steuern harte, praktische Information bei, die die ästhetischen Ziele des Projekts stützen und validieren. Während es oft wichtig ist, dass physische Materialmuster geliefert werden, ist es auch logisch – und mit Computern zunehmend einfach – Abbildungen von Material und Artefakten, die die gezeichnete Information ergänzen, einzuscannen. Scans von Oberflächenmaterialien sollten nahe der Bereiche platziert werden, auf die sie sich beziehen, und in der Nähe jedes Bereichs wiederholt werden, wo sie verwendet werden. Eine umfangreiche Dokumentation in Bild- und Textform macht zusätzliche Verschönerung unnötig. Rahmende oder verbindende Linien verwirren eher, als zu erhellen, und ausführliche und wiederholte Untertitel auf jedem Blatt sind unnötig und optisch redundant. Es kann jedoch diplomatisch sinnvoll sein, das Firmenlogo des Kunden zu integrieren.

Für die meisten Projekte sind keine großen Zeichnungen erforderlich. Entwürfe in A3, oft A4, liefern so viel Information, wie ein Kunde – ohne die Unterbrechung regelmäßigen Umblätterns – aufnehmen kann. Am Besprechungstisch lassen sich kleine Blätter einfacher als große Tafeln besprechen und auf dem Weg zu einer Präsentation sind sie problemlos zu transportieren. Meist ist ein Bild oder eine Folge davon, die für eine Gruppenpräsentation auf A3 erstellt wurde, auch auf A4 lesbar, wenn sie nach der Besprechung einzelnen Personen zur genaueren Durchsicht überlassen werden.

Jede Seite will komponiert werden. Werden Bilder methodisch angeordnet, entsteht leicht ein regelmäßiges Raster, das die Herstellung inhaltlich wichtiger Verbindungen oder die Balance zwischen Größe und optischem Gewicht erschwert. Als bessere Option legt man für jedes Blatt ein zentrales Bild fest, platziert es mittig – oder knapp über oder unter der Mitte – und ordnet ergänzende Bilder ringsum an. Bemühen Sie sich um Gleichgewicht durch die Manipulation ihrer relativen Größe und den Abstand zum zentralen Bild.

Unten
Der eingefügte Ausschnitt des Grundrisses identifiziert die Lage innerhalb des Projekts im dominanten dreidimensionalen Bild. Ergänzt wird Information über die Beschaffenheit existierender und neuer Wände. Die verschiedenen Bilder fungieren als Komponenten eines einzigen kohärenten Entwurfsblatts.

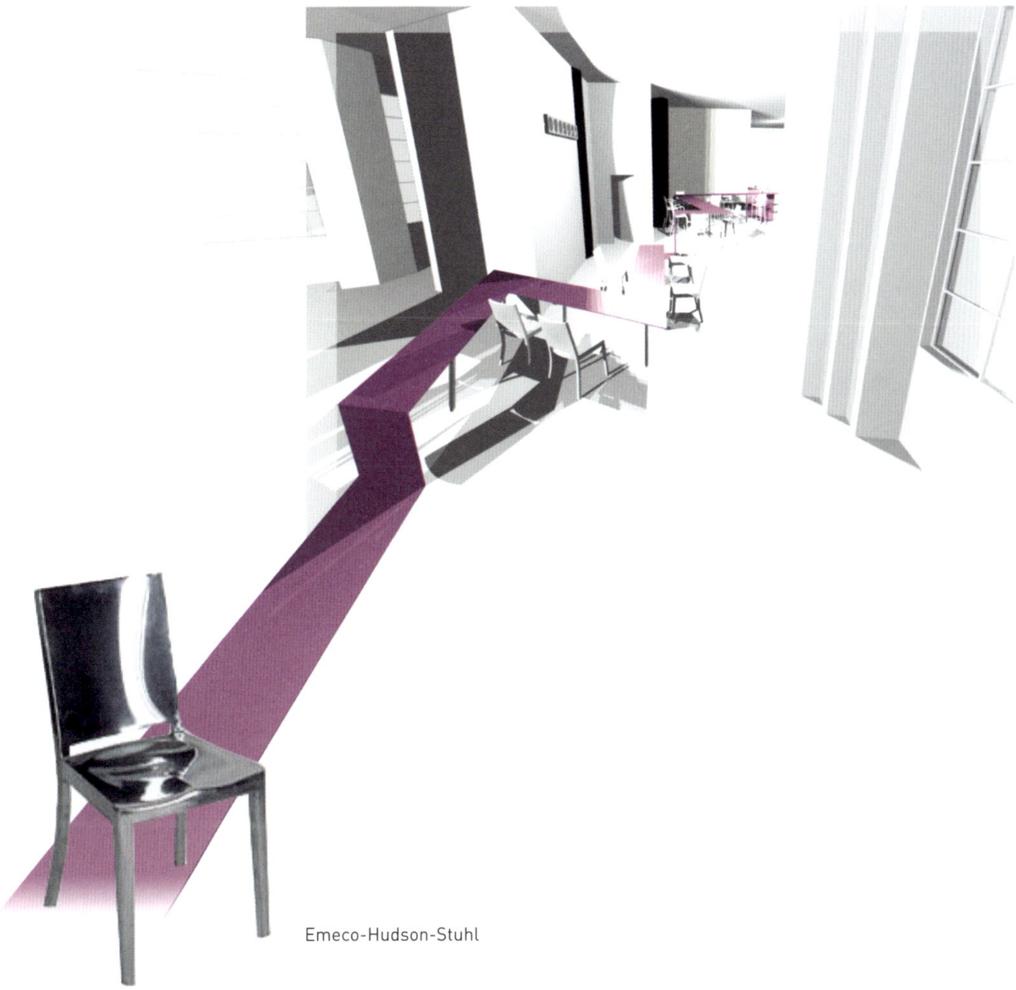

Emeco-Hudson-Stuhl

Blick vom Erdgeschoss hinauf in den Arbeitsbereich

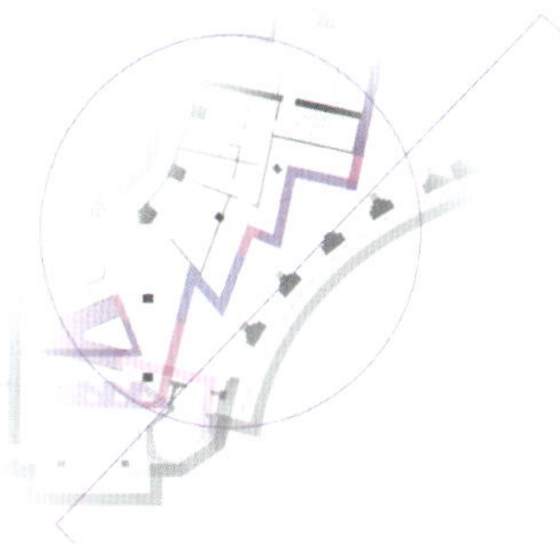

Schnitt A–A, Erdgeschoss mit Ansicht der Bürowände, Maßstab 1:200

Fallstudie: Sachliche Darstellung

Der Grundriss und die axonometrische Darstellung eines Erdgeschosses stellen den Vorschlag sachlich dar. Die axonometrische Ansicht extrahiert das Erdgeschoss und verbindet es räumlich mit Obergeschoss und plastisch ausgearbeiteter Decke.

Die dreidimensionale Ansicht, die auf diesem Blatt dominiert, stellt auf bedacht selektive und zurückhaltende Weise die Konfiguration der Hauptelemente dar. Ihre wichtigste Funktion ist jedoch, die durch die Materialien und die Beleuchtung erzeugte Atmosphäre darzustellen – ergänzt durch eingescannte Abbildungen von Materialien und Einbauelementen, die formal und objektiv präsentiert werden.

Rechts
Die räumliche Anordnung des Vorschlags wird sachlich mittels eines Grundrisses vom Erdgeschoss und einer axonometrischen Ansicht dargestellt.

Rechte Seite
Die dreidimensionale Perspektive und begleitendes Präsentationsmaterial illustrieren Atmosphäre, spezifische Materialien und Möbelstücke.

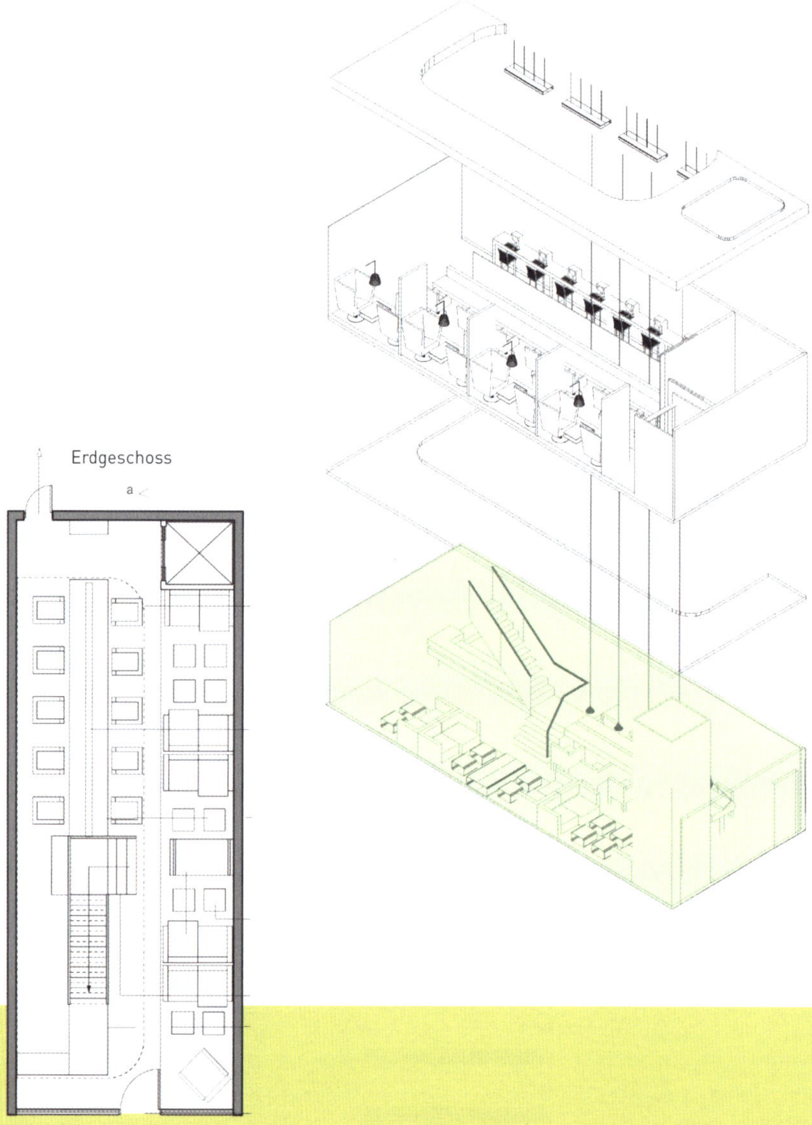

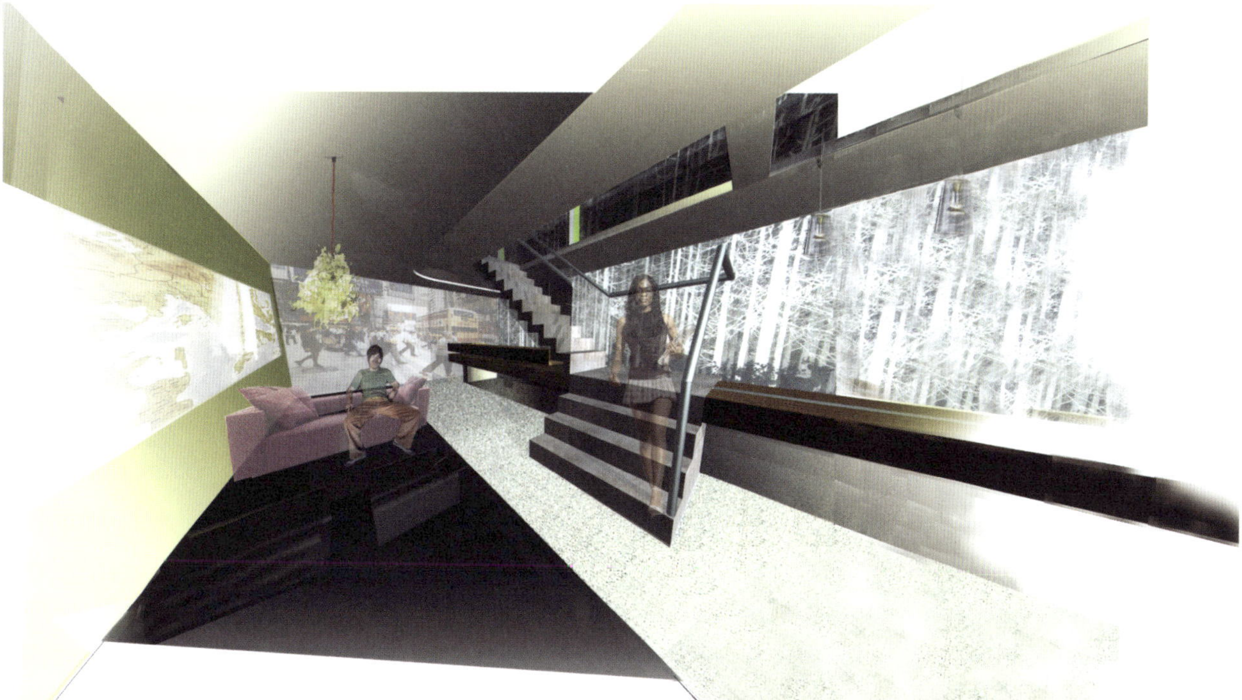

Sitzbereich und Treppenaufgang zum 1. Stock

Dunkle Farbschemata und indirektes atmosphärisches Licht erzeugen in diesem Bereich eine entspannte Stimmung. Es besteht eine ausgeklügelte Kontinuität zwischen Treppe, Bar und Arbeitsfläche – und das wiederum drückt die flexible Raumnutzung aus.

1. Hängeleuchte
2. Amerikanisches Walnussfurnier
3. Ionisierter Stahl
4. Quarzbodenbelag
5. Stahl
6. Mohnroter Stoff
7. Schwarzer Harzboden

Den Entwurf erklären

Es ist stets empfehlenswert, eine Präsentation damit zu beginnen, dass man den Aufbau oder die Atmosphäre, die man seinem Projekt zugrunde gelegt hat, erklärt, sodass das Prozedere klar ist und überzeugt. Solche Zeichnungen sind meist am effektivsten, wenn sie einfach gehalten sind, und obwohl einfache Bilder auch nichtssagend sein können, lassen sich daraus, dank der Fähigkeit des Computers, Farbe und Textur darzustellen, dynamische Entwürfe machen.

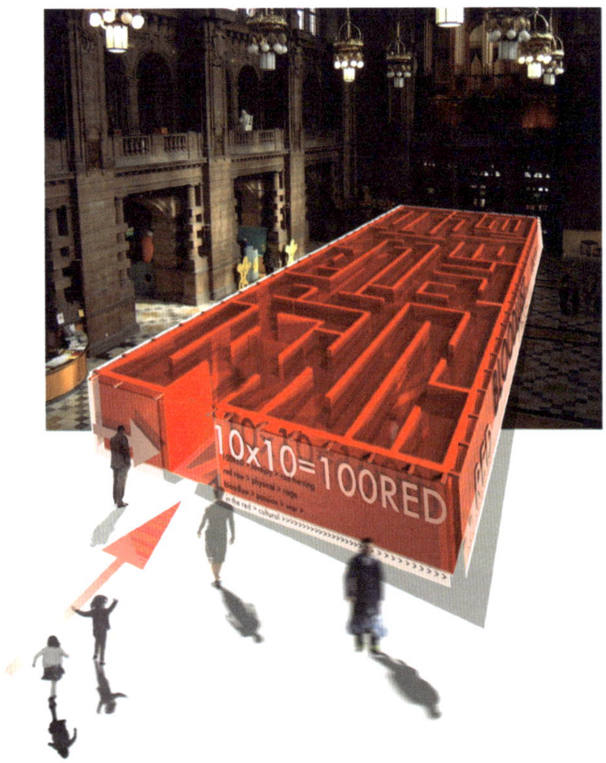

Ganz oben
Das abstrakte „geflügelte" Bild links, quasi ein vergrößerter Ausklinker, erläutert die zugbelastbare Struktur, die rechts im Zusammenhang gezeigt ist.

Oben
Analyse der Effekte künstlicher Beleuchtung auf reflektierenden Flächen.

Rechts
Eine computergenerierte Struktur, eingebettet in ein Digitalfoto.

TIPP KOMPLIZIERTE ELEMENTE VEREINFACHEN

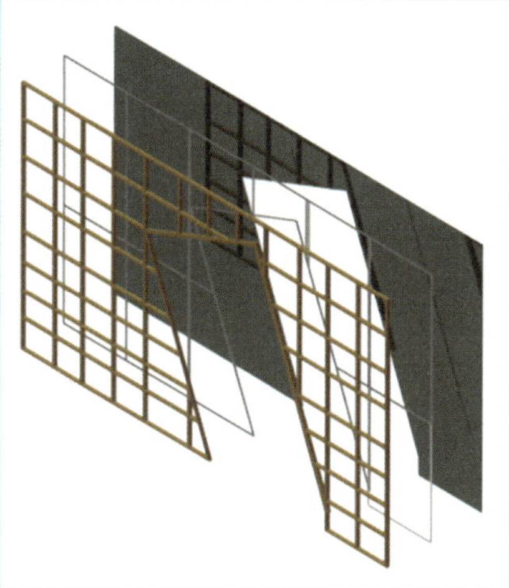

Die Reduktion komplizierter oder unvertrauter Elemente auf ihre konstituierenden Teile kann dem Verständnis des ganzen förderlich sein. Hier trägt die separate Darstellung der einzelnen Schichten um eine schräge Wandöffnung zur Klarheit bei.

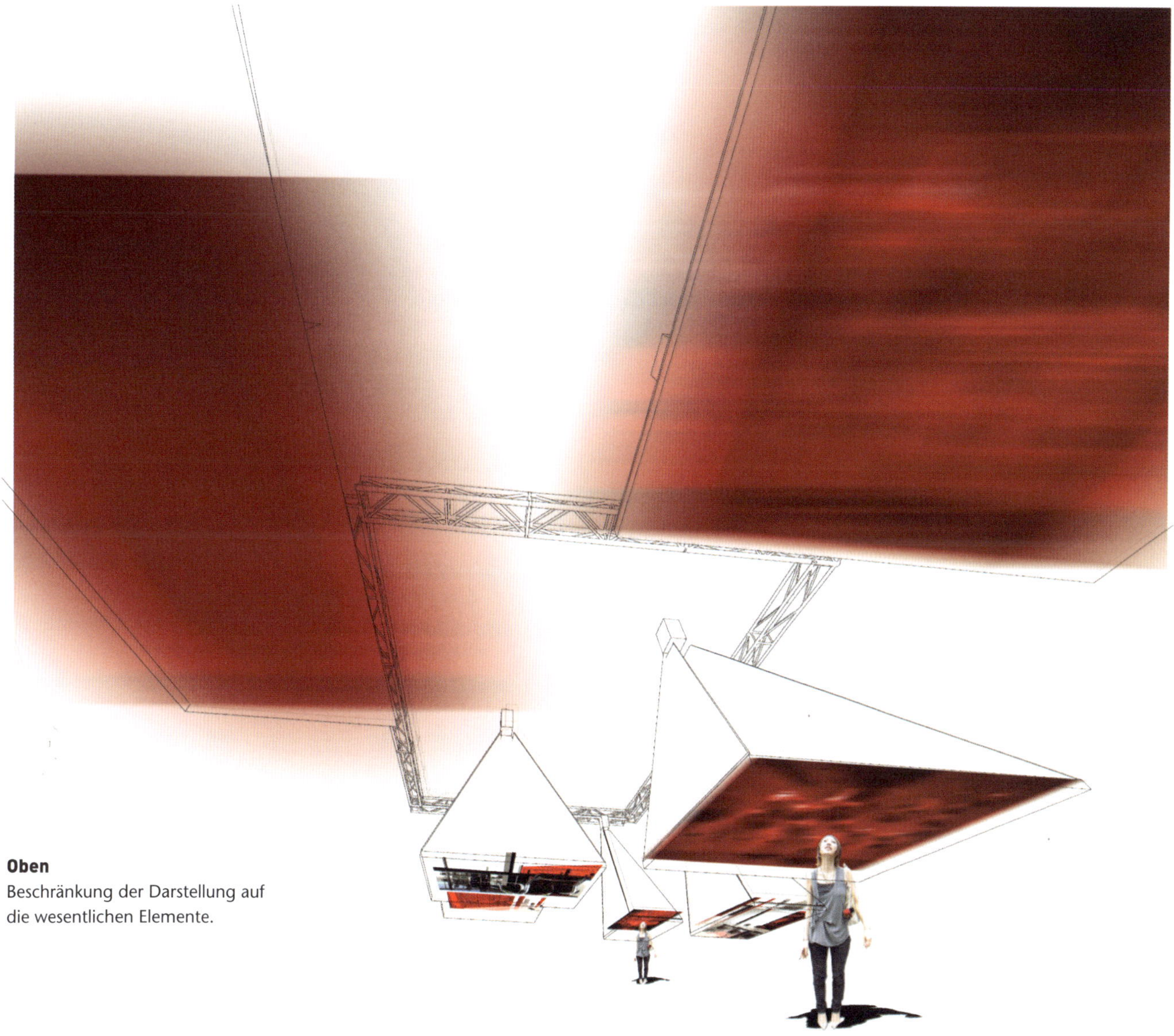

Oben
Beschränkung der Darstellung auf die wesentlichen Elemente.

Klarheit der Linien und Schattierungen

Der Computer ist das ideale Werkzeug, um Materialbeschaffenheit zu visualisieren. Die meisten Projekte betreffen einfache, rechteckige, einstöckige Räume. Deshalb genügt eine exakte Darstellung von Flächen und Materialausführungen, um die Natur des architektonischen Entwurfs zu verdeutlichen. Bei manchen Projekten lässt sich der Charakter von Innenräumen sinnvoller durch komplexere, dreidimensionale Bilder und Gesten darstellen. Die Klarheit geht oft verloren, wenn es sich um aufwendig gerenderte Bilder handelt, die Form und Tiefe verschleiern. Komplexe Körper stellt man effektiver mittels Linienzeichnungen dar, die aus strategischen Gründen ein Minimum an Farbe und Schattierung verwenden, und dies nur, wenn sie dazu beitragen, solide Strukturen zu erhellen.

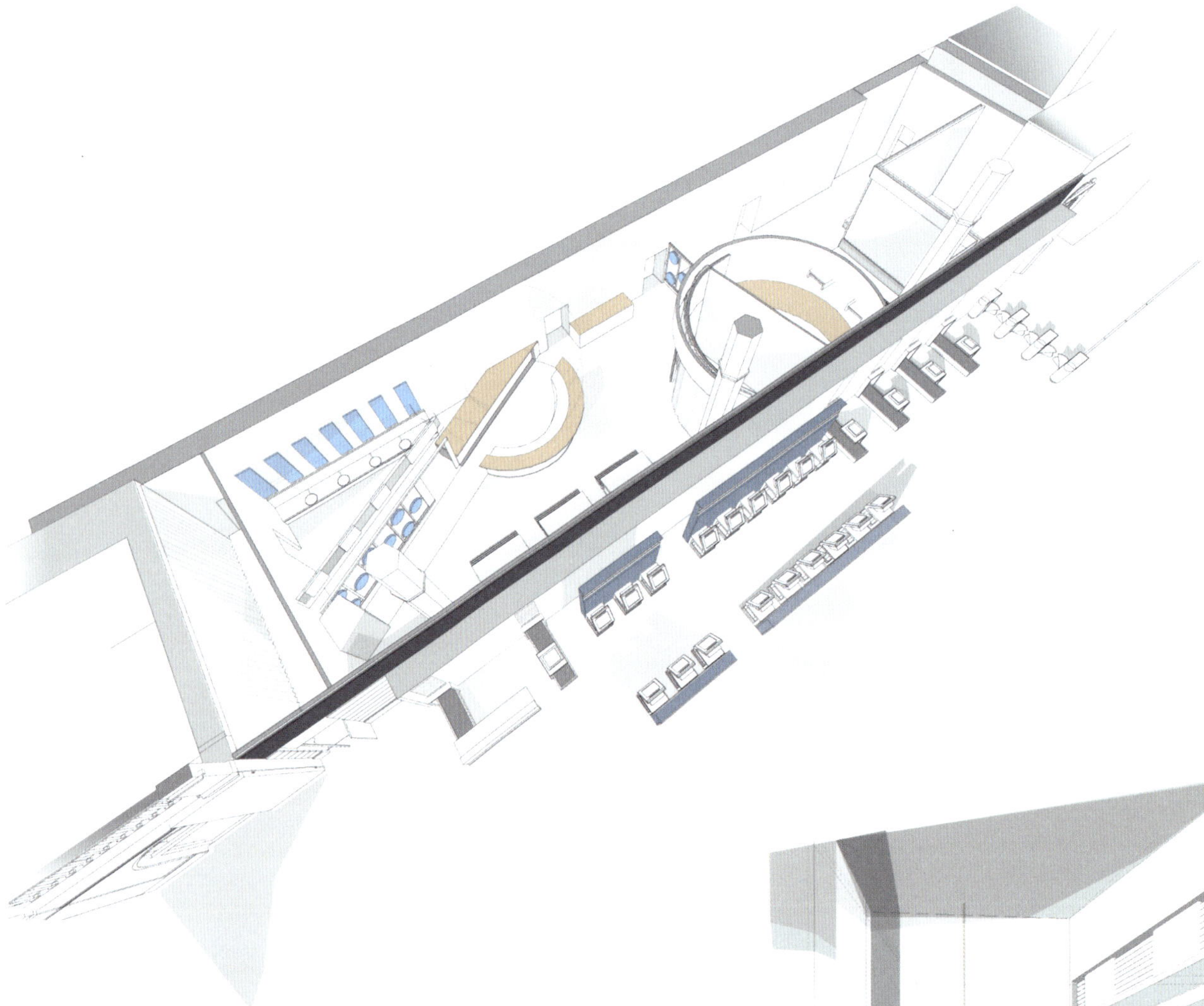

Oben
Konturen definieren die Formen und zeigen, wie diese miteinander verbunden sind. Schattierte Flächen betonen vertikale Elemente, Farbflächen verweisen auf veränderte Oberflächenmaterialien und kennzeichnen ähnliche Materialien. Die Verwendung von Blaugrau (ähnlich der Schattierung) anstelle des traditionellen Schwarz für die Linie trägt zur einheitlichen Wirkung der Zeichnung bei.

Rechts
Dieselbe Technik kann bei konventionelleren Perspektivansichten angewandt werden, wo man sich wieder auf die wichtigsten Elemente in einem Raum konzentriert. Die Kompatibilität von Blaugrau sowohl für die Linie als auch für die Schattierungen bietet eine Alternative für den harten Kontrast einer schwarzen Linie auf weißem Papier und evoziert die Transparenz des Raumes.

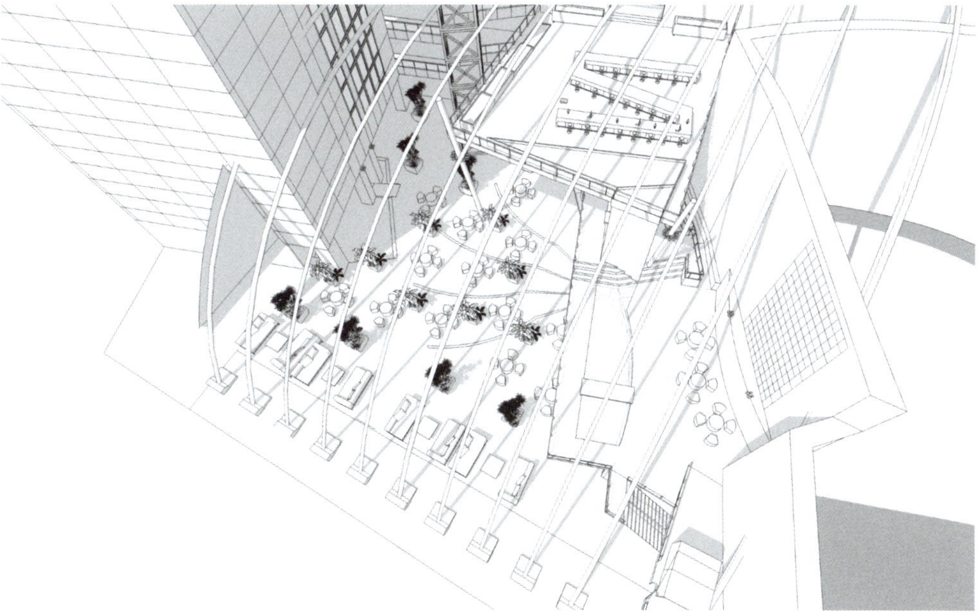

Links
Eine dramatische Perspektivzeichnung unterstreicht die Höhe dieses Innenraumvolumens, die noch betont wird durch die Fugen der Wandverkleidung. Eine einzige, flächige Schattierung ist ausreichend, um dreidimensionale Festigkeit zu evozieren. Die leicht erkennbaren Möbel und Pflanzen setzen den Maßstab.

Darunter links
In dieser konventionelleren Ansicht desselben Raumes genügt der schattierte Bereich, um zu vermitteln, wie die Ebene im Vordergrund schwebt. Dies wäre in einer komplexen, vollständig gerenderten Ansicht kaum so gut sichtbar. Wieder setzen Möbel und Pflanzen den Maßstab und verdeutlichen, wie die Bereiche genutzt werden.

Rechts
Die formale Einfachheit dieses Bildes erklärt die symmetrische Organisation des Interieurs. Durch Entfernen des Daches wird, vielleicht fälschlicherweise, die Aufmerksamkeit auf den Dachfirst gelenkt, der die charakteristische Symmetrie des bestehenden Gebäudes vorgibt. Farbflächen auf fliehenden Wänden heben die Querwände und den Giebel hervor.

Fallbeispiel: Atmosphärische Entwürfe vorstellen

Links
Eine digitale Collage von Formen, Farben, Texturen und Artefakten erzeugt eine Gesamtatmosphäre. Gefundene Objekte und Materialien wie der ausgestopfte Ziegenbock und die rückseitige Wand sind eingescannt und hineinkopiert, während andere wie die Kurvenelemente im Vordergrund schnell am Computer generiert wurden.

Rechte Seite
Das Bild rechts will einen Eindruck davon vermitteln, wie ein vergleichsweise kleiner Raum durch ein komplexes Arrangement aus Farben, Bildern und Artefakten verändert wird. Die „Drahtgitter"-Linien deuten bestehende Wände an. Solch ein Bild kann beim Kunden Appetit auf eine außerordentliche Lösung wecken und während es die gesamte kreative Energie eines ungezähmten, mit konventionellen Medien erstellten Entwurfs aufweist, ist er nahe an einer durchführbaren Lösung. Flächen wie die Wand links und das Bild von dem Rotschopf können exakt reproduziert und in tatsächliche Konstruktionsmaterialien umgewandelt werden, und zwar mittels Digitalprint auf Papier, Stoff, Holz, Metall oder Plastik. Im linken Bild zeigt eine schematische Ansicht die Platzierung der Elemente.

Letztlich hängt der Erfolg einer Raumwirkung von der Ausdruckskraft der Materialbeschaffenheit der Flächen sowie von Objekten, Möbeln, Beleuchtung und Kunstwerken darin ab. Ein guter Architekt orchestriert die Interaktion dieser Elemente, um eine Harmonie des Ganzen zu schaffen.

Zu einem frühen Zeitpunkt in der Entwicklung eines Projekts ist es oft wichtiger, die angestrebte Atmosphäre zu planen als die technischen Details, sodass sie getestet, dem Kunden vermittelt werden und dieser Zustimmung signalisieren kann. Zu diesem Zweck werden Bilder angefertigt, die sich mehr auf Materialien und Artefakte konzentrieren als auf die exakte Ausführung des Raumes. Auch im realen Raum werden Auge und Fantasie des Nutzers von Details angezogen, insbesondere in einfachen rechteckigen Räumen, die die meisten Interieurs konstituieren.

Da der Computer Material, Texturen und Formen präzise einzuscannen vermag, lassen sich diese auch exakt darstellen, und zwar in einem Maßstab und einer Beziehung zueinander, die jene der Musterpalette übertrifft – dort lassen sich diese Elemente zwar sammeln, ihre relativen Größenverhältnisse aber nicht vermitteln.

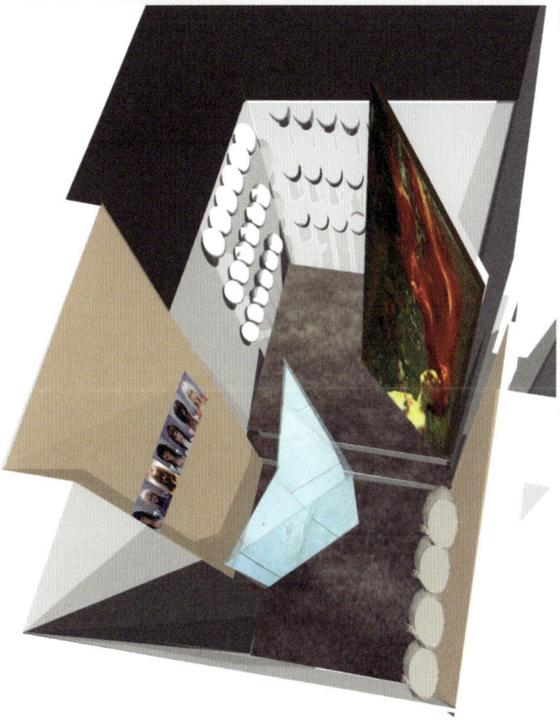

Text

Die meisten Präsentationen erfolgen zwar in Gegenwart des Kunden, sodass verbale Erklärungen die Bilder unterstützen, doch ist es wichtig, das visuelle Material geschickt durch Text zu ergänzen. Hierbei geht es definitiv nicht darum, einen langen erklärenden Aufsatz zu verfassen. Ideen sollten mit einem Minimum an sinnträchtigen Worten dargelegt werden – eher durch ausdrucksstarke Formulierungen als durch Sätze, eher durch Wörter als durch Phrasen. Es ist produktiv, die Entwicklung von Ideen zu erklären, sodass Kunden die Logik verstehen, die zum vorliegenden Ergebnis geführt hat. Kunden haben in der Regel ihre eigenen Erwartungen an ein Projekt und wenn diese nicht erfüllt werden, müssen sie davon überzeugt werden, dass die Alternative ein Resultat ernsthaften analytischen Denkens ist.

Vor der Nutzung von Computern und mit Ausnahme einer kleinen Minderheit von Designern mit tadelloser Handschrift bedeutete das Hinzufügen von Text einen zeitaufwendigen Prozess, bei dem man zu Schablonen oder selbstklebender Beschriftung griff. Folglich blieb die Textinformation rein sachlich, beschränkt auf die Bezeichnung von Stockwerken und Räumen. Da es heute ebenso einfach ist, Text hinzuzufügen wie Linien zu zeichnen, und dies zu ausschweifenden Erklärungen hinreißen mag, eröffnet sich damit auch das Potenzial, Entwürfe auch hierüber besser zugänglich zu machen. Bevor man am Computer arbeitete, war Text meist schwarz auf weiß. Nun stehen unendlich viele Farben und

Oben
Text lässt sich in Farbe und Form der Komposition des Bildes anpassen.

Rechts
Die Textzeile ist, passend zur Grafik, verzerrt und verbindet die beiden Versionen desselben Entwurfs. Die „abgeschwächte" untere Version dient als Hintergrund für den wichtigeren Text, der das Projekt unter Verwendung eines selbstbewusster wirkenden Fonts benennt.

Rechte Seite
Der Text legt die konzeptionelle Intention dar.

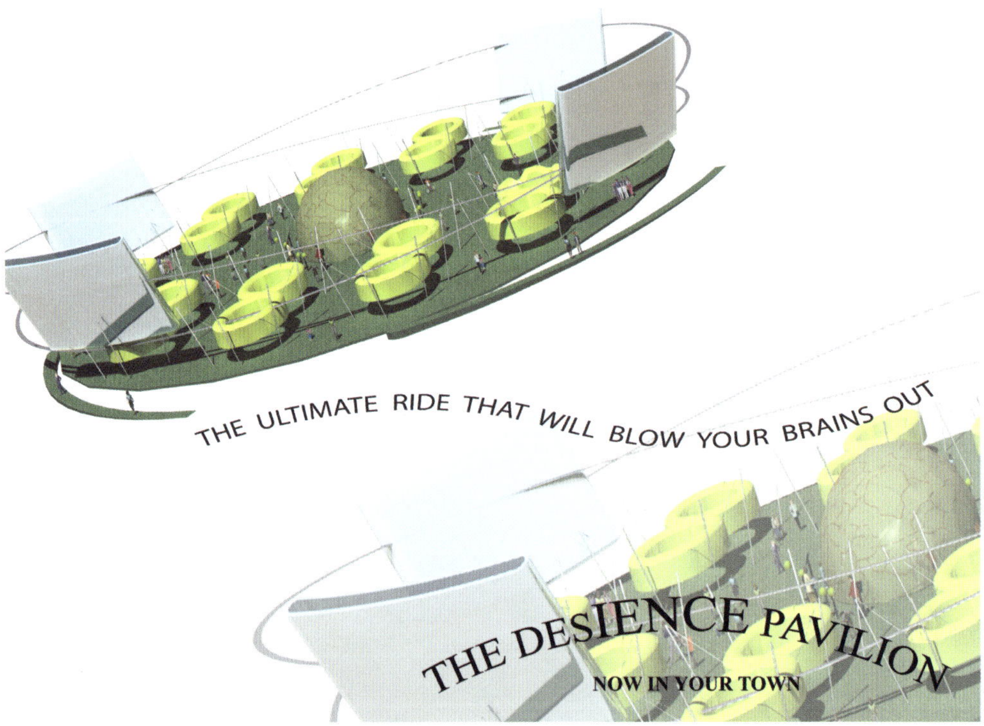

Grauschattierungen zur Auswahl. Das bietet faszinierende Möglichkeiten, erfordert aber Entscheidungen, um den Text kurz zu halten und um Informationshierarchien zu schaffen. Die wichtigste Information sollte visuell dominieren. Größe und Farbe des Textes können nachgebessert, Schriften geändert und Stile variiert werden.

Erfolgreicher Text sollte integraler Bestandteil einer Zeichnung sein und kompatibel mit dem Stil des entworfenen Interieurs. Es bedarf sorgfältigen Abwägens, damit das Ganze nicht in optischer Kakofonie endet.

Bedenken Sie, dass sich die meisten Kunden bezüglich Text sicher fühlen und lieber diesen kritisieren, als den Inhalt einer Zeichnung in Frage zu stellen. Grammatik- und Rechtschreibfehler untergraben daher zwangsläufig die Glaubwürdigkeit. Verwenden sie immer Rechtschreib- und Grammatikprüfung und lesen Sie den Text mehrmals, um sicher zu sein, dass er überzeugt. Generell ist es empfehlenswert, dem Kunden nach der Besprechung Präsentationsmaterial für eine spätere Durchsicht zu überlassen. Der Text wird die Erinnerung an die verbale Erklärung wachrufen und die Aufmerksamkeit auf die wesentlichen Botschaften lenken. Extravagante, spekulative Behauptungen sollten Sie vermeiden. So etwas könnte einen skeptischen Kunden sogar zum Widerspruch reizen.

Text kann zu jeder Art von Zeichnung verwendet werden – einschließlich Perspektivansichten, wo selbst ein kurzer, nützlicher Kommentar eine unsichtbare vertikale Ebene suggerieren kann, die die fliehende Perspektive noch betont.

Modellbau

Oben und unten
Ein detailliertes Modell kann am überzeugendsten darstellen, wie Bereiche miteinander verbunden sind und komplexe Grundrisse sich entfalten.

Am Computer lassen sich virtuelle Modelle erschaffen: erstaunlich exakte, dreidimensionale Darstellungen von Räumen, die in einem virtuellen Raum gedreht und von jedem beliebigen, vom Architekten gewählten Standpunkt aus betrachtet werden können. Ihr Zweck ist entweder, den kreativen Fortschritt zu dokumentieren oder Kunden und Kollegen Ideen zu vermitteln. Solche Bilder sind überzeugend – bis zu einem gewissen Punkt. Denn ob am Bildschirm oder auf Papier – sie können das konkrete Raumvolumen nur unzureichend vermitteln. Sie bleiben im Wesentlichen zweidimensional und während Auge und Verstand die implizierte Tiefe und den evozierten Raum begreifen, bleibt die „wahre" Distanz zwischen verschiedenen Ebenen nicht greifbar. Räumliche Tiefe lässt sich am korrektesten durch die einfachsten realen (im Gegensatz zu virtuellen) Modelle vermitteln, gleich welchen Maßstabs. Das physische Modell erfordert keinerlei Interpretation einer zweidimensionalen Darstellung durch Auge und Verstand, die wiederum auch mit der extremsten Maßstabsänderung keinerlei Schwierigkeit zu haben scheinen.

Das Vermögen eines Modells, einfach und direkt räumliche Verhältnisse zu vermitteln, überwindet die Probleme und Ängste, denen sich Laien oft ausgesetzt sehen, wenn sie mit zwei- und dreidimensionalen Entwürfen konfrontiert werden. Zudem scheinen die meisten Menschen Gefallen zu finden an Miniaturdarstellungen und dem Spiel, sich vorzustellen, wie man derart dargestellte Raumlichkeiten bewohnen würde.

Von besonderem Wert ist das physische Modell bei Präsentationen vor einer Gruppe, wo es stets schwierig ist zu wissen, ob und in welchem Maße jeder Beteiligte Entwürfe zu entziffern vermag. Hingegen kann man durchaus darauf vertrauen, dass Auftraggeber ein Modell korrekt interpretieren und folglich mit Fragen und Kommentaren weniger zurückhaltend sind.

So wie es unmöglich ist, in einer Zeichnung ein Raumvolumen realistisch abzubilden, so ist es auch Fotos nicht möglich, die Fähigkeit des „realen" Modells zu vermitteln, jenen Raum überzeugend darzustellen. Nichtsdestoweniger lohnt es sich, einige Beispiele anzusehen (siehe folgende Seite).

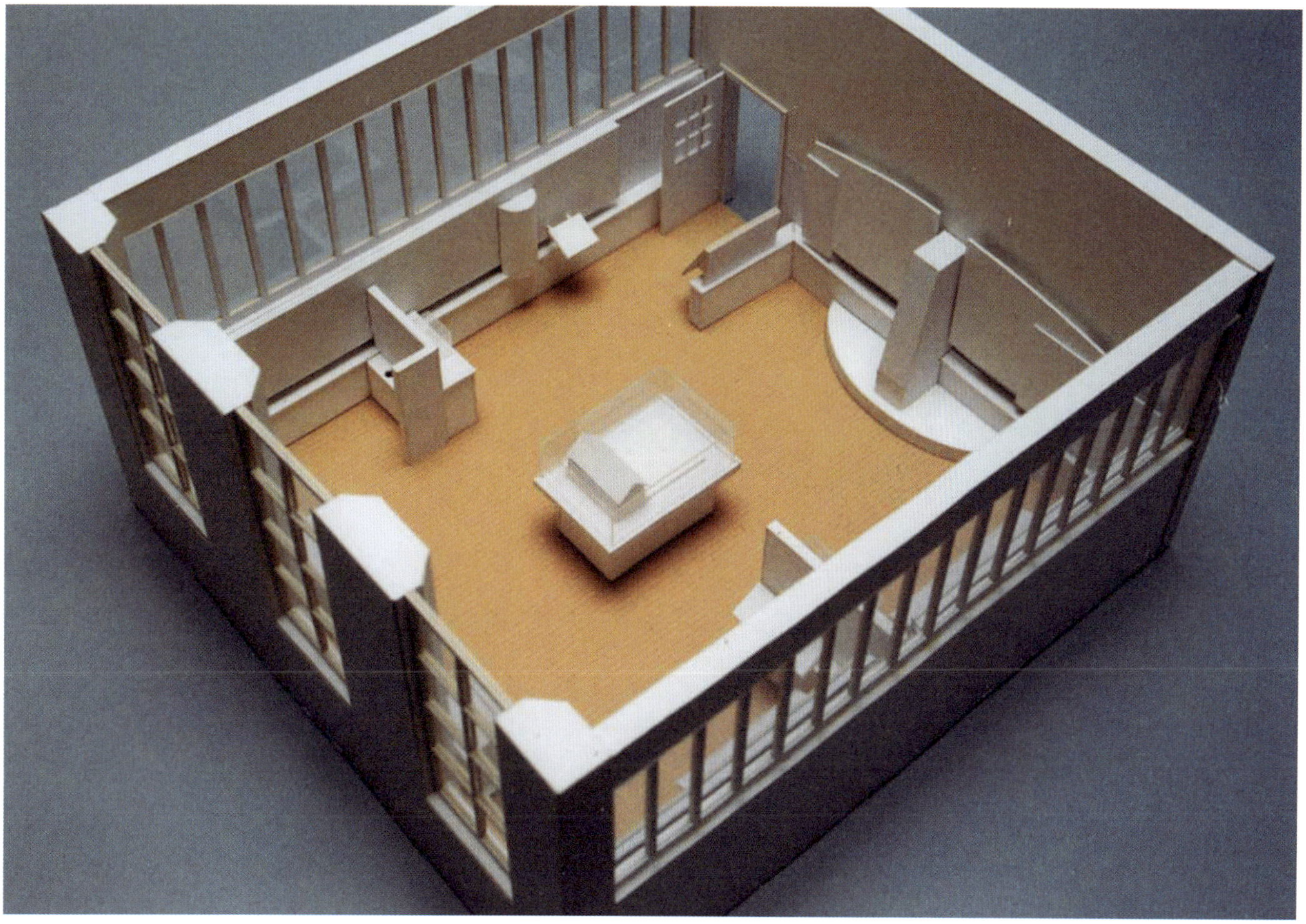

Oben

Ein sorgfältig angefertigtes Modell (Maßstab 1:50) zur Präsentation eines Ausstellungsprojekts vor einem Komitee. Alle Wände sind ausmodelliert, weil sie eine hohe Präsenz haben. Die Objekte darin sind dezent skaliert und vereinzelt in einem „Raum" platziert. Dieser ist groß genug, sodass man hineinblicken kann. Das Modell im Modell (im Plexiglasschaukasten des Modells zentral positioniert) demonstriert die verblüffende Maßstabsverkleinerung, die Auftraggeber fasziniert und begeistert.

Links

Möglicherweise ist es sinnvoll, nur die wichtigen oder entscheidenden Elemente eines Entwurfs im Modell zu bauen, insbesondere wenn ein komplexer Plan erläutert werden soll. Hier repräsentiert die schwarze Fläche die existierende Wand, die neuen Wände, die noch dazukommen sollen, sind weiß. Der eher schlanke Handlauf wurde seiner wichtigen ästhetischen Funktion wegen mit dargestellt.

Materialien und Werkzeuge für den Modellbau

Wie bei Zeichnungen unterscheidet man Modelle, die den Fortschritt eines Entwurfs aufzeigen, von solchen, die standardmäßig für eine Kundenpräsentation angefertigt werden. In beiden Fällen werden einfache, preiswerte Materialien verwendet, doch es verlangt kontinuierliche Praxis, um eine gewisse Qualität im Modellbau zu erreichen und zu halten.

Konventionell sind Modelle weiß, um Licht und Schatten zu maximieren. Farbe und Materialien stellt man am besten durch computergenerierte Bilder dar. Bei einem Maßstab von 1:20 oder 1:10 lassen sich Oberflächenbeschaffenheiten und Einbauten hingegen glaubwürdig wiedergeben. Bogen aus durchsichtigem Plastik können als Glas herhalten; bearbeitet man diese mit feinem Sandpapier, erhält man ein Mattglasimitat. Balsaholz lässt sich leicht zuschneiden und stellt Holzflächen gut dar (wenn auch seine Faser nicht maßstabskonform wirkt). Strukturiertes Plastik kann geflieste Böden und Wände darstellen. Bemalt man die Fugen dünn mit Farbe, bleiben sie sichtbar. Diese Materialien bekommt man bei entsprechend spezialisierten Modellbauhändlern.

01
Am besten eignen sich Bogen aus dünnem weißem Karton oder Plastik als Konstruktionsmaterial. Karton lässt sich leicht schneiden und ergibt bei Stärken von 3 oder 6 mm akkurate Innenwände bei Maßstäben von 1:100 bzw. 1:50. Plastik lässt sich leichter zu annähernd kurvigen Formen biegen und ist dicker.

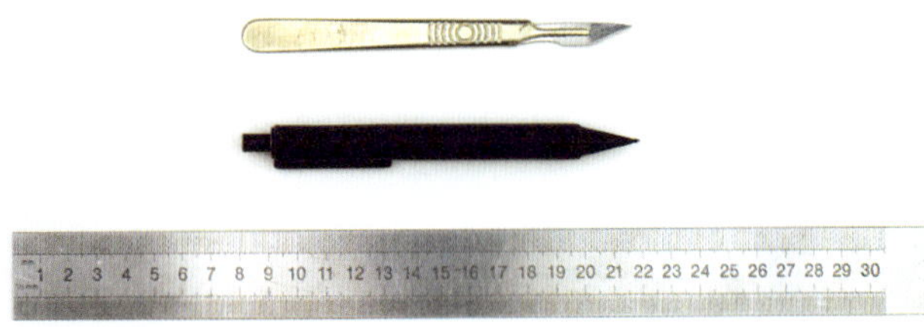

02
Mit Lineal und Bleistift werden Längen und Formen ausgemessen. Ein Metalllineal bietet gleichzeitig eine gerade Schnittkante: Ein flaches Lineal ist gut, doch eines mit dreieckigem Profil lässt sich besser greifen. Ein robustes Skalpell, dessen Klingen regelmäßig ersetzt werden, sorgt für einen glatten Schnitt.

03
Für einen sauberen Schnitt sollte die Seite der Skalpellklinge einen rechten Winkel zum Blatt bilden. Das Lineal muss wirklich fest aufgedrückt werden, damit es nicht verrutscht. Die grüne gummierte Schneidmatte schützt den Tisch.

04
Je nach Material ist ein anderer Kleber nötig: der ganz links eignet sich für Karton und Holz; der in der Mitte wird zum Kleben von Flächen verwendet; der rechte ist ein Alleskleber, besonders nützlich zum Aufkleben von Figuren oder Säulen auf Punktflächen.

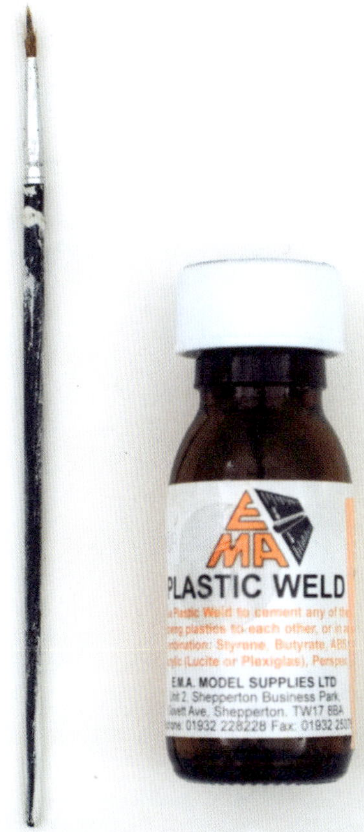

05
Flüssigkleber und ein Pinsel werden für Kanten verwendet.

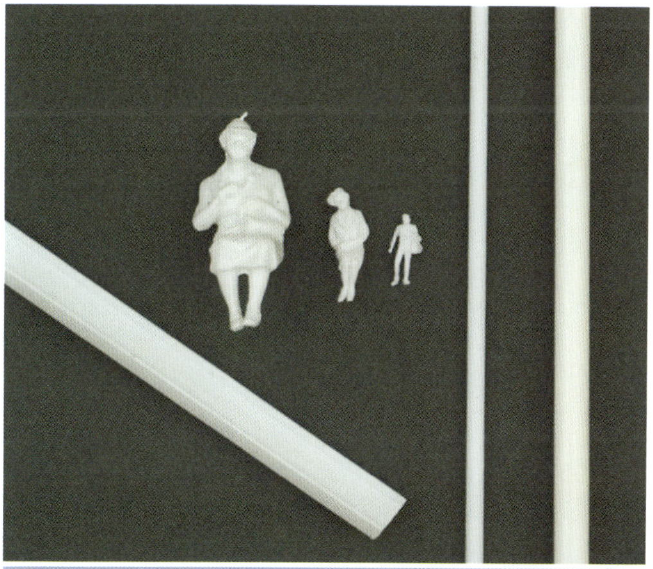

06
Im Modellbauhandel erhält man auch Plastikfiguren im passenden Maßstab, hier in 1:50, 1:100 und 1:200. Ebenso findet man unterschiedliche Säulen und generische Möbelstücke.

07
Ist das benötigte Teil ausgeschnitten, trägt man Flüssigkleber am besten mit einem Pinsel auf.

Modelle, die während des Entwurfsprozesses z.B. skizzenhafte Studien unterstützen sollen, werden nur so weit ausgeführt wie nötig, um die beabsichtigte Information zu vermitteln. Sie können jeden beliebigen Maßstab haben. Wenn dieser klein gewählt wird, lassen sich Wände und Böden aus dickem Papier anfertigen, das man mit Skalpell oder Schere zuschneidet. Schnell angefertigte Modelle wie Papierentwürfe können bedenkenlos weggeworfen oder umgebaut werden. Doch ein gutes Papiermodell kann, gesäubert, für eine Zwischenpräsentation beim Auftraggeber oder vor Kollegen verwendet werden.

Für eine förmlichere Präsentation lässt sich das Modell mit großer Genauigkeit anfertigen und unsaubere Verbindungsstücke und andere Provisorien des Entwicklungsstadiums lassen sich beseitigen. Die Grundkonstruktion bleibt dieselbe. Am Schluss wird das Ganze mit Sprühfarbe behandelt, um Fingerabdrücke und Farbunterschiede verschiedener Materialien zu kaschieren.

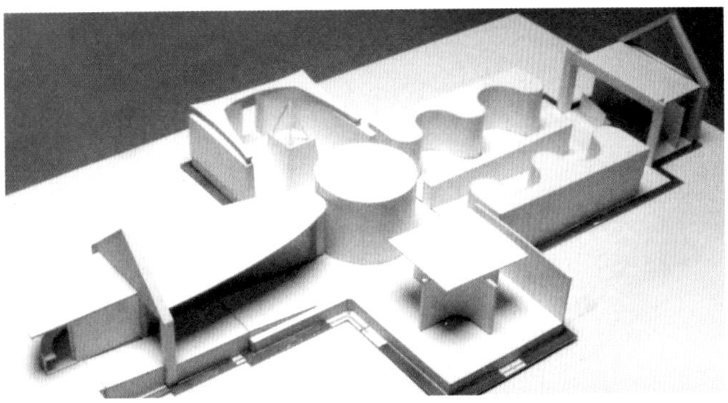

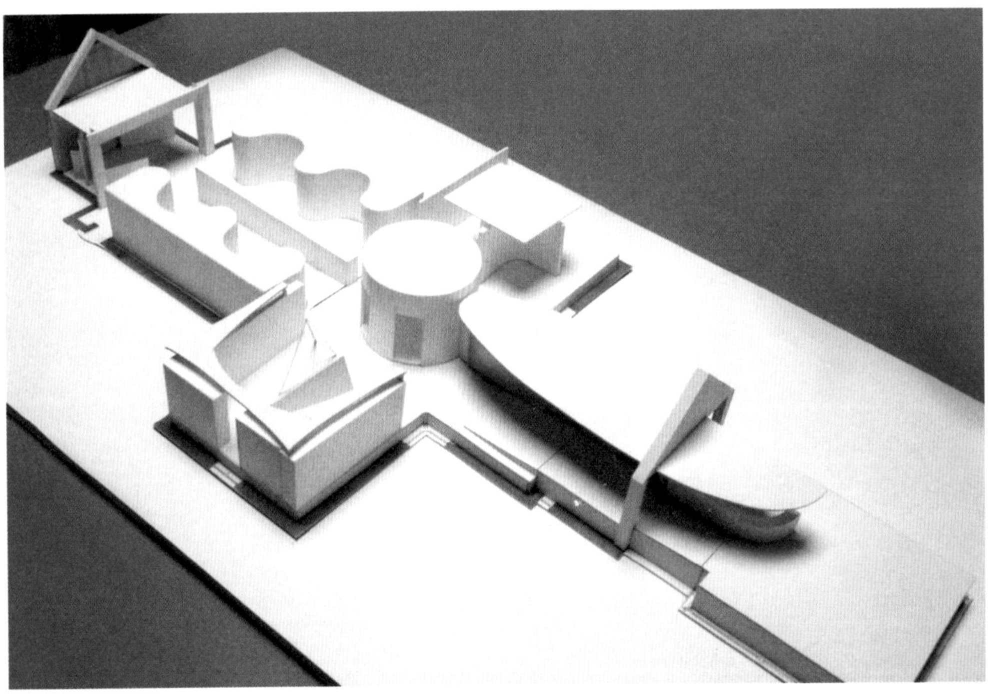

Oben links und links
Zwei Fotos eines Modells für eine offziellere Präsentation. Ungenaue Verbindungsstellen und Unvollkommenheiten wurden überarbeitet und geglättet. Das Ganze wurde mit Sprühfarbe geweißt, um Schmutzstellen und Materialunterschiede zu verdecken.

Oben und links
Dieses Beispiel im Maßstab 1:50 misst nur 120 x 70 mm und beweist, dass auch das kleinste Modell mit außerordentlicher Detailgenauigkeit gearbeitet werden kann. Zwei Wände definieren das Volumen und das Profil der rechten Seite wird festgelegt durch den Plan von der fehlenden Wand. Die Figuren sorgen für eine akkurate Wahrnehmung der Raumdimension. Das computergenerierte Bild desselben Raumes (links) beschäftigt sich mit Farben und Materialien. Die dreidimensionale Form wird nicht sehr fein ausgearbeitet.

Fallstudie: Mehrstöckige Modelle

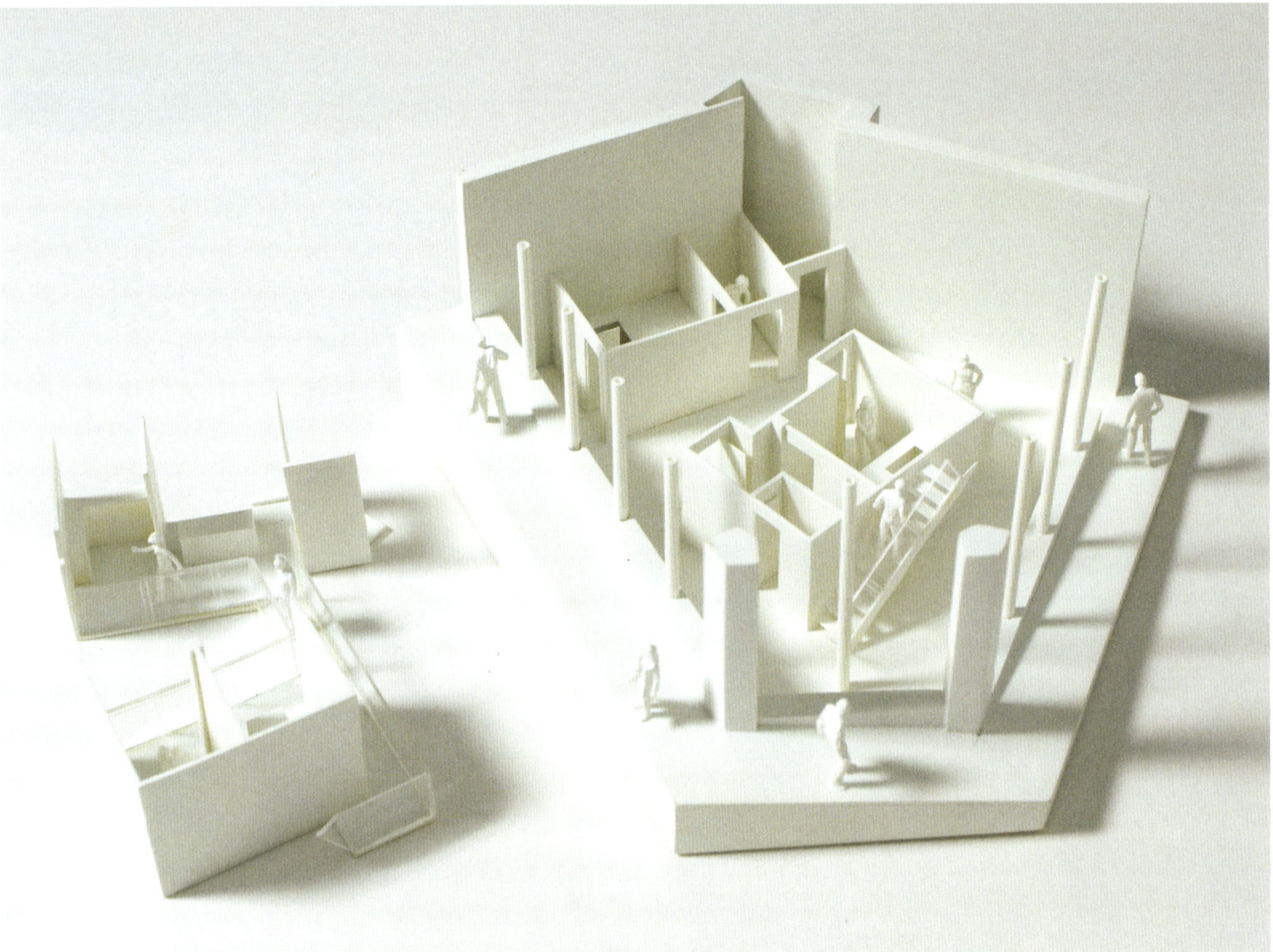

Bei komplexen mehrstöckigen Gebäuden bietet es sich an, Modelle zu bauen, die sich zerlegen lassen, sodass verschiedene Ebenen gezeigt werden können. Bei diesem Beispiel wird das Teil links auf die Elemente in der Mitte des Modells gesetzt. Nimmt man es ab, wird sichtbar, wie die das Fundament bildenden Räumlichkeiten im zentralen Bereich unter dem oberen Stockwerk organisiert sind und der Balkon oben rechts über den Empfangsbereich kragt. Das Detail oben im Maßstab 1:20 zeigt die zurückversetzten Räumlichkeiten im zentralen Bereich des vorigen Modells.

In diesem Maßstab lässt sich Mobiliar exakt darstellen und batteriebetriebene Beleuchtung einbauen. Die Holzmaserung der Tür, die schimmernden Bodenfliesen und die genau ausgeführte Einfassung überzeugen – wie auch die Farbe der Wand. Modelle zu streichen ist schwierig, weil viele Farben reflektieren und Licht ungünstig spiegeln. Das Geheimnis besteht darin, dieselbe Dispersionsfarbe zu verwenden wie für die realen Wände. Man kann sie in kleinen Probeabfüllungen kaufen und leicht verdünnen, um sie dem Maßstab des Modells anzupassen. Dieser „echte" Anstrich sorgt für ein naturalistisches Spiel des Lichtes.

Wie die Digitaltechnologie das Anfertigen von innenarchitektonischen Entwürfen verändert hat, so beeinflusst sie zunehmend die Herstellung von Modellen. Digitale Information, die für Grundrisse und Schnitte erzeugt wird, lässt sich zur Programmierung von Laserschnitten und schnell verbaubaren Prototypbauteilen verwenden, mit denen Modelle jedes beliebigen Maßstabs präzise gebaut werden können. Durch die Exaktheit des fertigen Produkts sowie das Erfordernis genauer Programmierung eignet sich dieses Vorgehen besonders für abschließende Präsentationsmodelle und stellt angesichts hoher Kosten für handgearbeitete Modelle bereits eine attraktive Alternative zur traditionell gefertigen Variante dar. So wie die handgezeichnete Skizze das bevorzugte Werkzeug für die ersten Schritte der Entwurfsarbeit ist, wird das handgefertigte skizzenartige Modell die bevorzugte Methode einer ersten dreidimensionalen Erprobung bleiben. Im selben Maß, wie computerunkundige Architekten doch immer mehr die Tastatur als „Skizzen"-Werkzeug verwenden (s. S. 82/83), wird man auch die Entwicklung neuer dreidimensionaler Entwurfsprogramme beobachten können, die eine unkomplizierte Nutzung ihres gesamten Potenzials ermöglichen.

Linke Seite
Zur Erläuterung mehrstöckiger Gebäude sind Modelle hilfreich, die sich auseinandernehmen lassen und mehrere Ebenen zeigen.

Oben
Es ist nicht immer erforderlich, jedes einzelne Teil eines Innenraums zu modellieren. Dieses Modell beschränkt sich auf zwei Zwischengeschosse und legt dar, wie diese getragen werden und miteinander verbunden sind. Eine trotz der Skizzenhaftigkeit akkurate Darstellung vier wichtiger Materialien trägt zur weiteren Erläuterung des Entwurfs bei.

Rechts
Der Computer beeinflusst zunehmend die Herstellung physischer Modelle und ist besonders nützlich bei der Herstellung gerundeter Formen. Bei diesem Beispiel stellt eine Rapid-Prototyping-Maschine komplexe Formen unter Verwendung der bereits für die computergenerierten Grundrisse und Schnitte eingegebenen Information her.

Kapitel 4
Die Fertigung

Die Rolle des Architekten 156

Fertigungszeichnungen 159

Mit Vertragspartnern zusammenarbeiten 174

Die Rolle des Architekten

Nach der formalen Präsentation und nach Abnahme der finalen Entwurfszeichnungen durch den Auftraggeber erstellt der Architekt mehrere „Arbeitsentwürfe“ oder „Fertigungszeichnungen“. Ihre Anzahl variiert je nach Projekt. Ihre Aufgabe ist stets dieselbe: Sie liefern dem beauftragten Bauunternehmen und allen weiteren in den Konstruktionsprozess involvierten Parteien eine Darstellung in Zeichnungen und Worten von Gesamtumfang und Qualität des Vorhabens, die für die zufriedenstellende Realisierung des Vorhabens erforderlich sind. Sie sind auch eine formale Dokumentation des detaillierten Vertrags zwischen Auftraggeber und Bauunternehmen.

Der Architekt muss nicht nur Grundrisse und Schnitte des Gesamtvorhabens, sondern auch jedes darin enthaltene Element, die zu verwendenden Materialien, die Größe der Komponenten und die Konstruktionsmethoden, detailliert darlegen.

Rechts und rechts unten
Diese Zeichnungen zeigen, wie wichtige Information über ein vergleichsweise einfaches Element mit einem Vertragspartner kommuniziert wird.

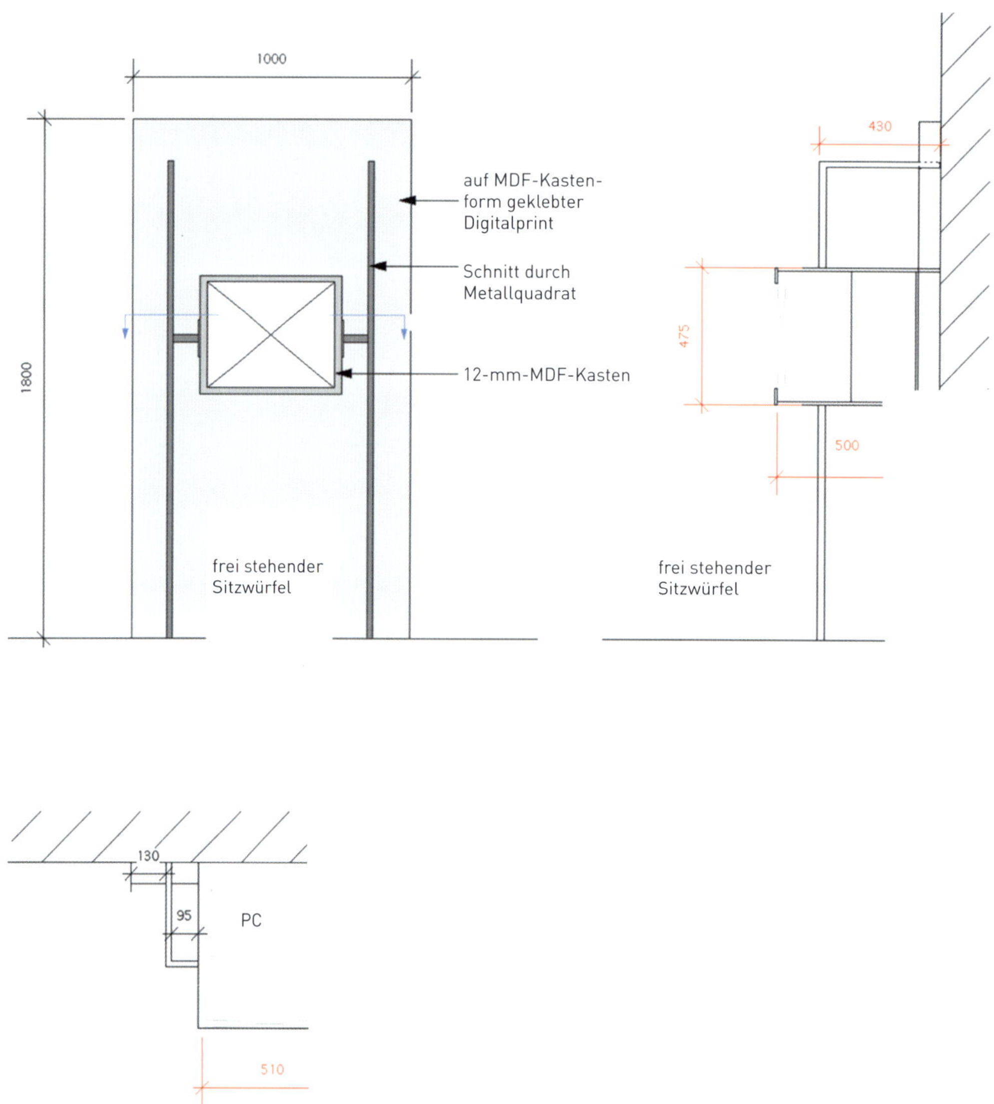

Zeichnungen im Maßstab 1:20 legen die Dimensionen dar und zeigen Materialien. Schattierung, Farbe und dreidimensionale Bilder machen die Entwürfe besser verständlich. Zeichnungen im Maßstab 1:5 bieten Platz für detaillierte Anmerkungen, die für die Beschreibung komplexer Bereiche erforderlich sind. Notfalls wird der Maßstab auf 1:1 (volle Größe) erhöht und wieder tragen Schattierung und Farbe zum Verständnis bei. Wünschenswerterweise übernimmt der Architekt auch Verantwortung für die Kontrolle der Arbeiten auf der Baustelle, um die Einhaltung der Qualität sicherzustellen und um Probleme, die während der Bauarbeiten auftauchen, zu lösen.

Zur Rolle des Architekten gehört auch, bei Schwierigkeiten oder Streitigkeiten als „Schiedsrichter" zu fungieren, um für seinen Auftraggeber sicherzustellen, dass Umfang und Qualität der gelieferten Arbeit dem Kostenvoranschlag entsprechen; er muss dafür sorgen, dass der Vertragspartner für fertiggestellte sowie für zusätzliche Arbeiten bezahlt wird. Diese können durch die örtlichen Gegebenheiten, die bei den ersten Begehungen nicht vollständig erfasst wurden, bedingt sein, etwa weil diese stattfand, bevor ein Probeabriss durchgeführt werden konnte. Manchmal sind zusätzliche Arbeiten auf geänderte Anforderungen des Auftraggebers zurückzuführen. Gelegentlich sind sie die Folge eines Architektenfehlers. Auch wenn man Fehler nur ungern zugibt, ist es in der Regel ratsam, dazu zu stehen, da die Ursache meist offensichtlich ist. Trotziges Beharren auf Unschuld im Angesicht eindeutiger Fakten bewirkt lediglich einen Verlust an Glaubwürdigkeit und Vertrauen.

Der gesamte Satz an Fertigungszeichnungen ermöglicht dem Bauunternehmer, die Kosten zu ermitteln und ein Angebot zu erstellen, das sämtliche Leistungen einschließlich Arbeitsstunden und Material berücksichtigt. Es weist den Gesamtbetrag aus, für den der Bauunternehmer bereit ist, die Arbeiten zu übernehmen. Manche Auftraggeber wählen selbst einen Vertragspartner – in der Regel auf der Basis einer vorhergehenden erfolgreichen Zusammenarbeit. Dann ist es Aufgabe des Architekten, die Angemessenheit dieses konkurrenzlosen Kostenvoranschlags zu bewerten.

Sonst üblich ist, dass mindestens drei Lieferanten Kostenvoranschläge abgeben, von denen meist der günstigste den Auftrag erhält. Dann obliegt es dem Architekten zu prüfen, ob der zum Zuge gekommene Vertragspartner die Arbeiten in zufriedenstellender Qualität ausführen kann – insbesondere dann, wenn der Kostenvoranschlag niedriger ausfiel als erwartet. Ursache mag sein, dass der Lieferant fehlerhaft kalkuliert hat oder übermaßig am Auftrag interessiert ist. Eventuell verfügt er dann nicht über Reserveressourcen, um Komplikationen, die sich im Verlauf der Vertragserfüllung ergeben könnten, angemessen zu beseitigen.

TIPP DREI DIMENSIONEN VERDEUTLICHEN ZWEI

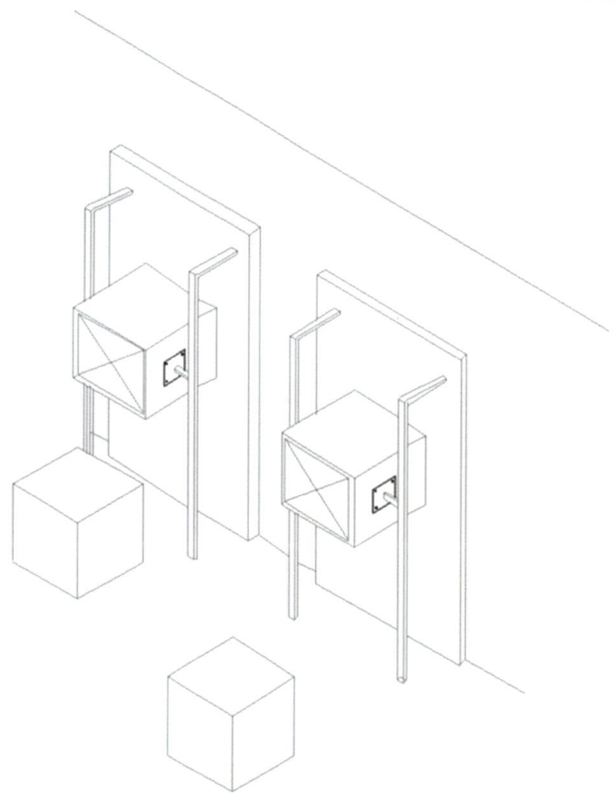

Während sich Dimensionen und bauliche Information am effektivsten in zweidimensionalen Entwürfen vermitteln lassen, hilft es einem Vertragspartner oft zu verstehen, wie diese zusammenwirken, indem das beabsichtigte dreidimensionale Ergebnis ebenfalls gezeigt wird. Per Computer ist die Generierung dieser Darstellung aus den für die zweidimensionalen Entwürfe eingegebenen Daten sehr einfach.

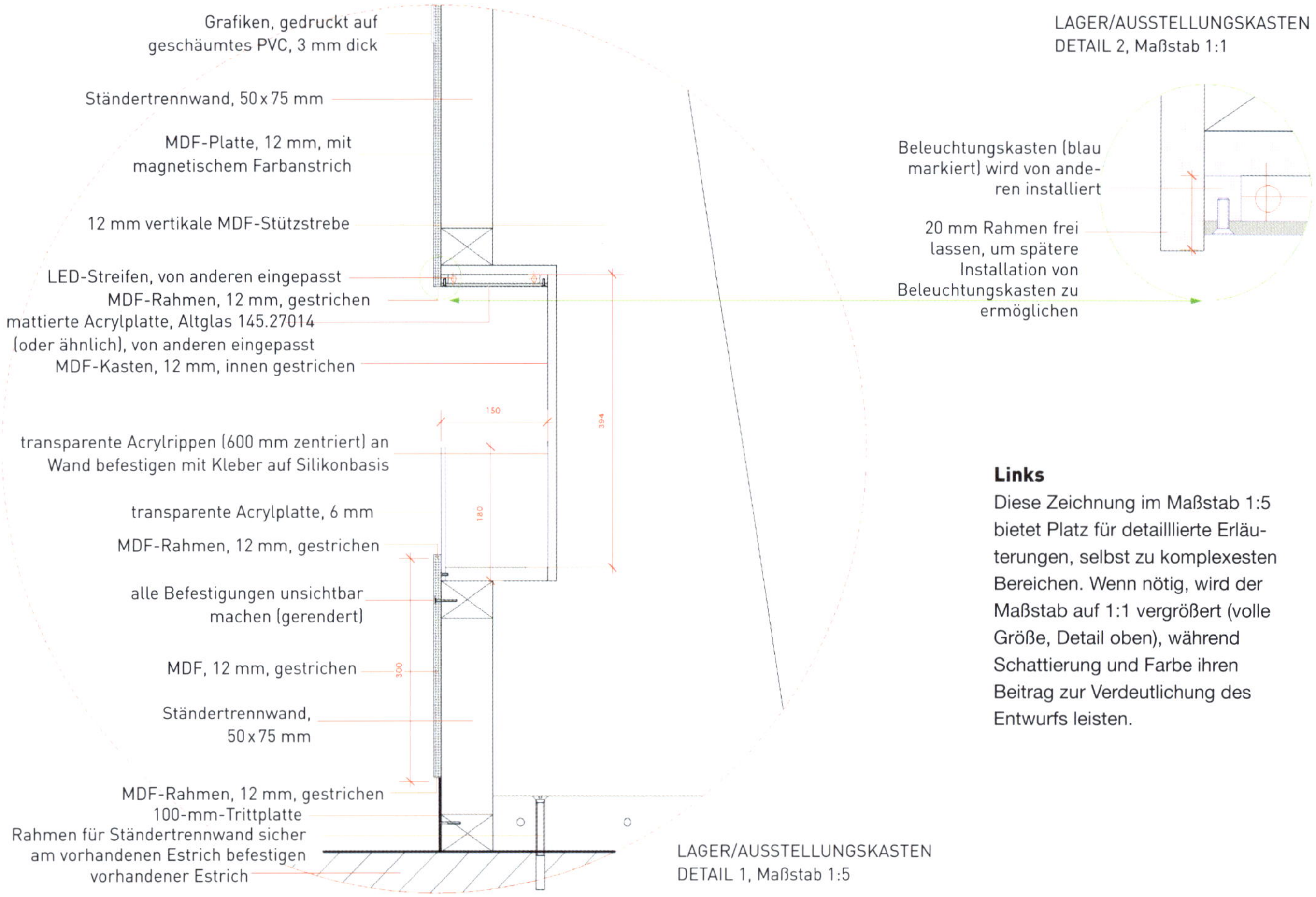

Links
Diese Zeichnung im Maßstab 1:5 bietet Platz für detailllierte Erläuterungen, selbst zu komplexesten Bereichen. Wenn nötig, wird der Maßstab auf 1:1 vergrößert (volle Größe, Detail oben), während Schattierung und Farbe ihren Beitrag zur Verdeutlichung des Entwurfs leisten.

Die Kosten eines innenarchitektonischen Vorhabens sind oft schwierig akkurat abzuschätzen. Bei Neubauten lässt sich der Aufwand meist klar abschätzen. Es ist sehr unwahrscheinlich, dass unvorhergesehene Arbeiten oder umfangreiche Änderungen des ersten Vertrags auftreten. Bei bestehenden Gebäuden ist die Kostenschätzung schwieriger. Unvorhergesehene Komplikationen stellen sich oft im Lauf der Arbeiten ein, wenn vorhandene Flächen entfernt und darunter Konstruktionsmängel zutage treten. Auch liegt es in der Natur innenarchitektonischer Vorhaben, dass die Endausführungen und Baudetails, die einen Großteil der Arbeiten ausmachen, für das jeweilige Vorhaben spezifisch durchgeführt werden. Daher hängt ein exakter Preis davon ab, wie schwierig der Lieferant die Erfüllung ungewöhnlicher Wünsche einschätzt. Verständlicherweise ziehen Vertragspartner die Verwendung bekannter Materialien und Techniken vor und wenn sie die Alternative einer einfacheren Lösung haben, unterbreiten sie einen hohen Kostenvoranschlag, um sicherzustellen, dass schwierige Arbeiten bezahlt und unvorhergesehene Kosten abgedeckt sind. Die einfache, vertraute Lösung ist fast immer kostengünstiger. Ein Vorhaben, das von bekannten Lösungen abweicht, erfordert auch vom Auftraggeber erhöhtes Engagement. Wenn dieser sich durch einen verführerischen Entwurf dazu bewegen lässt, einer teuren Option zuzustimmen, wird seine anfängliche Begeisterung schwinden, sobald er mit teuren, unvorhergesehenen oder uneingestandenen Komplikationen konfrontiert wird. Es ist normal und logisch, dass der Architekt für Ausführungsmängel und Kostenexplosion verantwortlich gemacht wird, wenn kreativer Ehrgeiz Probleme verursacht. Überzeugt ein Architekt seinen Auftraggeber davon, einem ehrgeizigen oder innovativen Vorhaben zuzustimmen, sollte er sich darauf einstellen, mehr Zeit für Detailplanung und Bauüberwachung aufzuwenden, und das höchstwahrscheinlich für dasselbe Honorar wie bei einer konventionelleren Lösung.

Auftraggeber legen immer ein Budget fest, das sie nicht überschreiten können oder wollen. Zwar haben sie meist ein wenig Spielraum nach oben, doch gewöhnlich gibt es einen Punkt, an dem es notwendig scheint, mit dem Vertragspartner Details der Ausführung zu verhandeln, um die Gesamtkosten zu reduzieren. Der Architekt spielt dabei eine entscheidende Rolle, denn es muss festgelegt werden, wie Einsparungen die ästhetische und praktische Wirkung des fertigen Baues am wenigsten beeinträchtigen. Nur der Architekt hat den Überblick und das Wissen, um tragfähige Kompromisse zu finden.

Fertigungszeichnungen

In Fertigungszeichnungen ist kein Platz für Mehrdeutigkeit. Sie sollten klar und einfach sein. Selbst bei komplizierten Projekten beweisen einfache Zeichnungen eine gut durchdachte Arbeit und eine ökonomische und effektive Lösung, dazu realisierbar und robust. Man bedenke, dass diese Zeichnungen in einer ruhigen Büroatmosphäre mittels Instrumenten angefertigt werden, die der maximalen Akkuratesse dienen, doch im Chaos einer Baustelle interpretiert und angewendet werden. Deshalb sollten sie möglichst leicht zu verstehen sein. Die Arbeiter auf der Baustelle sind nicht unbedingt vertraut mit dem Potenzial der angegebenen Materialien und den Techniken ihrer Verarbeitung.

Alle Projektinformationen lassen sich digital übermitteln. Dadurch gehören Verzögerungen, Begleiterscheinung des früheren Postversands, der Vergangenheit an. Offensichtlicher Vorteil ist, dass Verzögerungen, die den Preis oder den Zeitraum der Fertigstellung beeinflussen, reduziert werden können. Der Architekt gerät hingegen stärker unter Druck, auf unvorhergesehene Komplikationen schnell zu reagieren. Da Überarbeitungen eine bedeutsame, nicht immer sofort sichtbare Auswirkung auf das Gesamtprojekt und seine Kosten haben, sollte man dafür einen angemessenen Zeitrahmen zugestehen. Wenn ein Architekt seine Produktivität unter Beweis gestellt hat, ein offenes Ohr für die Probleme des Vertragspartners hatte und vor einem unvorhergesehenen Problem steht, kann er im Gegenzug dafür auch Verständnis erwarten.

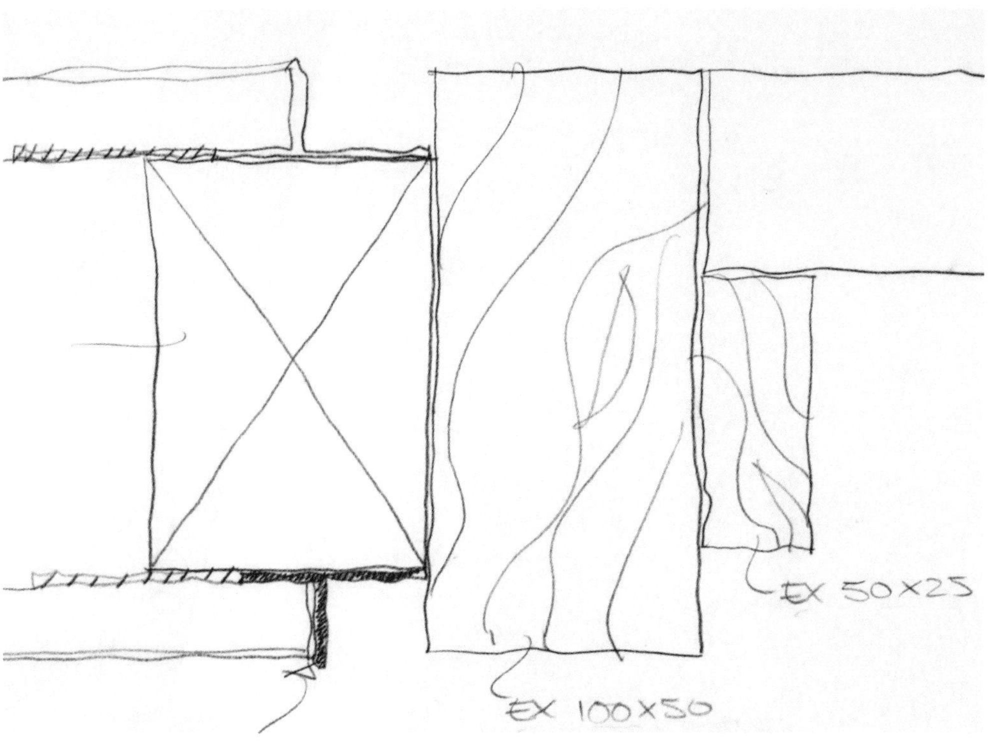

Links
Schnell ein Detail als Freihandzeichnung zu Papier zu bringen – bei diesem Beispiel, einem Türrahmen, ist der Maßstab über den Daumen gepeilt – bleibt eine nützliche Fertigkeit, wenn man verschiedene Optionen mit Kollegen diskutiert oder auf der Baustelle Anweisungen gibt.

Unten
Ein Grundriss im Maßstab 1:50, der kritische Dimensionen darstellt und die Bereiche herausstellt, die umgebaut werden, wie z.B. Türöffnungen, die geschlossen werden sollen. Hierfür sind keine komplizierten Entwürfe erforderlich. Rote Kreise identifizieren jene Bereiche, die in weiteren Zeichnungen mit gößerer Detailgenauigkeit dargestellt werden. Die Buchstaben- und Zahlencodes bezeichnen die Zeichnungen dieser Ausschnitte.

Die Konventionen

Man unterscheidet zwei Kategorien von Fertigungszeichnungen: zum einen Grundrisse und Schnitte, meist im Maßstab von 1:50 oder 1:100 angefertigt, bei kleinen Vorhaben auch in 1:20; zum anderen Detailzeichnungen, die die Konstruktion typischer Elemente darlegen oder komplexe Elemente isolieren und zeigen. Details werden meist in 1:5 oder 1:10 angefertigt, manchmal auch in voller oder halber Größe – letztere gilt potenziell als irreführend, weil halbe und volle Größe leicht zu verwechseln sind, und eine falsch interpretierte Zeichnung eine elegantere Lösung erwarten lässt, als dann real umgesetzt wird.

Während wünschenswert ist, dass sich der Standard von Fertigungszeichnungen mit den verbesserten Fähigkeiten des Computers weiterentwickelt, ist die Anerkennung bestehender Konventionen bei Detailzeichnungen grundlegend. Eine gemeinsame visuelle Sprache ist wichtig, um die Komplexität der Konstruktionsinformation Vertragspartnern und anderen Professionellen der Bauindustrie eindeutig zu kommunizieren.

Noch einmal: Zeichenkonventionen haben sich zum Teil als Antwort auf die verfügbaren Techniken weiterentwickelt. Als Entwürfe fast ausschließlich mit Tinte oder Bleistift auf Transparentpapier angefertigt und mittels

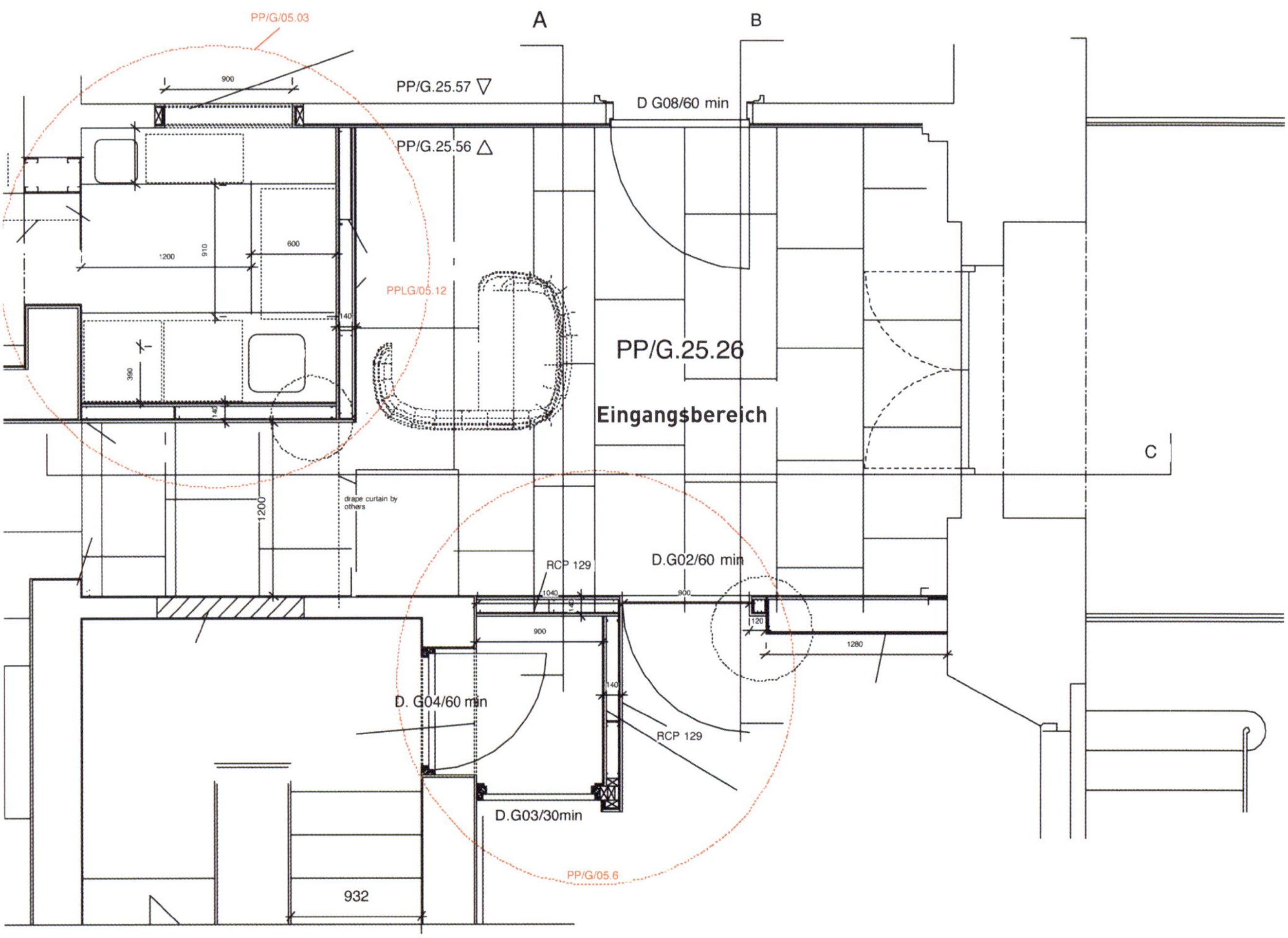

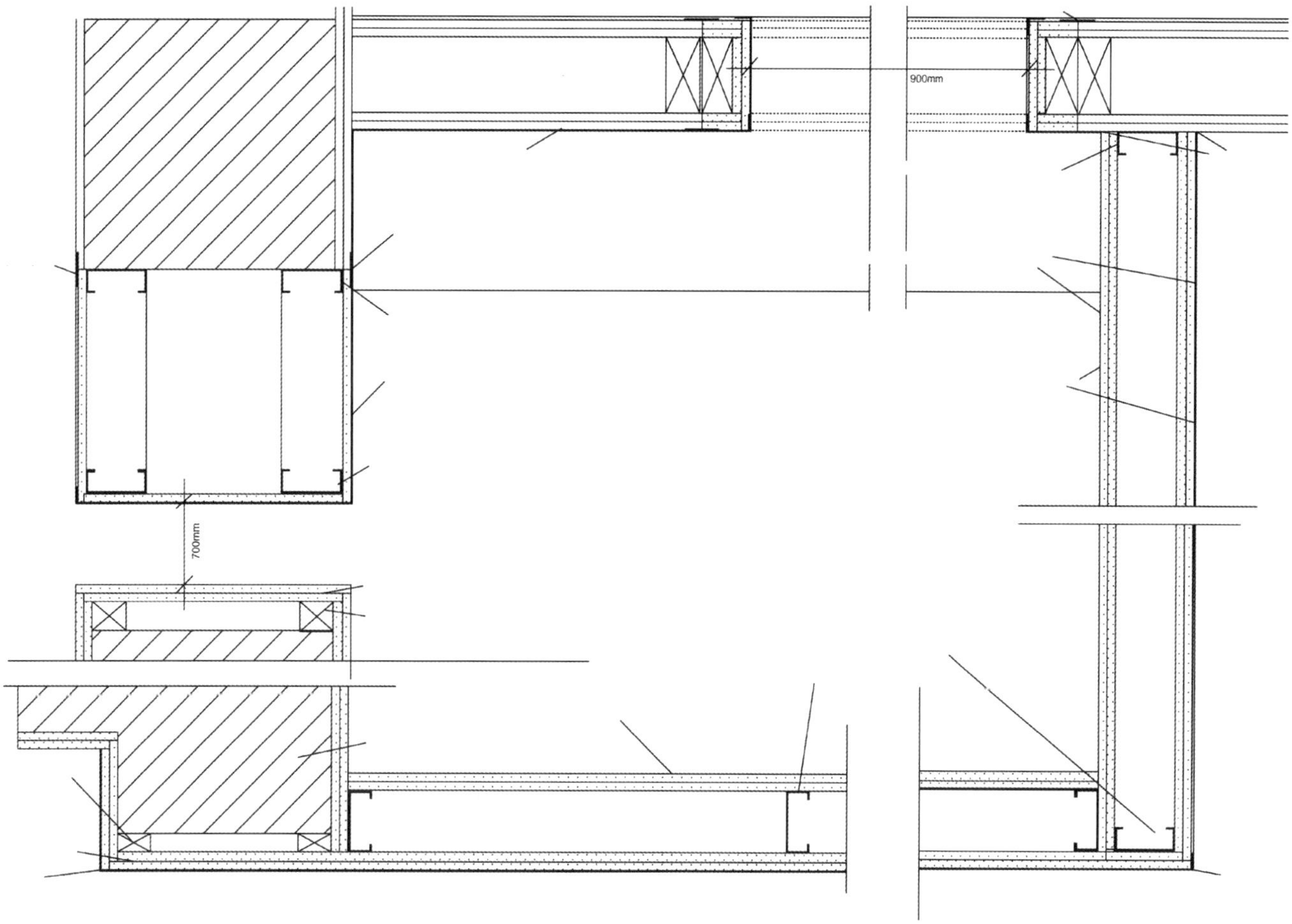

Lichtpause oder Fotokopierer vervielfältigt wurden, hob man verschiedene Komponenten innerhalb der Zeichnung durch unterschiedliche Linienstärken, Schraffuren und Kreuzschraffuren voneinander ab. Dieses Prozedere war zeitaufwendig. Weil die Zeichnungen streng konform zur Standardcodierung sein mussten, war es üblich, spezielle Techniker bzw. Zeichner zu beschäftigen, die sämtliche für umfangreiche Vorhaben erforderliche Entwürfe anfertigten. Diesen Assistenten oblag es oft, den Erstentwurf des Architekten, der das Team anführte, weiterzuentwickeln und fertigzustellen. Sie hatten keine Entscheidungsgewalt, verfügten aber über wertvolles praktisches Wissen: das Ergebnis kontinuierlichen Einbezogenseins in technisch detaillierte Darstellungen.

Der Umstieg auf Computerzeichnungen reduzierte den Bedarf an repetitiven Handzeichnungen und folglich auch die Anzahl an Konstruktionszeichnern. Der Inhalt solcher Zeichnungen ist hingegen kaum verändert. Ihre Variationsbreite ist gering, doch sie haben das Aussehen der Schlussversion der Entwürfe stark verändert. Die am Computer definierten Linien sind im Gegensatz zu handgezeichneten durchgehend präzise. Die Wiedergabequalität ist standardisiert und perfekt. Fehler sind heute eher intellektueller als handwerklicher Natur.

Oben
Komplexe Bereiche eines Grundrisses werden im Maßstab 1:10 gezeichnet, um Raum für eine detailgenaue Zeichnung und ausführlichen Beschreibungstext zu erhalten, der für umfangreiche Instruktionen erforderlich ist.

Unten
Zwei Skizzen dienen der Erprobung erster gedanklicher Versuche zu Planungsdetails und Konstruktionsprinzipien für die Haltevorrichtung einer Toilette.

Detailzeichnungen

Oft hält sich der erste Vorschlag für ein Baudetail eng an die ursprünglichen Erwartungen, insbesondere wenn er vertraute Materialien in bekanntem Kontext verwendet. Dennoch tauchen stets unvorhergesehene Probleme auf, weil die exakten Einzelheiten jedes Vorhabens unterschiedlich sind und die Lösung eines Problems oft scheinbar davon völlig unabhängige Details beeinflussen kann.

Detailzeichnungen beginnen wie alle anderen Entwurfszeichnungen mit den ersten Ideen eines Architekten und werden wahrscheinlich wie diese in einem Notizbuch oder auf einem Skizzenblock festgehalten. Der Prozess der weiteren Ausarbeitung ist ebenfalls im Wesentlichen derselbe. Nach dem anfänglichen kenntnisreichen, aber unstrukturierten Nachdenken muss man konkreter werden und eine Maßstabszeichnung anfertigen, in der Ideen gründlich geprüft werden, bevor die finale Version entworfen wird. Diese dient auch der akkuraten Wahrnehmung der relativen Größe der einzelnen Elemente und ihres exakten Verhältnisses zueinander. Aus solchen Anfängen heraus nimmt die Komplexität des Denkens zu, je mehr die Interaktion von Materialien und Konstruktion ins Blickfeld rückt.

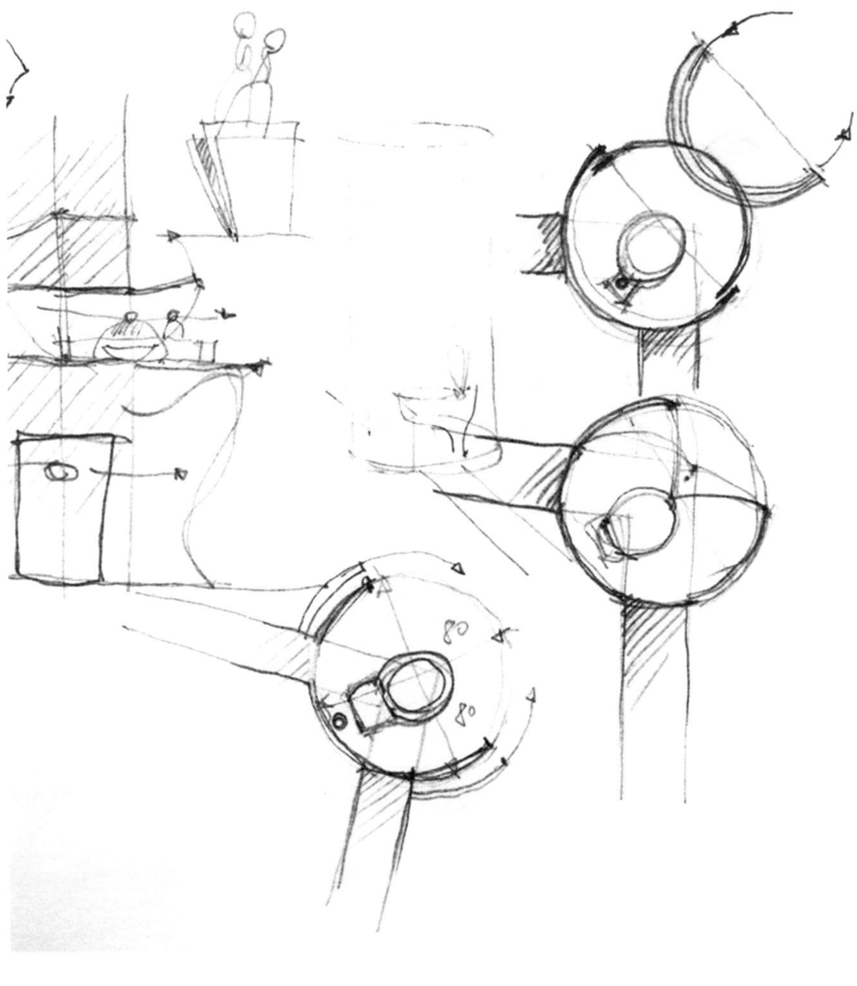

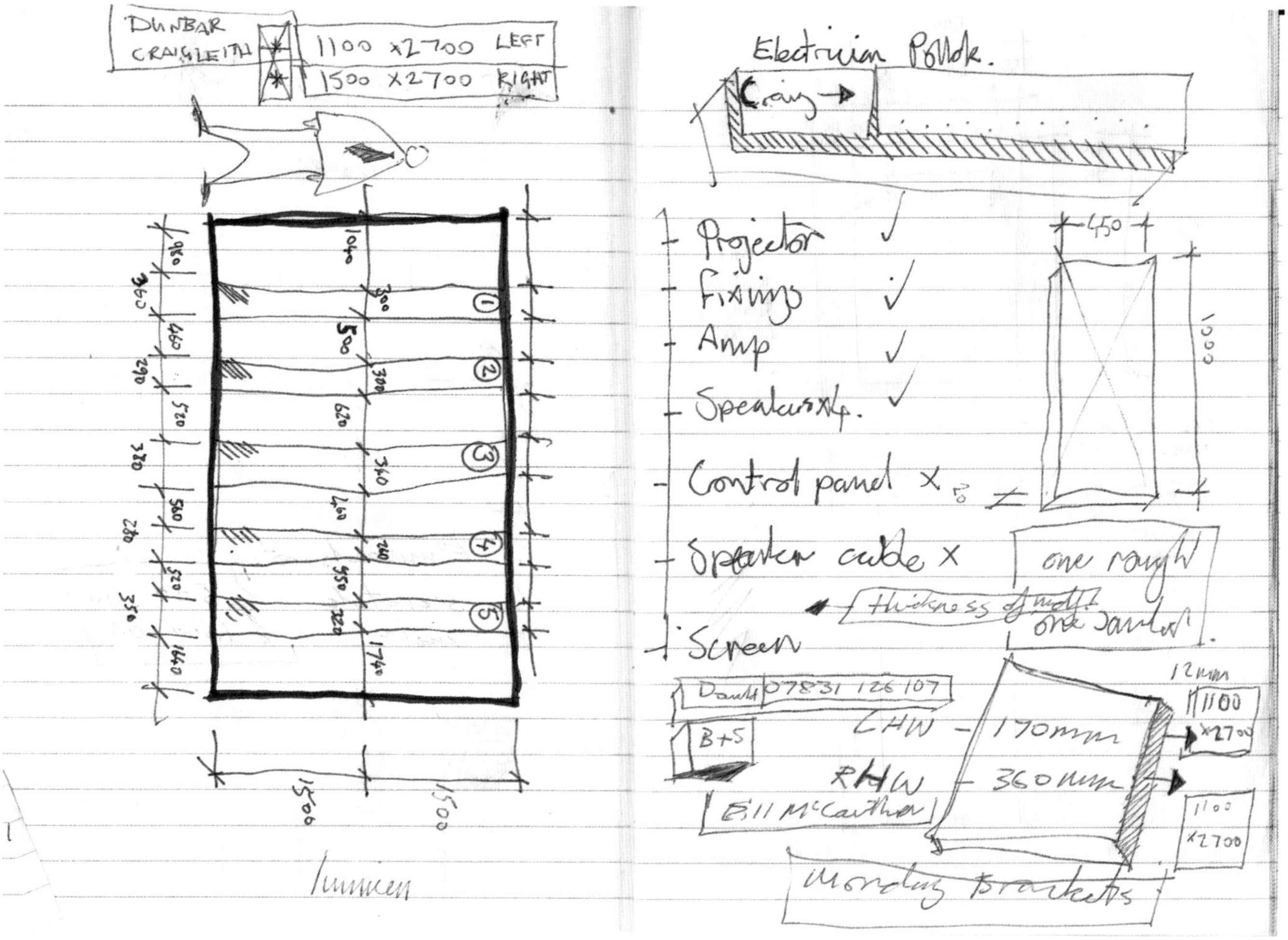

Oben
Erste Gedanken über Details, erst in einem Notizbuch nach einer Unterredung auf der Baustelle (links) und später im Büro in einem Skizzenheft (rechts) festgehalten.

Während Details immer dreidimensional betrachtet werden müssen, ist es Standardpraxis, Optionen und Lösungsvorschläge in zwei Dimensionen, nämlich in Grundrissen und Schnitten, zu präsentieren. Dies isoliert und vereinfacht bestimmte Aspekte des Problems und seiner Lösung und hilft, das Denken auf das Wesentliche zu konzentrieren. Auch dem Bauunternehmer oder Handwerker wird die Information so in leicht verständlicher Form präsentiert. Es kann nützlich sein, dreidimensionale Darstellungen zu ergänzen, um zu klären, wie Bereiche miteinander verbunden sind, doch bei weniger einfachen Strukturen sind Dimensionen und Beschriftungen auf die dreidimensionalen Bilder generell schwierig zu übertragen. Der Computer generiert dreidimensionale Ansichten sehr viel schneller und effizienter als die Hand und jene Entwürfe, die im frühen Stadium für Projektpräsentationen produziert wurden, dürfen in Fertigungsdokumente ausgearbeitet werden, um das beabsichtigte Ergebnis klar darzustellen. Vielleicht sind traditionell ausgebildete Architekten instinktiv misstrauisch gegenüber leicht zugänglichen, oberflächlich betrachtet banalen Entwürfen in der Fertigungsphase. Wenn jedoch allgemein akzeptiert wird, dass für Auftraggeber angefertigte Entwürfe mög-

Unten und ganz unten
Diese beiden Zeichnungen spezifizieren Materialien und Dimensionen und vermitteln Angaben zur Konstruktion. Der kleine Grundriss ganz unten links zeigt Lage und Anwendung der detaillierteren Information des Schnittes. Die Figuren stellen wiederum den Maßstab her, erleichtern (vielleicht) dem Vertragspartner seine Aufgabe und amüsieren den Architekten bei seiner ansonsten ernsten Arbeit.

lichst leicht verständlich sein sollten, dann sollte dasselbe auch auf Entwürfe zutreffen, die auf der Baustelle verwendet werden. Weil der Einsatz von Farbe, Schattierung und 3-D (aufgrund der verfügbaren Zeicheninstrumente und Reproduktionstechniken) bisher aufwendig war, wurden diese bis vor kurzem nicht für Fertigungszeichnungen verwendet. Der Computer vereinfacht nun aber den Einsatz dieser Mittel und lässt ihren pauschalen Ausschluss sinnlos erscheinen. Der Nutzen, den der Fortschritt und die Variationsmöglichkeiten des Computers möglich machen, liegt auf der Hand. Schattierungen können effektiv Schraffuren ersetzen, die optisch unangenehm sind. Verschiedenfarbige Linien können verwendet werden, weil sie ebenso einfach zu reproduzieren sind wie schwarze Linien. Das Potenzial der Variationen sollte jedoch intelligent genutzt werden. Zu viel erzeugt Verwirrung. Unterschiede in Linienstärken und Schattierungen müssen für das Auge klar erkennbar sein, wenn sie zur Klarheit beitragen sollen.

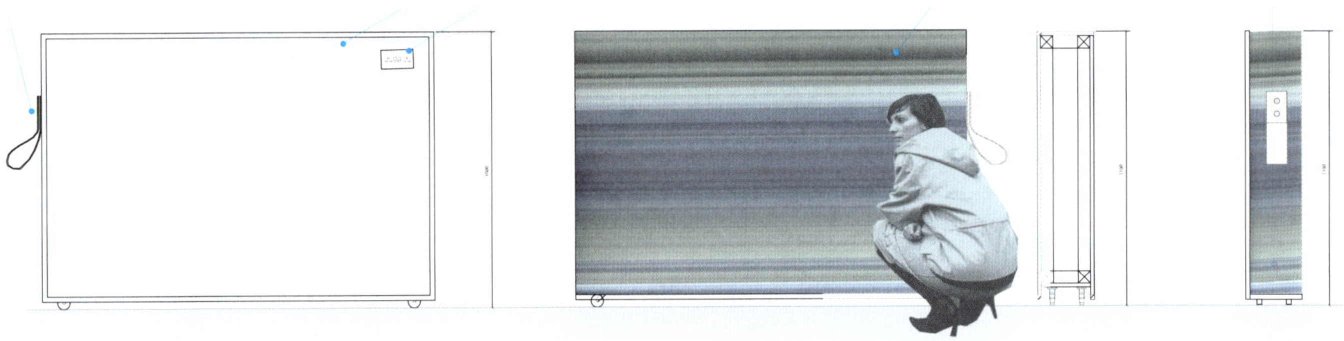

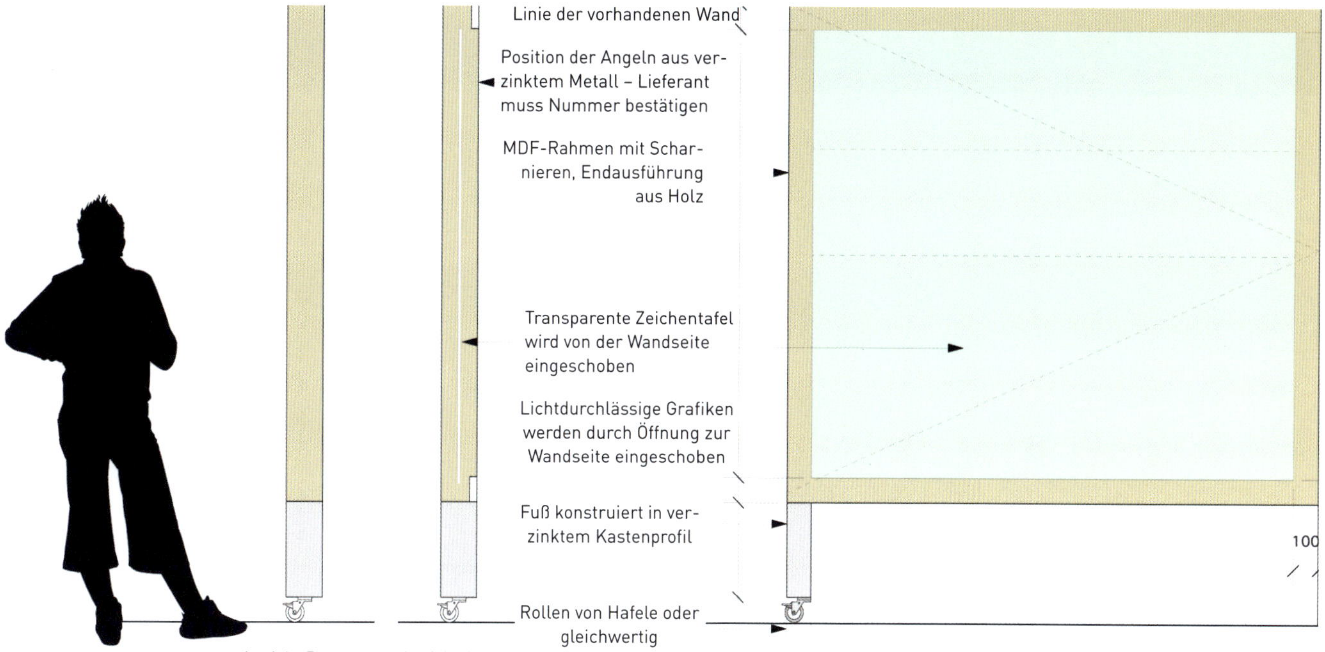

Ansicht B Ansicht A Vorderansicht

Schnitt durch den Raum, 1:100

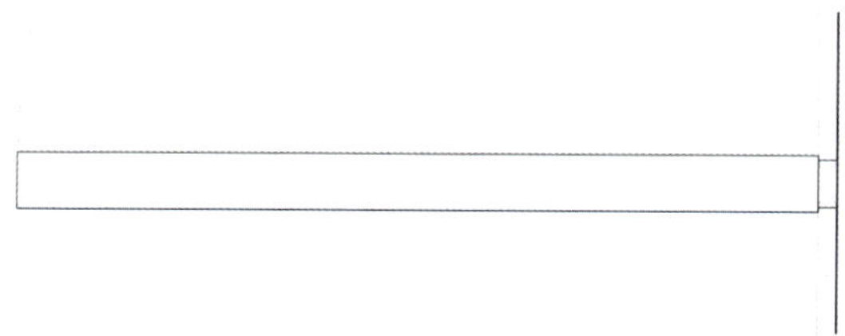

Grundriss

Oben

In diesem Beispiel ist die Zeichnung mit hellen Farbtönen codiert, um die Identifikation verschiedener Materialien zu erleichtern. Einfache Silhouetten von Figuren verdeutlichen den Maßstab und machen die Zeichnung unmittelbar zugänglich. Die Zeichnungen spezifizieren Materialien und vermitteln bauliche Information, während der kleine Plan unten die Anwendung der detaillierteren Information im Schnitt verdeutlicht.

Fallstudie: Zeichenkonventionen

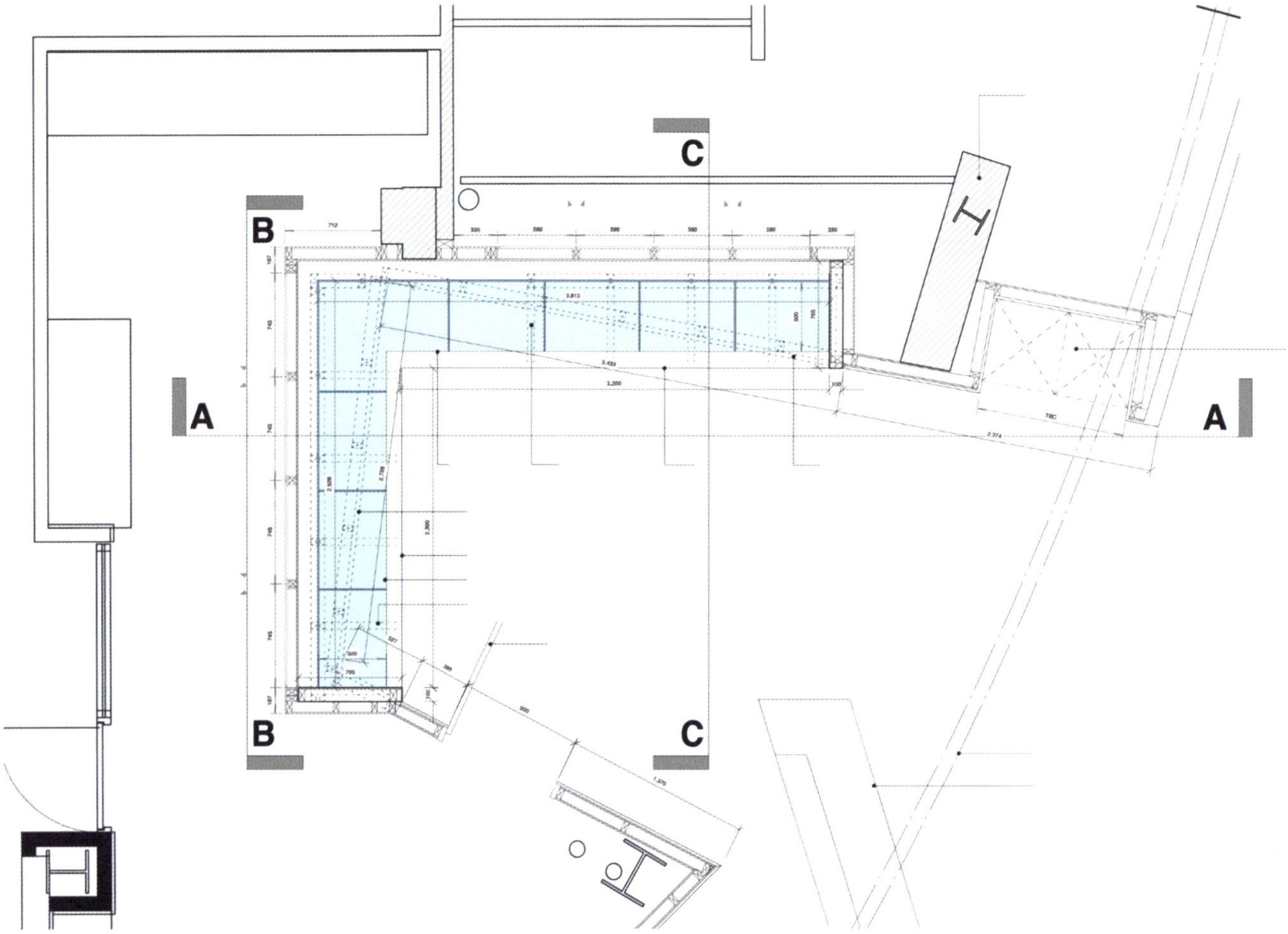

Da die einzelnen Räume dieses Vorhabens klein und mit komplizierten Details versehen sind, ist der Grundriss im Maßstab 1:20 angelegt. Die Zeichnung macht Gebrauch von anerkannten Konventionen. Vorhandene Bereiche wurden schraffiert oder von einer schwarzen Kontur umgeben, um sie von den neuen zu unterscheiden. Diese sind grau gezeichnet und detailreicher. Es werden bauliche Angaben gemacht wie die Rahmung und die Dicke der Gipskartonplattenverschalung. Hellblaue Flächen repräsentieren Glasregale. Intensiveres Blau repräsentiert senkrecht stehendes Glas.

Beschriftungen erläutern die visuelle Information. Jene in Großbuchstaben erklären die Bedeutung der Linien, Text in gemischter Schrift bezieht sich auf die Spezifikation und Konstruktion der einzelnen Elemente. Während die Beschriftung notwendigerweise mit etwas Abstand zur gezeichneten Information platziert wird, ist sie immer noch nah genug, um eine verständliche Verbindung dazu herzustellen.

Der Grundriss zeigt auch die Position der Schnitte mittels Schnittlinien. Die Schnitte liefern weitere allgemeine Information über Spezifikationen und vertikale Dimensionen. Die kennzeichnenden Buchstaben sind schwarz, damit sie auf dem Blatt auffallen. Ein generisches Detail wie diese Glasverbindung muss nur mit Worten identifiziert werden. Sie ist in voller Größe dargestellt, um Platz für lesbare Anmerkungen zu schaffen.

Beschriftung der Schnitte beziehen sich fast ausschließlich auf einzelne Elemente und folgt der Konvention gemischter Schrift. Jene Elemente, die näherer Erklärung bedürfen, sind in größerem Maßstab gezeichnet (1:5) und ihre Position in anderen Zeichnungen ist auf dem Schnitt mittels eines roten Kreises angezeigt. Besonderes Augenmerk sollte man auf die Verwendung von Schattierung und Farbe auf beiden Entwürfen richten, mit denen die neuen Bauelemente von vorhandenen abgesetzt werden und das Material mit dem geringsten optischen Gewicht identifiziert wird: Glas.

Seite links
Dieser Grundriss im Maßstab 1:20 wendet anerkannte Konventionen an, um einen kleinen Raum detailliert zu illustrieren.

Unten
Dieser Schnitt für dasselbe Vorhaben verwendet Blauschattierungen zur Darstellung von Glasflächen. Bereiche, die in weiteren Zeichnungen in größerem Maßstab dargestellt werden, sind rot eingekreist. Beide Zeichenmethoden entsprechen gängigen Konventionen.

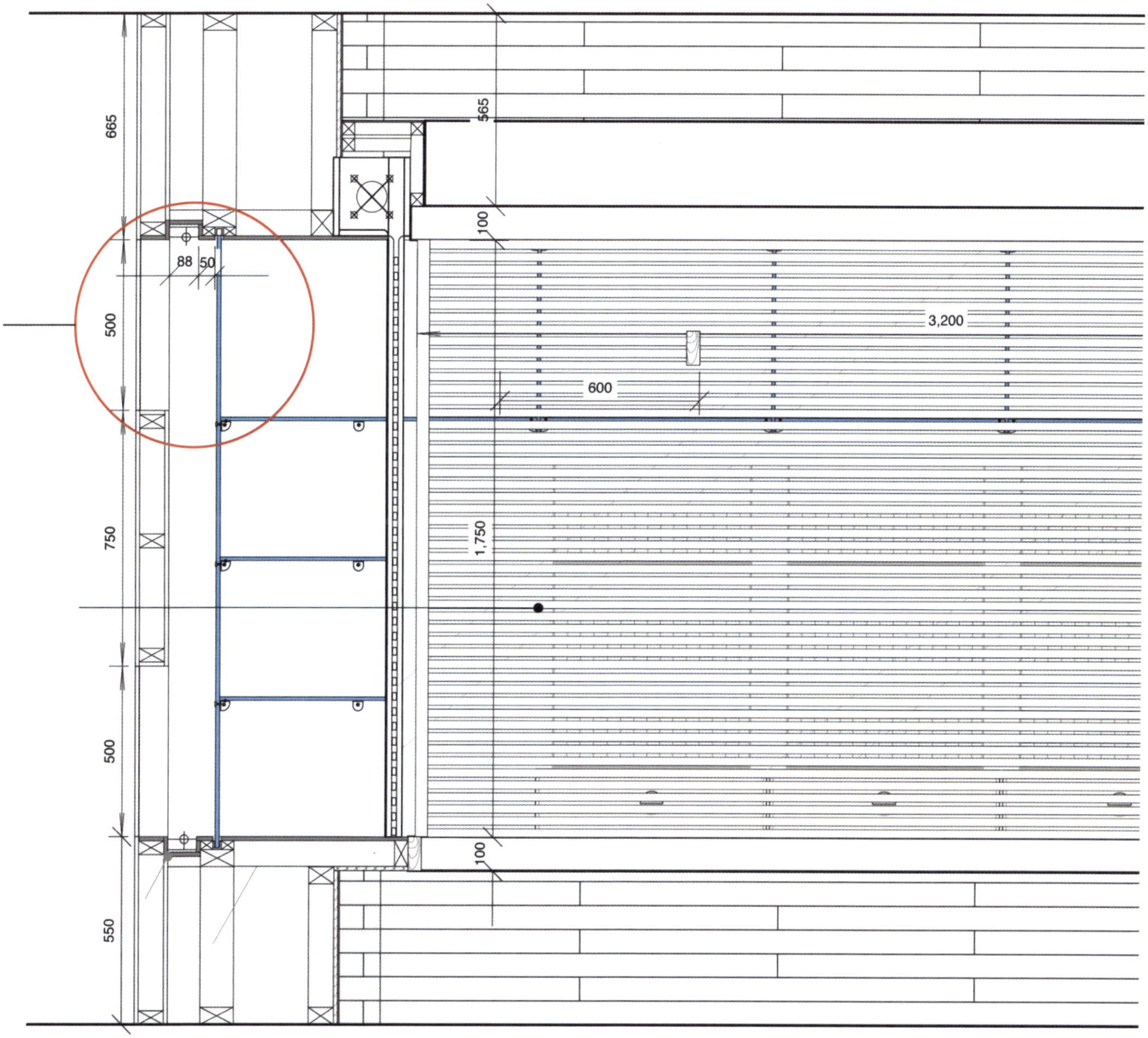

Rechte Seite
Die Schnitte im Maßstab 1:50 links legen das Verhältnis der Innenraumelemente zur bestehenden Gebäudehülle dar. Der Schnitt im Maßstab 1:20 rechts zeigt Baudetails in besser lesbarer Ansicht und bietet Raum für Beschriftungen. Diese sind beispielhaft für gut durchdachte kurze Formulierungen, die sämtliche für die Konstruktion wichtigen Informationen enthalten. (Es ist nicht üblich, frei stehendes Mobiliar zu beschreiben. Stuhl und Hocker visualisieren hingegen den Maßstab der Detailzeichnung rechts.)

Der Maßstab von Details, die am Computer ausgeführt werden, kann noch während der Arbeit am Bildschirm vergrößert werden, damit diese bei voller Größe – oder größer – geprüft werden können, sodass die dargestellten Elemente akkurat beurteilt werden. Zur Weitergabe lassen sie sich anschließend automatisch auf einen präziseren Maßstab reduzieren. Schriftliche Anmerkungen können in Schreibgeschwindigkeit hinzugefügt und ausgebessert werden, ohne die hinderlichen Komplikationen der früher verwendeten Schablonen und ohne die Gefahr von Fehlinterpretationen, die bei handschriftlichem Text bestand.

Da Computerzeichnungen in mehreren separat abgespeicherten Bearbeitungsebenen angelegt werden können, ist es nun machbar, Entwürfe speziell für einzelne Gewerke und Fachlieferanten anzufertigen. Während es früher zweckdienlich war, mittels einer einzigen Zeichnung Information über eine Reihe unterschiedlicher Aktivitäten zu kommunizieren, ist es heute ebenso einfach, jeweils eine eigene Zeichnung zu generieren und individuelle Anweisungen klar zu übermitteln. Dies verringert nicht nur das Risiko von Irrtümern, sondern erleichtert den einzelnen Spezialisten die Arbeit und räumt Zweideutigkeiten aus, die aus komplexen Gesamtanweisungen resultieren können.

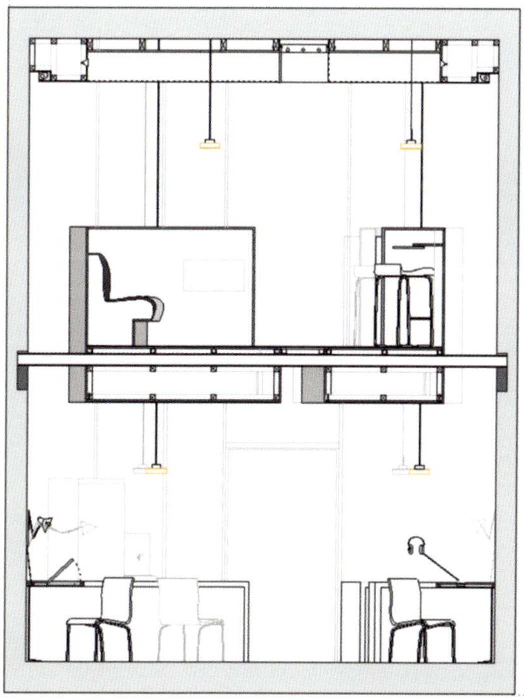

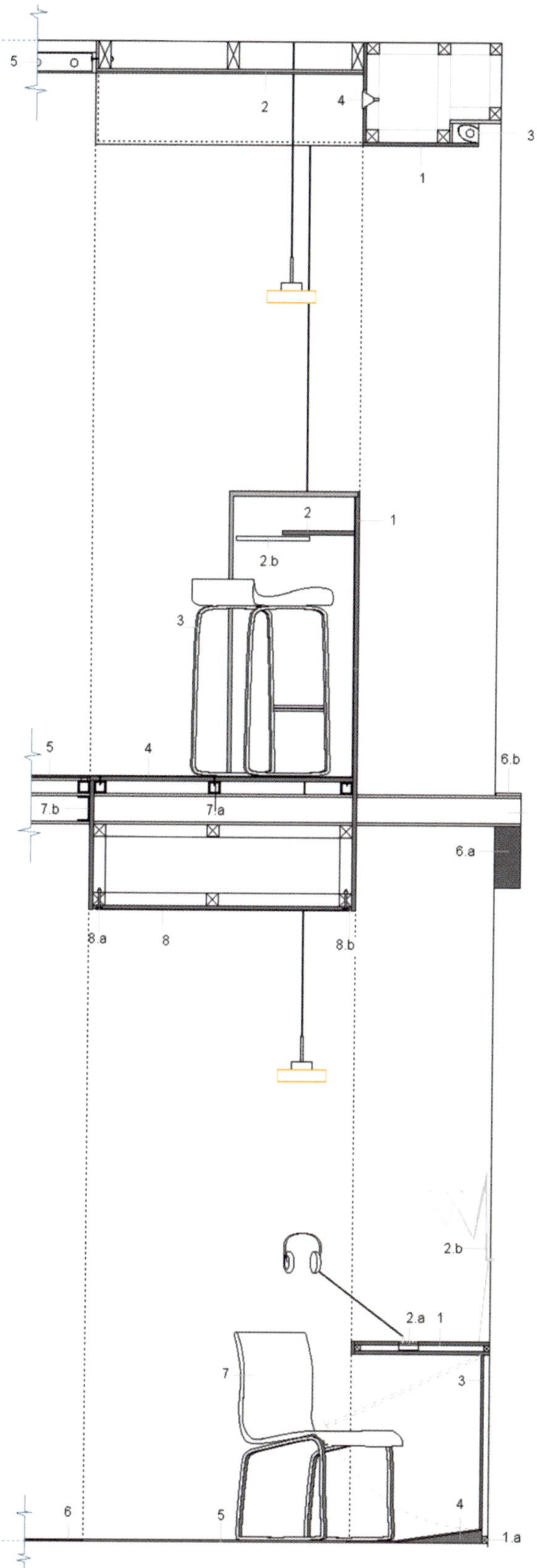
5
2
4
3
1
2
1
2.b
3
5
4
6.b
7.b
7.a
6.a
8.a
8
8.b
2.b
2.a
1
7
3
6
5
4
1.a

Erläuterungen

Für die Beschriftung von Entwürfen sind ein spezifisches Vokabular und eine eigene Grammatik üblich, die man sich aneignen und anwenden sollte. Technische Begriffe und Phrasen sollte man beherrschen, denn eine falsche Terminologie kann die Glaubwürdigkeit auf der Baustelle ernsthaft untergraben.

Beschriftungen müssen kurz gefasst werden, eher Phrasen als ganze Sätze, rein sachlich formuliert. Es handelt sich um Anweisungen an den Vertragspartner, die keinerlei Erklärung der ästhetischen Intentionen oder der erwarteten Effekte beinhalten sollten. Generell sind drei sachliche Angaben zu machen: die Bezeichnung des Materials oder des Objekts, die Angabe der Maße sowie die präzise Beschreibung des Konstruktions- bzw. Installationsverfahrens (z.B. „10 mm Sperrholz an 94 x 44 Fachwerkträger geschraubt"). Man kann davon ausgehen, dass diese drei Angaben zu jedem einzelnen Element innerhalb einer Detailzeichnung gemacht werden müssen. Ist eine davon unnötig, da offensichtlich, kann sie weggelassen werden. Sind anderweitig Unklarheiten zu vermuten, sollten diese auch durch Zusatzinformation erklärt werden. Der Architekt muss das Konstruktionsverfahren aller Elemente visualisieren und entscheiden, ob dies verständlich und präzise in der Beschriftung erfolgt. Es sollte für ihn offensichtlich sein, an welcher Stelle er Information ergänzen muss.

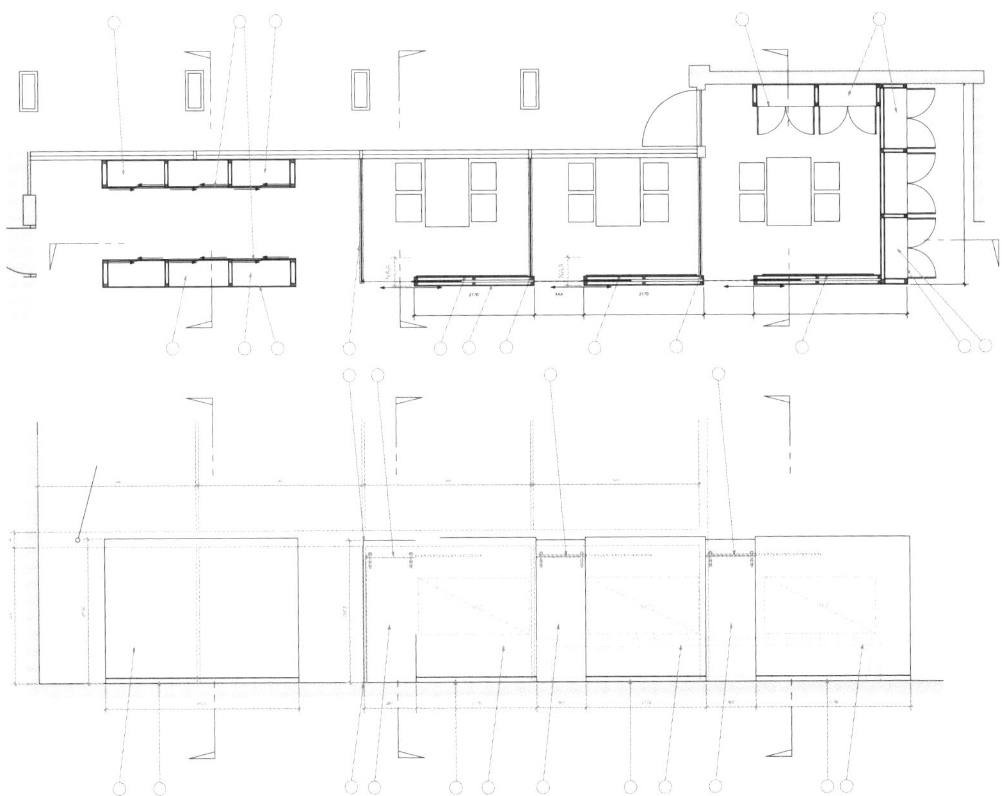

Rechts
Fertigungszeichnungen enthalten fast immer Maße und Beschriftungen. Dies mag einen Entwurf unübersichtlich wirken lassen. Eine Lösung hierfür ist, Bemaßungen auf dem Hauptentwurf anzugeben, zusammen mit Ziffern, die sich in diesem Fall auf Notizen zur Leistungsbeschreibung beziehen, die in der Spalte rechts angegeben sind. Solche Beschriftungen sollen sicherstellen, dass die Arbeit in zufriedenstellender Qualität ausgeführt wird. Man sollte die Standardangaben in der Ecke oben rechts lesen, die die Vertragspartner für die Qualität verantwortlich machen und fordern, dass alle Entscheidungen vom Architekten abgesegnet werden müssen.

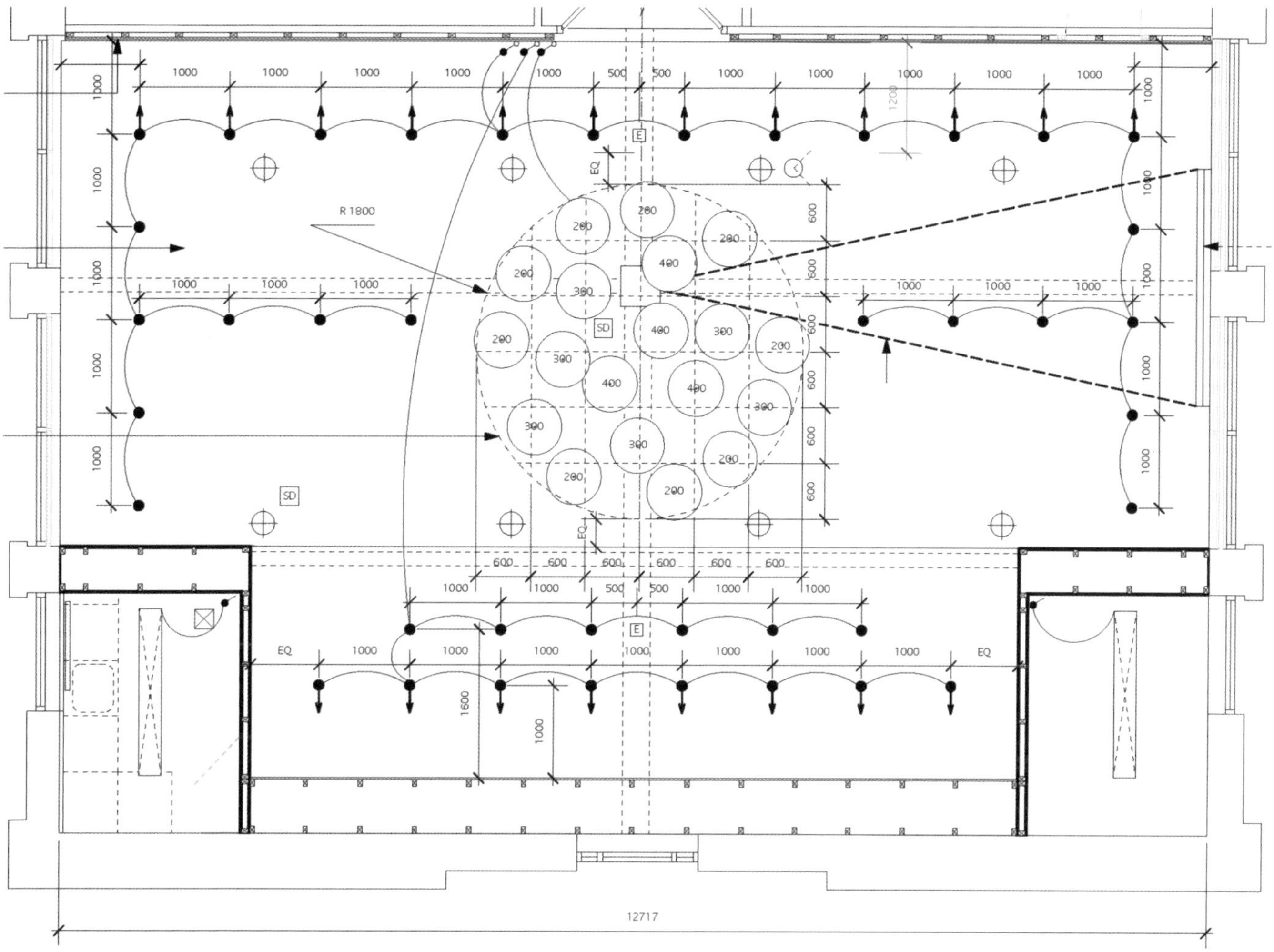

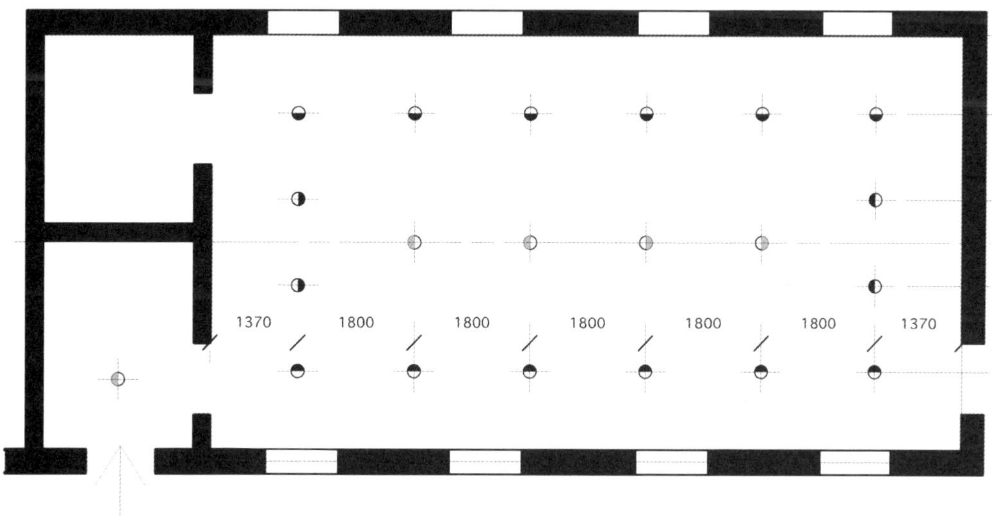

Links und oben
Wie komplex Entwürfe sind, bestimmt die Komplexität des Vorhabens. Der Grundriss oben enthält Detailangaben, einschließlich die Höhen von Hängelampen an verschiedenen Stellen. Der linke Grundriss ist weniger mit Information überfrachtet: Unterputzmontagen erfordern keine Höhenangaben.

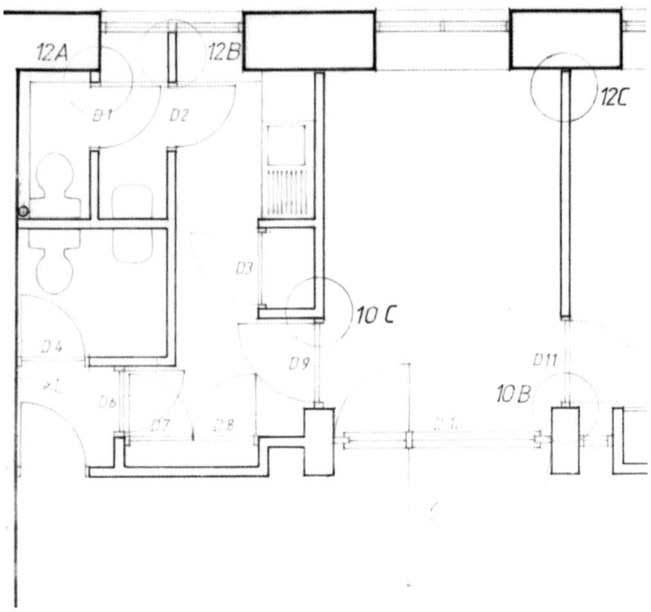

Oben
Die Kreise zeigen Bereiche an, für die Detailentwürfe generiert wurden. Die Ziffern bezeichnen den Entwurf, der diese Information darstellt, und der Buchstabe identifiziert das entsprechende Detail. Türen sind nummeriert, z.B. D1, sodass für jede der Rahmen sowie Beschläge und Scharniere in einer separaten Zeichnung spezifiziert werden können.

Unten
Die Nummer des Entwurfs wird in Fettschrift in der rechten Ecke angegeben. Buchstaben, die Details identifizieren (die in diesem Fall den Plan des Architekten an den Stellen, an denen neue Innenwände auf existierende Strukturen treffen, weiter ausführen) werden ebenso hervorgehoben.

Bezifferung und Querverweise

Fertigungs- und Detailzeichnungen erfordern intelligente Anordnung, Nummerierung und Querverweise. Grundrisse und Schnitte sind Mittel, einen Überblick über ein Vorhaben zu vermitteln. Sie zeigen die präzise Position und Länge von Wänden und anderen wichtigen Elementen im Falle eines Grundrisses und Höhen im Falle eines Schnittes. Bei der Darstellung von Dimensionen ist es Standardpraxis, die Maße auf wichtige Punkte innerhalb der Struktur zu beziehen. Manche generische Information für die Fertigung – Materialien für Wandkonstruktionen sowie Boden- und Wandausführungen – sollten ebenfalls auf Grundrissen und Schnitten vermerkt werden.

Wenn jedoch sehr spezifische Angaben über die Materialien und Konstruktion z.B. einer Verbindungsstelle zwischen einer neuen Wand und einer bestehenden Struktur benötigt werden, sollte dies in größerem Maßstab gezeichnet werden – und eventuell auf einem separaten Blatt. In einem solchen Fall ist es Standardpraxis, die Position des Details anzugeben, einen Querverweis mittels einer einmalig vergebenen Ziffer anzubringen und die Nummerierung des Blattes anzugeben, auf dem es dargestellt ist (z.B. „Detail C, Zeichnung 53"). Für weitere Details, z.B. Einfassungen und Unterbalken, die das gesamte Vorhaben durchziehen, braucht keine spezifische Position angegeben zu werden, sie sollten jedoch ebenfalls nummeriert werden, um die Kommunikation zwischen Architekt und Arbeitern zu erleichtern.

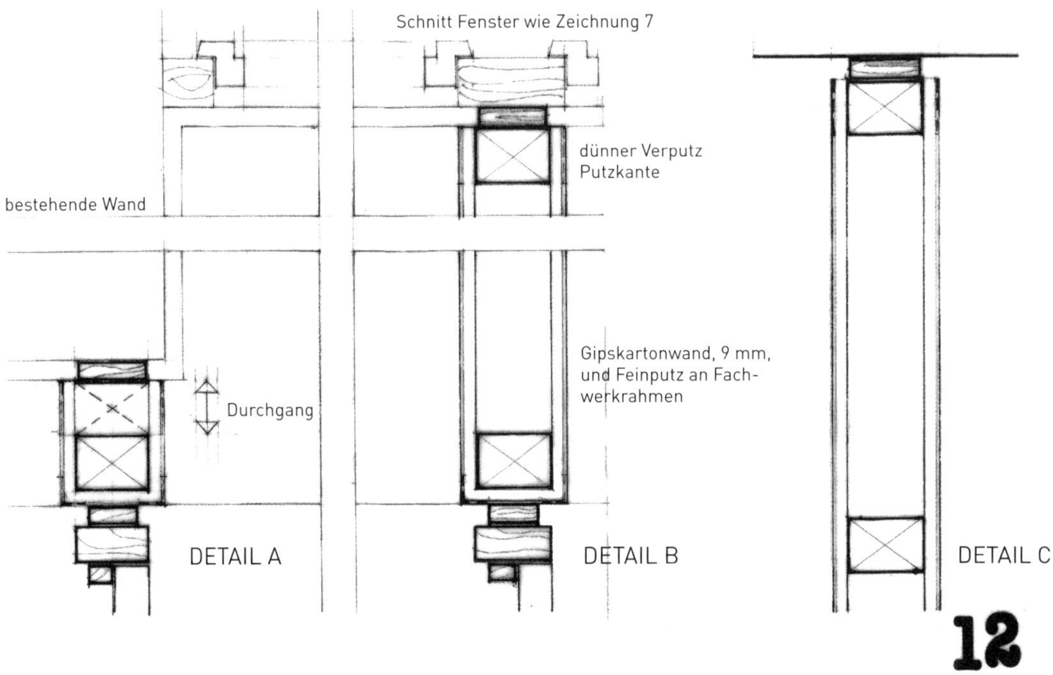

Nachbessern

Es ist nicht unüblich, Entwürfe vor Abgabe des Angebots oder nach Beginn der Arbeiten auf der Baustelle nachzubessern. Das bedeutete früher, dass Bleistift- oder Tuschelinien aufwendig entfernt werden mussten, worunter das Zeichenpapier litt. Heutzutage lassen sich Computerzeichnungen ändern, ohne dass Spuren des ursprünglichen Fehlers zurückbleiben. Es müssen jedoch alle in den Bau involvierten Personen davon in Kenntnis gesetzt werden, dass und an welcher Stelle Änderungen vorgenommen wurden.

Wenn alle betroffenen Pläne geändert wurden, sollte dies in einem „Nachbesserungskasten", meist eine vertikale Spalte rechts von der Zeichnung, mit Datum aufgeführt und durch eine Zahl oder einen Buchstaben gekennzeichnet werden (z.B. „Nachbesserung C, Verlegung der Bürotür").

Der Ziffer des Blattes bzw. der Blätter, die von der Nachbesserung betroffen sind, wird der Buchstabe oder die Zahl der letzten Nachbesserung angehängt. Beispielsweise erhält ein Entwurf mit der Bezifferung 23B, der bereits zweimal nachgebessert wurde (A und B) die Nummer 23C, wenn Nachbesserung C hinzugefügt wurde. Es ist üblich und vorteilhaft, jedem, der in den Bauprozess einbezogen ist, einen Ausdruck der nachgebesserten Zeichnung zu übergeben. Alle Betroffenen müssen über alle Änderungen informiert werden aufgrund einer möglichen und manchmal unvorhergesehenen Auswirkung auf andere Aktivitäten auf der Baustelle.

Unten
Tabelle mit Nachbesserungen als Ergänzung zu einer Fertigungszeichnung. Die Buchstaben in der linken Spalte identifizieren die jeweilige Nachbesserung, erscheinen aber nicht auf dem Entwurf selbst, wo die Beschriftung Änderungen deutlich macht. Die rechte Spalte enthält das Datum, an dem die Nachbesserungen durchgeführt und den Vertragspartnern mitgeteilt wurden.

Revision	Details	Datum
A	Grundstücksgröße eingetragen. Zentrale Wand nachgebessert. Fluchtweg geändert.	08.02.07
B	Brandschutzsymbole eingetragen.	21.02.07
C	Fluchtweg neu konzipiert. Neue Maßangaben für Möbel eingetragen. Notizen der Handwerker nachgebessert.	01.03.07
D	Fluchtkorridor verbreitert. Fluchttüren verbreitert. Elektrisches Hinweisschild hinzugefügt.	30.03.07
E	Rampe zwischen Bereichen dargestellt.	23.04.07
F	Sichtfenster und Feuerwiderstandsklasse der Brandschutztür angegeben. Unterschiede in Bodenhöhe ausgeglichen.	03.05.07
G	Deckendetail ausgebessert. Fußbodenneigung versetzt.	18.05.07
H	Sackgasse in Richtung Fluchtweg verkürzt.	23.05.07
J	Fluchtweg neu ausgerichtet.	01.06.07

Mit Vertragspartnern zusammenarbeiten

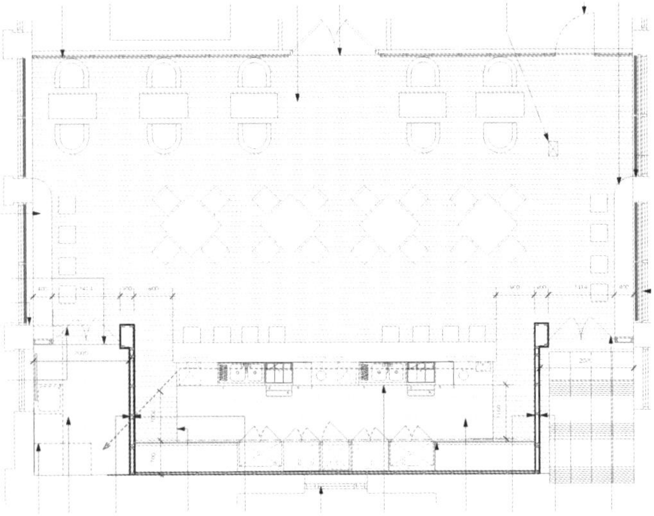

Oben
Die Architektenzeichnung legt Lageplan und Dimensionen fest. Materialien und praktische Anforderungen werden mit dem Vertragspartner erörtert.

Vertragspartner werden, insbesondere wenn sie für hochspezialisierte Arbeiten verantwortlich sind, häufig einfachere und kostengünstigere Lösungen vorschlagen. Vertraut der Architekt darauf, dass das Resultat ästhetisch akzeptabel ist, wird er sich den Anforderungen der Praxis unterordnen, wenn alles dafür spricht, die angebotene Alternative zu akzeptieren. Es scheint dann vernünftig, die Vertragspartner zu einer Qualitätsgarantie und eventuell einer Kostensenkung zu verpflichten. Auf der Baustelle sollte alles reibungslos funktionieren, wenn die Fertigungszeichnungen vollständig und aussagekräftig sind, die individuellen Verantwortlichkeiten geklärt und die Betroffenen zuversichtlich sind, dass das Ergebnis zufriedenstellt.

Bei speziellen Lieferanten wie z.B. Möbelherstellern ist es gängige Praxis, einen Vertragspartner aufgrund eines Angebots auszuwählen, das auf Architektenentwürfen basiert, die Konfiguration und Spezifikation der Elemente angeben, nicht aber Konstruktionstechniken. Man sollte bedenken, dass Arbeiten besser und ökonomischer ausgeführt werden, wenn Hersteller die Techniken anwenden können, für die ihre Maschinen optimiert sind. Solche Spezialisten werden ihre eigenen detaillierten Fertigungszeichnungen liefern und sie sollten diese dem Architekten zur Freigabe übergeben, bevor sie mit ihrer Arbeit beginnen. Der Architekt wird vor allem prüfen, ob Änderungen vorgesehen sind, die seine ästhetische Absicht beeinträchtigen, weil die Spezialisten Verantwortung für die praktische Durchführung übernehmen.

Ein Architekt sollte nicht erwarten, über alles Bescheid zu wissen. Als Person, die die oberste Verantwortung für den Erfolg eines Vorhabens hat, muss er eher einen kritischen Blick auf das Voranschreiten der Arbeiten haben, um die Interaktion zwischen ästhetischer Intention und praktischen Erwägungen im Auge zu behalten.

Entwürfe sollten nicht kompliziert sein. Dies kann jedoch bei detailgenauen Interieurs unvermeidlich sein, da so viel Information enthalten sein muss, dass für die um eine Ausschreibung konkurrierenden Anbieter Arbeitsumfang und Ausführungsqualität klar ersichtlich sind und kein Raum für Mehrdeutigkeiten bleibt, die später auf der Baustelle zu Konflikten führen können.

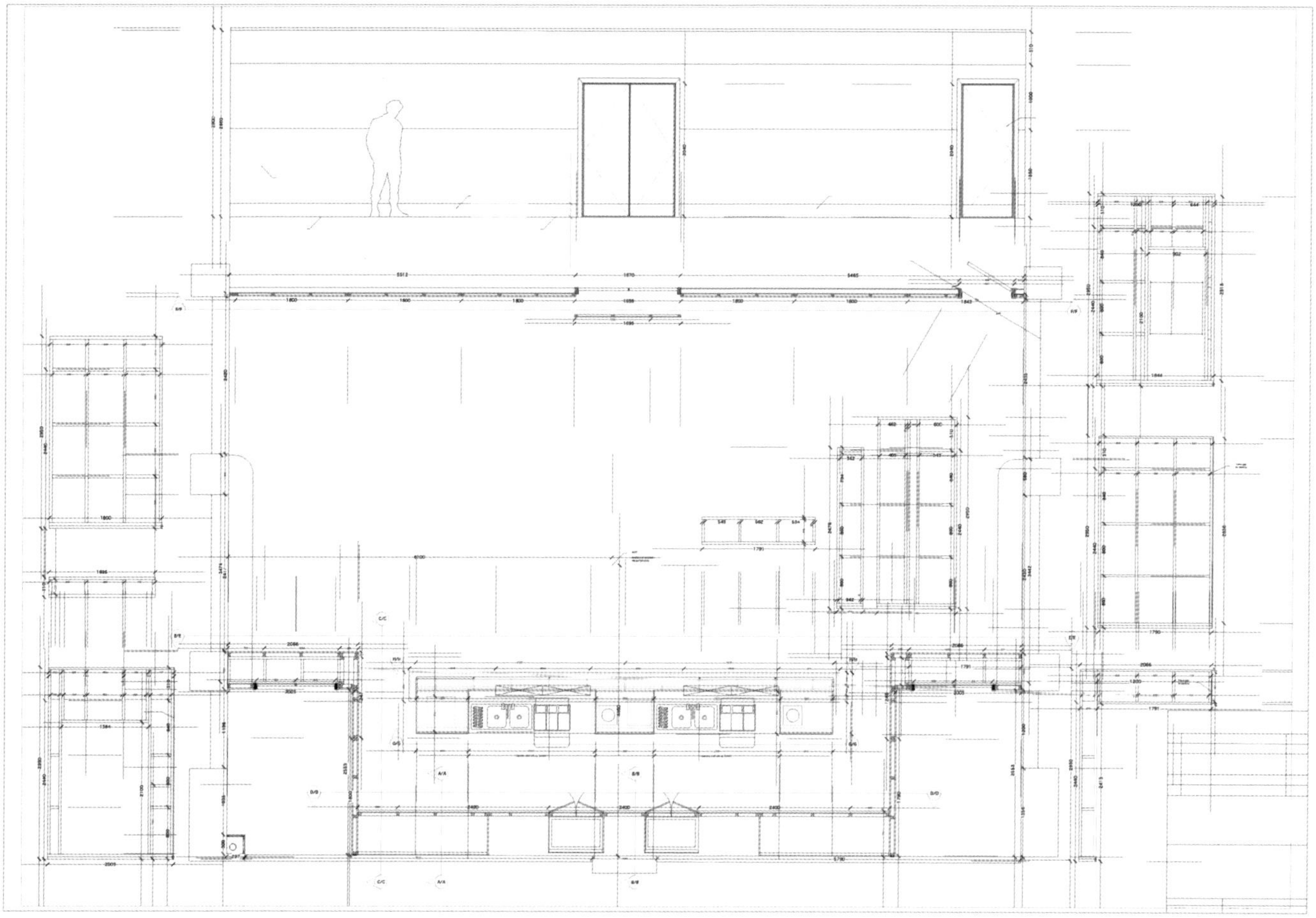

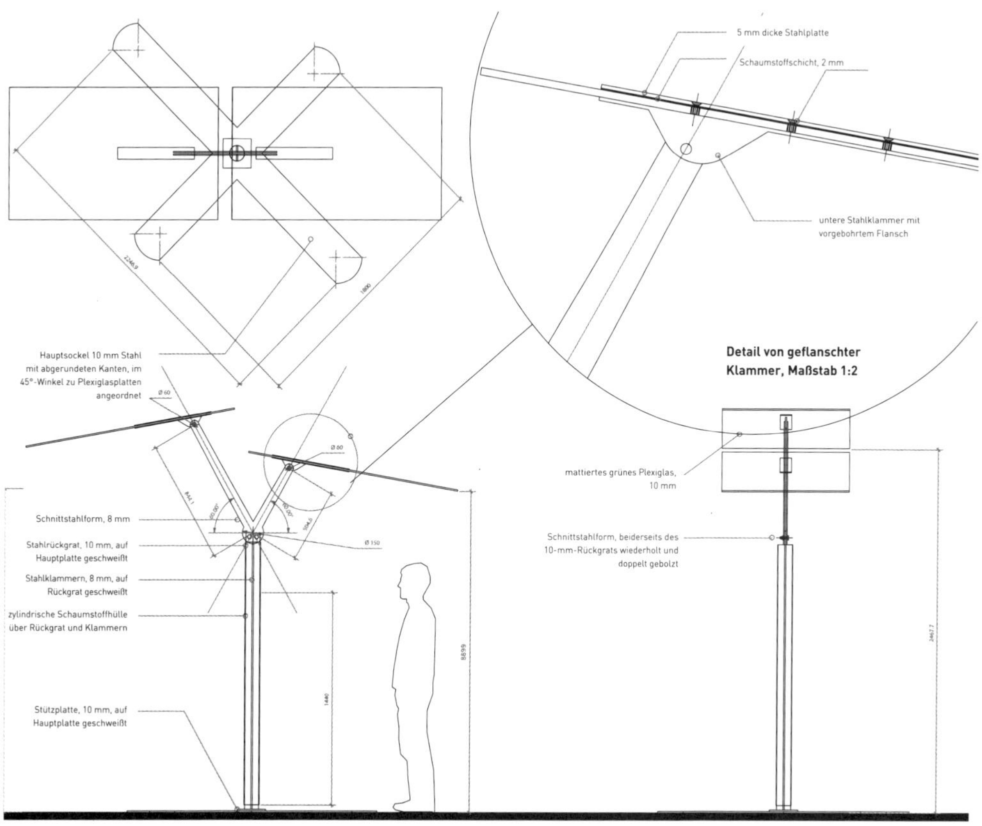

Oben

Die Zeichnung des Vertragspartners stellt spezifischere, für die Herstellung erforderliche Detailinformation dar. Sie wird dem Architekten vor der Fertigung zur Freigabe übergeben.

Links

Während Entscheidungen bezüglich der Produktion einfacher Möbel- und Einrichtungsstücke wie Lagereinheiten und Arbeitsflächen weitgehend dem Vertragspartner überlassen werden können (mit der Bedingung, dass er seine Entscheidungen freigeben lässt), ist es wichtig, dass er ungewöhnliche und vielleicht neuartige Objekte mit größerer Detailgenauigkeit darstellt. Architekten sollten endgültige Entscheidungen über die Herstellung mit dem ausgewählten Lieferanten besprechen, der wahrscheinlich mit seinem Spezialwissen auch finanzielle Entscheidungen beeinflusst.

Bauablauf

Die folgenden Zeichnungen wurden angefertigt, um den Bau eines Ausstellungsbereichs in einem Museum zu erläutern. Während die Struktur vergleichsweise einfach war, war die Form aus dem Grundriss und den Schnitten heraus schwierig zu verstehen. Es wurden daher dreidimensionale Bilder generiert, um die Absicht des Architekten zu zeigen. Wären die Entwürfe für dieses Vorhaben von Hand angefertigt worden, wäre es zwar möglich – und in der Tat notwendig – gewesen, dieselbe Information über Ansichten und Konstruktionstechniken zu liefern, die Anfertigung der dreidimensionalen Zeichnungen wäre aber äußerst schwierig und zeitaufwendig gewesen.

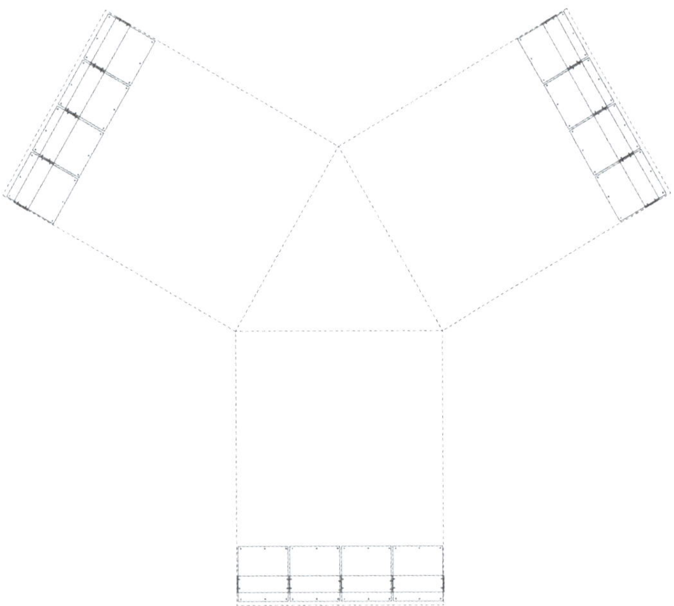

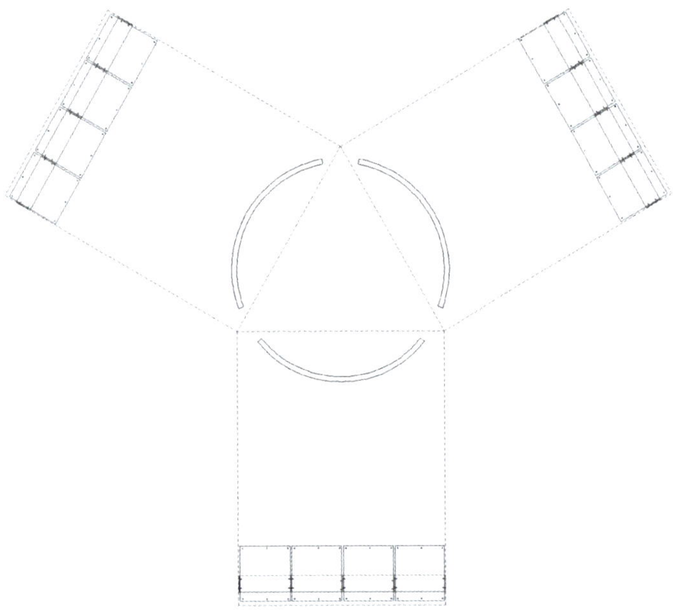

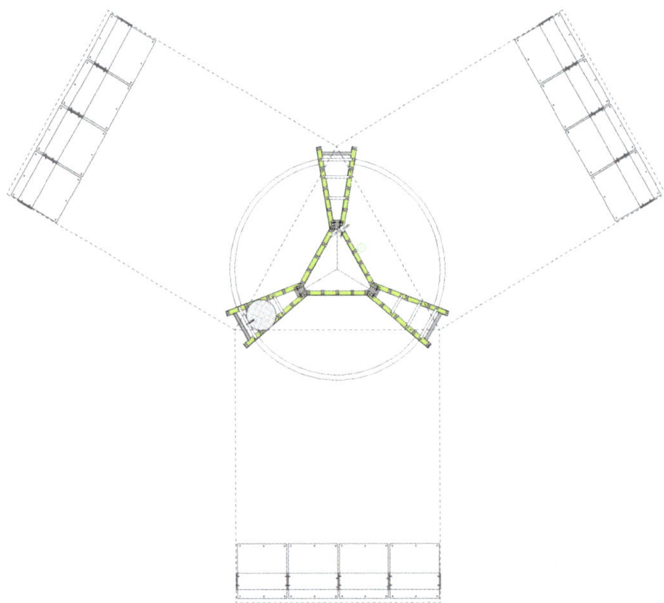

01
Jeder Entwurf wird in „Layers“, Bearbeitungsebenen, angelegt und diese ergeben, übereinandergelegt, ein fertiges Gesamtbild. Jede Bearbeitungsebene kann später nachbearbeitet werden, ohne dass das Ganze aufwendig neu gezeichnet werden muss.

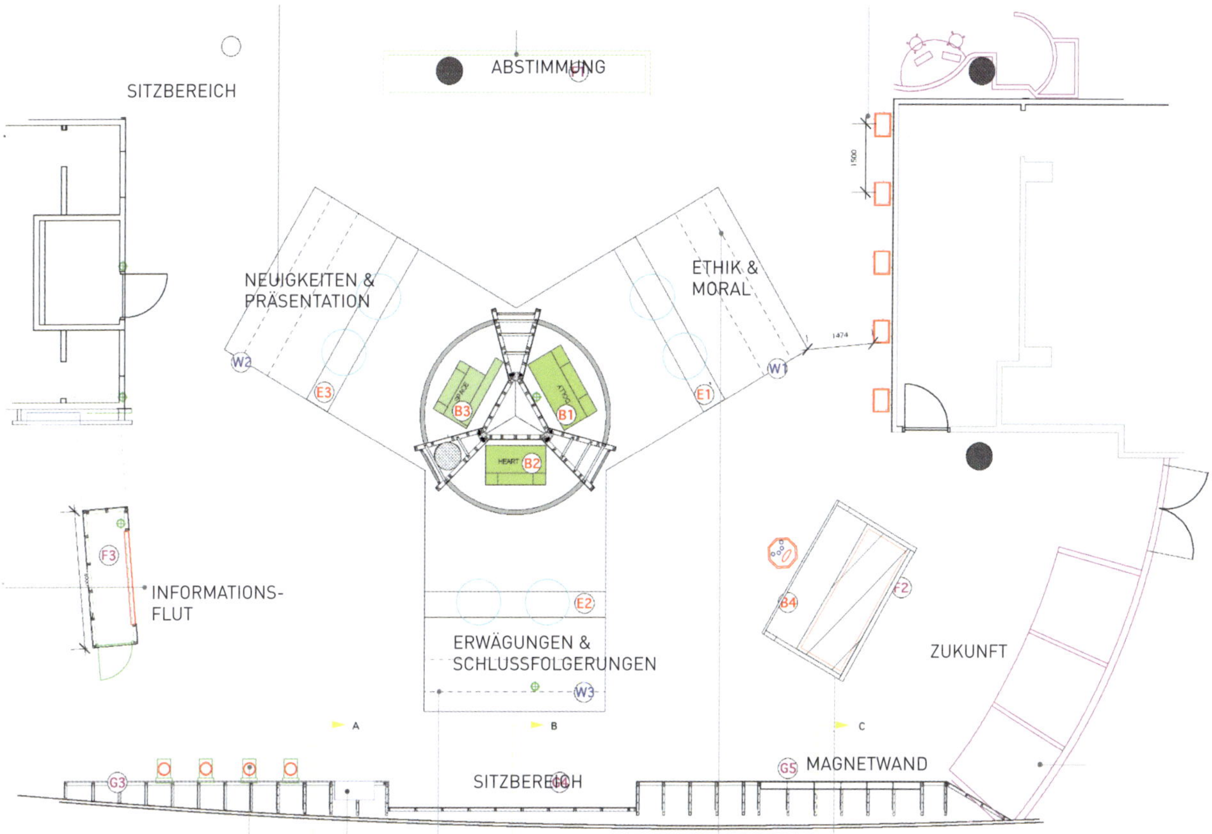

02
Der erste Grundriss zeigt das dreiseitige Element im Kontext mit anderen Ausstellungsstrukturen.

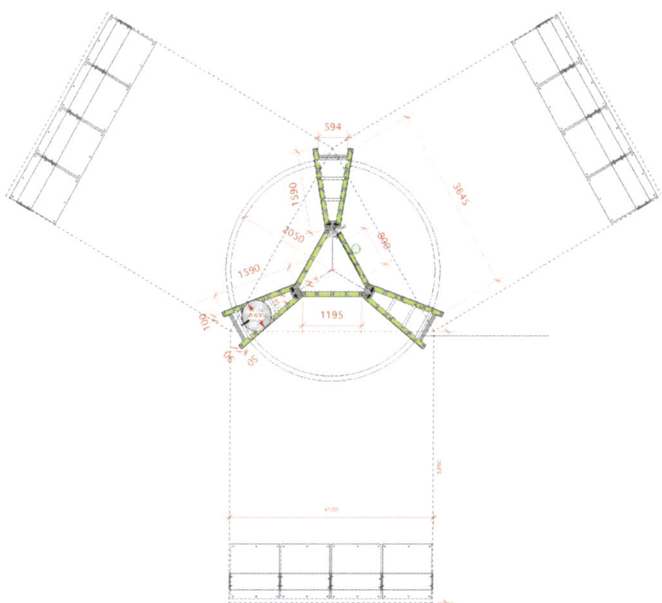

03
Der zweite Grundriss gibt kritische Dimensionen an und beschreibt Konstruktions- und Fertigungsprinzipien.

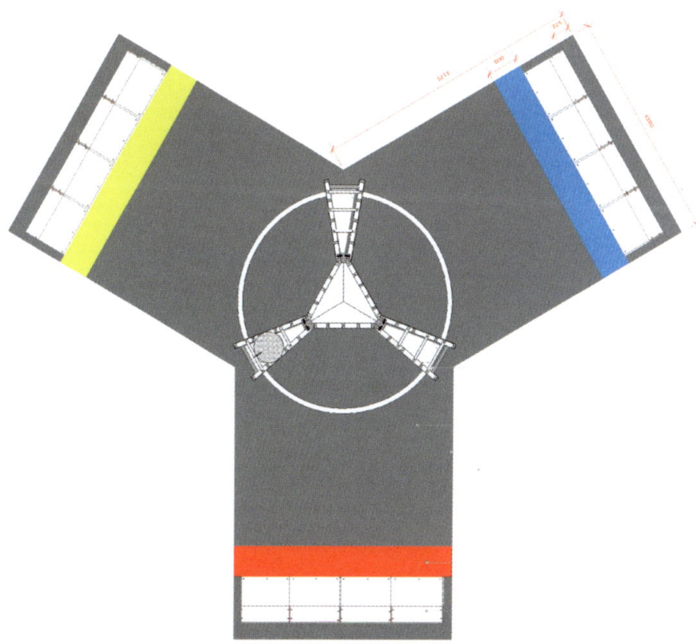

04
Entwurfsvarianten können für unterschiedliche Gewerke angefertigt werden.

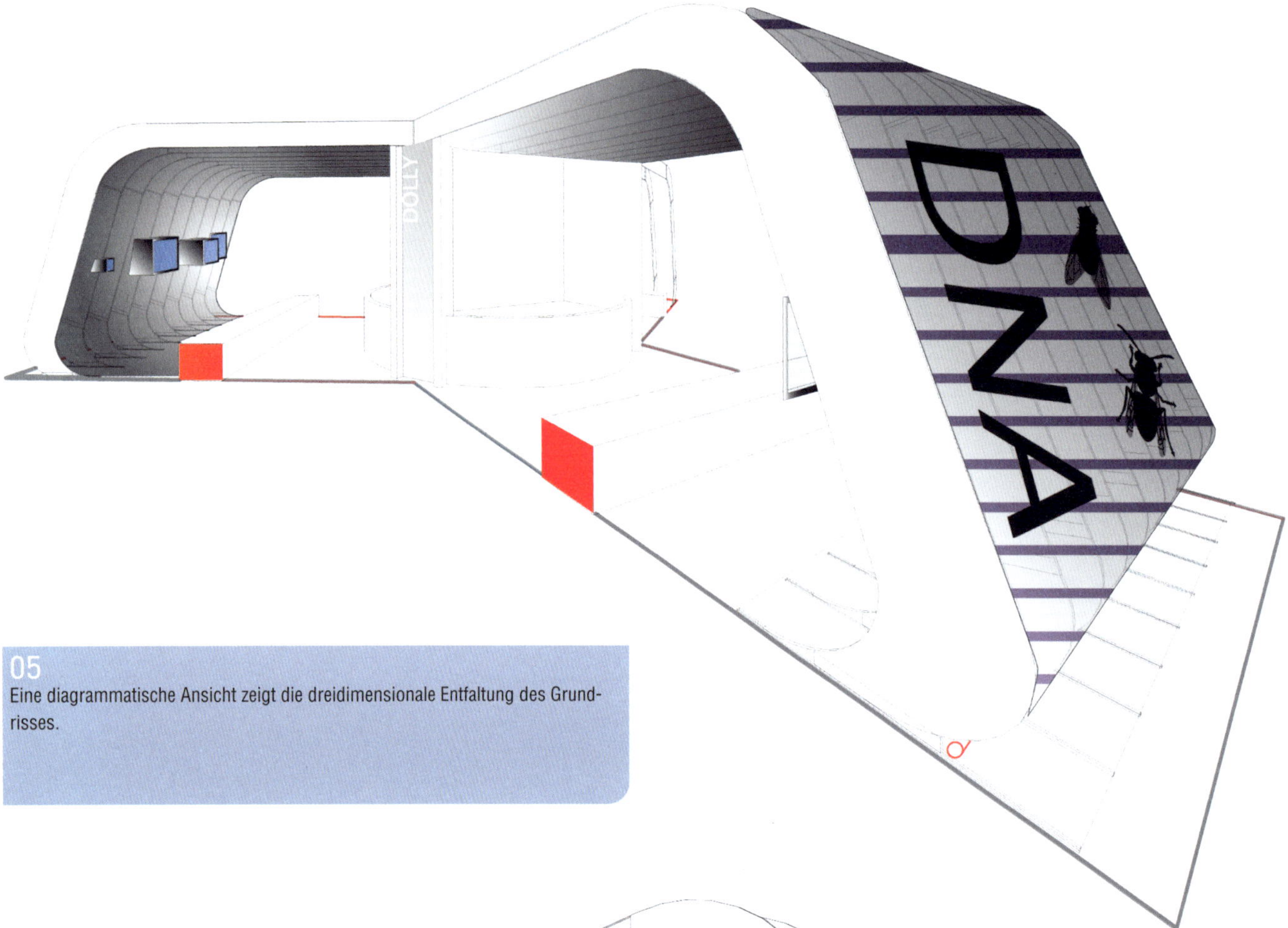

05
Eine diagrammatische Ansicht zeigt die dreidimensionale Entfaltung des Grundrisses.

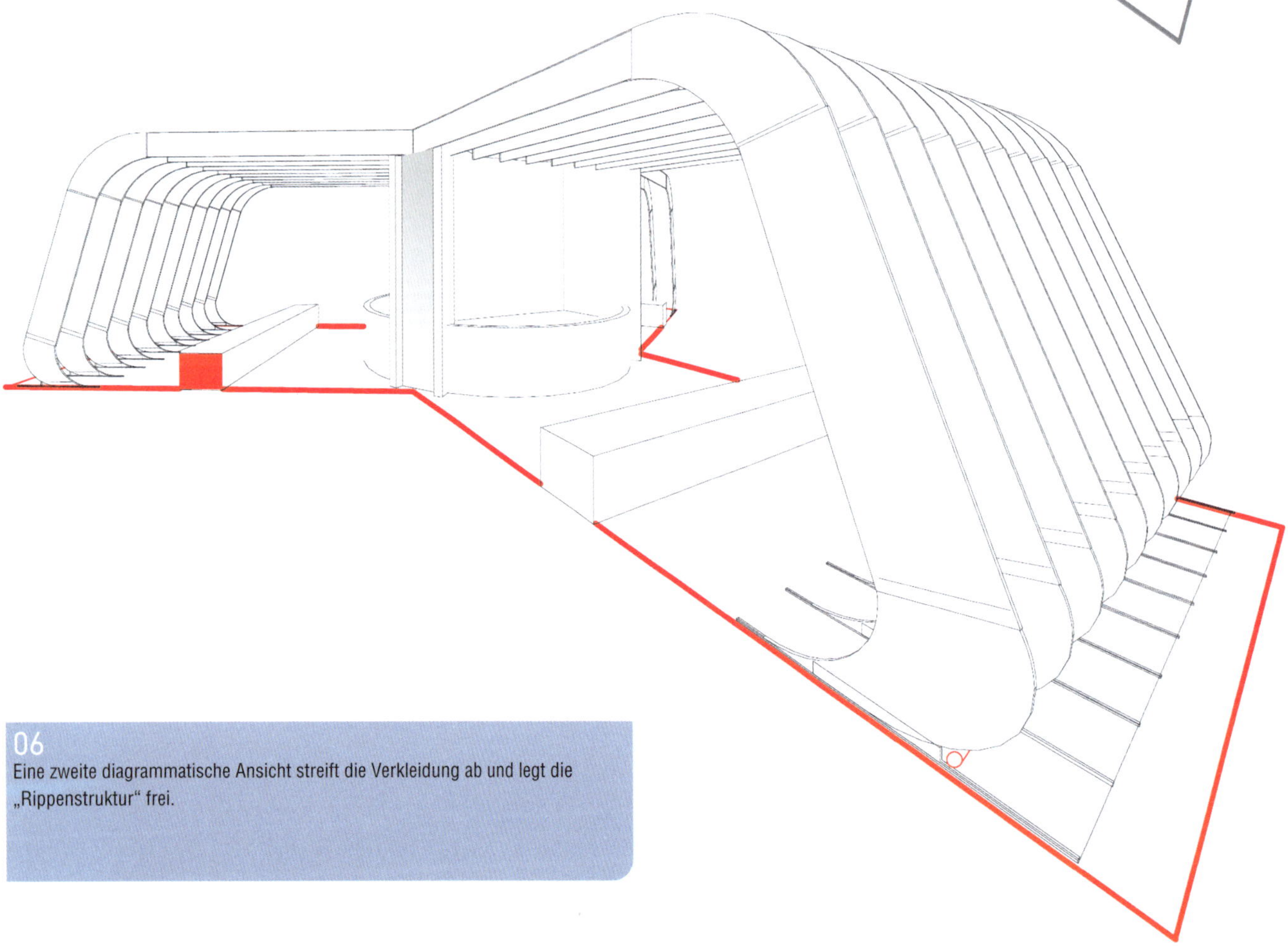

06
Eine zweite diagrammatische Ansicht streift die Verkleidung ab und legt die „Rippenstruktur“ frei.

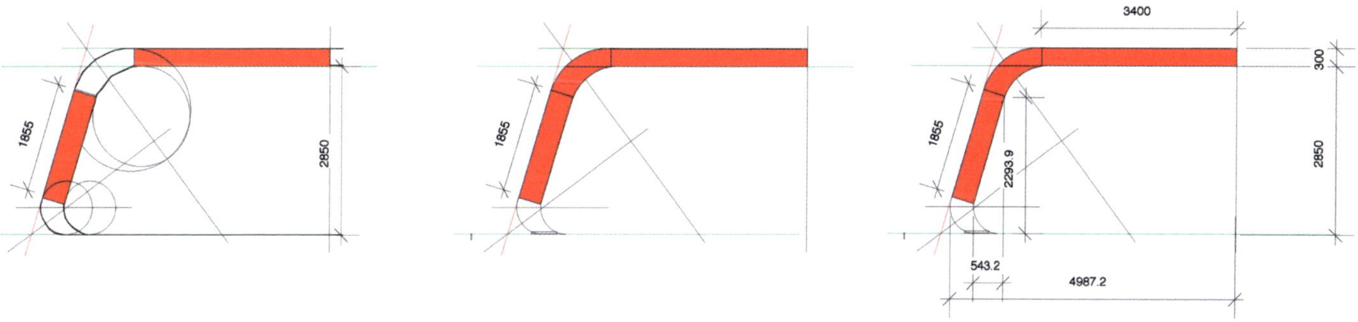

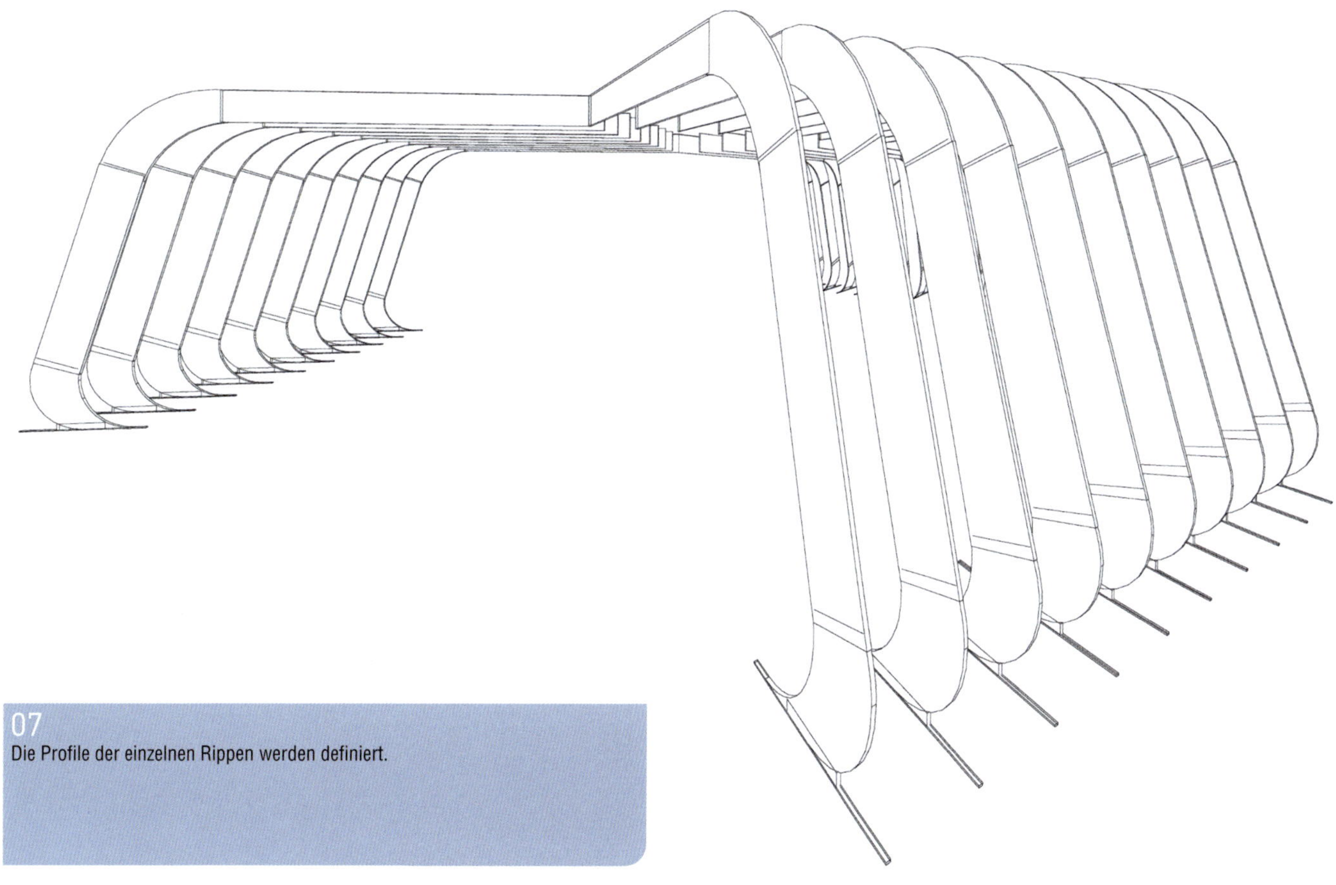

07
Die Profile der einzelnen Rippen werden definiert.

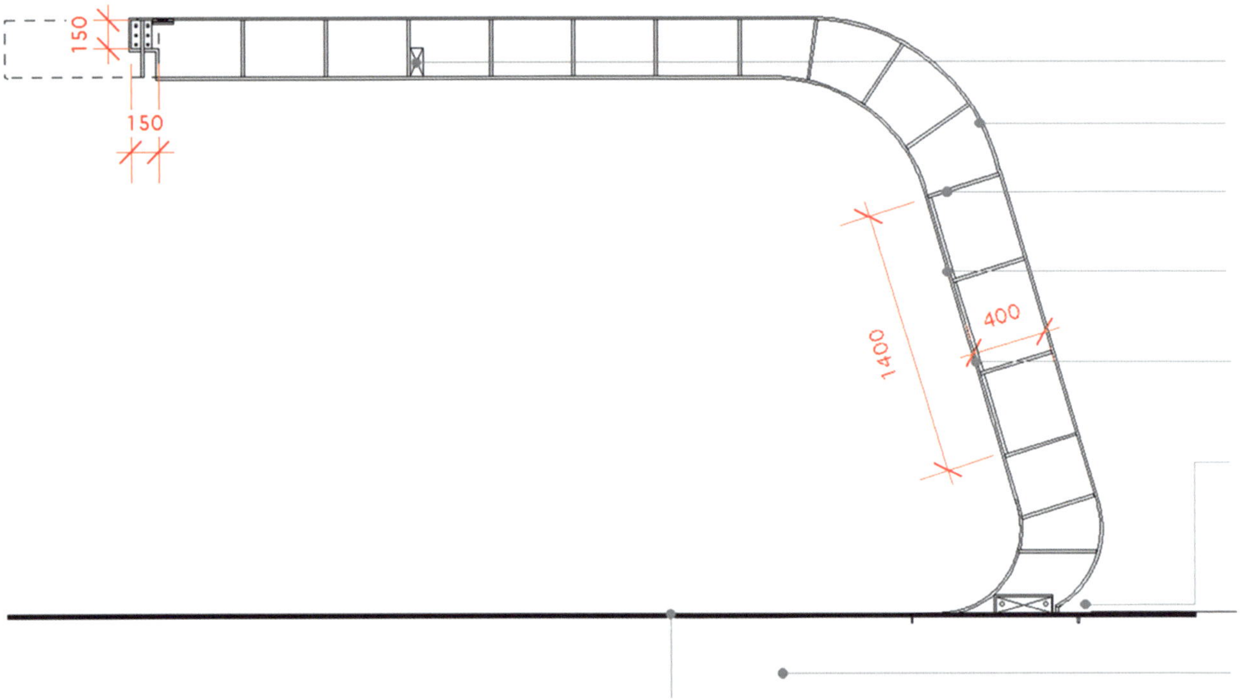

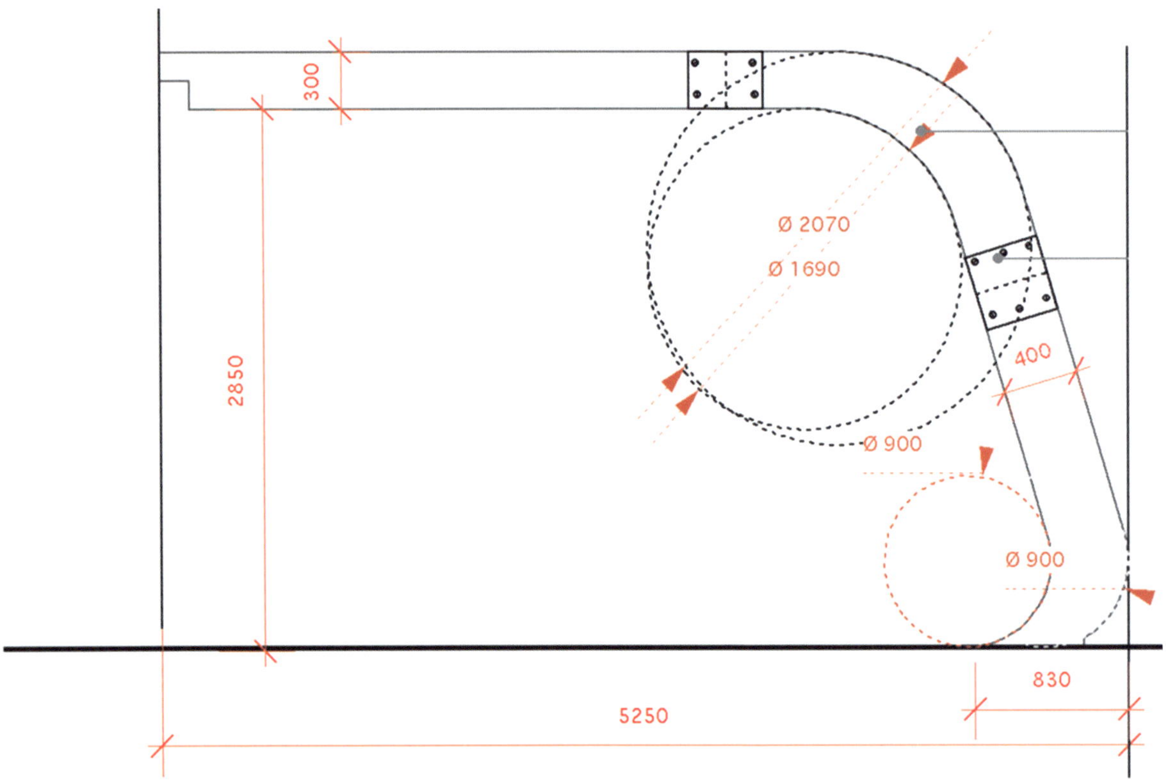

08

Dieser zusammengesetzte Entwurf kommuniziert die restliche Information über Dimensionen und Befestigungen, ergänzt durch erklärende dreidimensionale Diagramme.

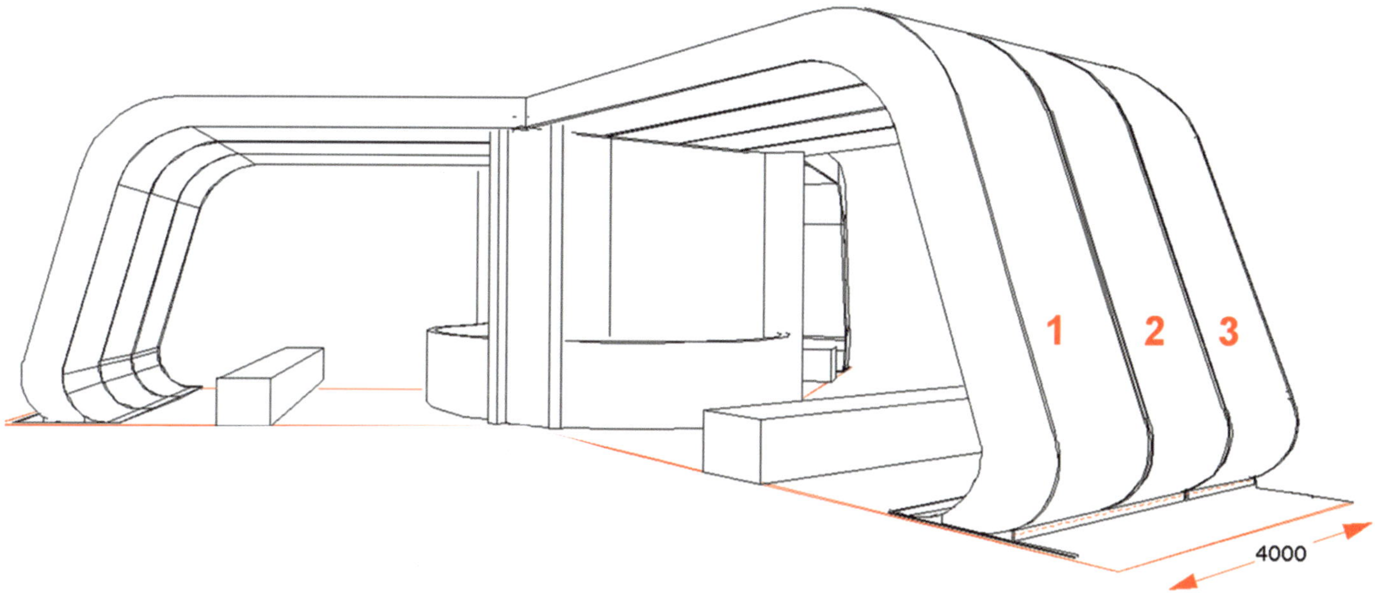
1
2
3
4000

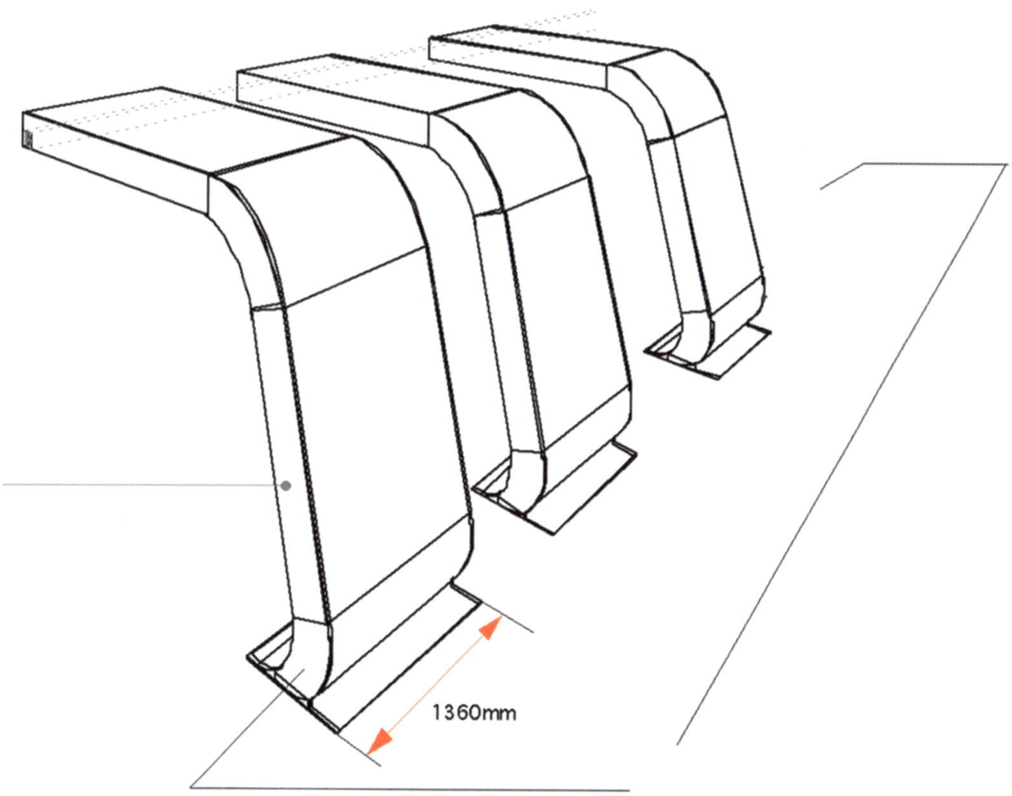
1360mm

Glossar 184

Register 186

Bildnachweis 190

Dank des Autors 192

Glossar

Es gibt einige Begriffe im Zusammenhang mit der Praxis des Zeichnens in der Innenarchitektur, die zwar mehr oder weniger von jedermann verstanden werden, aber oft frei und individuell interpretiert werden. So entstanden Mehrdeutigkeiten, die durch die Einführung neuer Technologien und deren Begrifflichkeiten noch komplizierter wurden. Zur Klärung sollen hier die wichtigsten in diesem Buch verwendeten Begriffe und Formulierungen definiert werden.

Zeichnung

Laut Wörterbuch ist eine Zeichnung *„ein Bild oder ein Plan, der mit Hilfe von Linien auf einer Oberfläche erstellt wird, insbesondere ein Bild, das mit einem Bleistift oder einem Stift angefertigt wurde"*. Diese Definition war bis zur Einführung des Computers richtig und trifft heute mehr oder minder immer noch zu, sofern man den Computer zur Liste der Zeicheninstrumente hinzuzählt.

Die Aktivität des Zeichnens wird als die *„Kunst, Zeichnungen anzufertigen, als Zeichenhandwerk"* definiert. Dies trifft äußerst zufriedenstellend ebenso auf die Innenarchitektur zu. Auch wenn bei diesem Wort der Gedanke an etwas Handgefertigtes mitschwingt, können damit sehr gut die Aktivitäten umrissen werden, mit denen wir uns in diesem Buch beschäftigen.

Mit dem Wort „Zeichnung" kann alles beschrieben werden – von einer flüchtigen Skizze bis hin zum präzisen Artefakt. Damit kann etwas beschrieben werden, das abstrakt, impressionistisch, realistisch oder technisch ist und das freihändig, mit technischen Werkzeugen oder per Computer erstellt wurde: Immer geht es um grafische Artefakte, die einzig mit der Absicht erstellt wurden, ein innenarchitektonisches Projekt für die Raumausstattung zu entwerfen und fertigzustellen.

Natürlich kann mit einer Zeichnung auch das Papier bezeichnet werden, auf dem mehrere Einzelzeichnungen gesammelt werden – unabhängig davon, wie sie erzeugt wurden –, und zwar üblicherweise zur Verteilung an die Personen, die in den Prozess der Auftragsvergabe, der Erstellung und des Aufbaus eines Innenarchitekturprojekts für die Raumgestaltung einbezogen sind. Alles, was, abgesehen von einem Brief, aus einem Designerstudio stammt, wird als Zeichnung beschrieben, und diese Konvention wird auch in diesem Buch eingehalten.

Zeichnungen können außerdem durch die folgenden Begrifflichkeiten weiter definiert werden:

Digitale Zeichnung
Wird mit Hilfe eines Computers erstellt.

Freihandzeichnung
Bezieht sich auf eine Zeichnung, die vollständig ohne technische Instrumente und mit Augenmaß erstellt wurde, oder auf eine Zeichnung, für die der grundlegende Entwurf zwar mit Instrumenten erstellt, jedoch per Hand fertiggestellt wurde.

Image
Eine Zeichnung, meist dreidimensional, die auf einem Computer erstellt wurde.

Manuelle Zeichnung
Per Hand, mit oder ohne technische Instrumente ausgeführt.

Modell
Es gibt zwei Arten von Modellen:

- **Physische** oder **„echte"**: eine dreidimensionale, maßstabsgetreue Darstellung. Ein körperlicher Aufbau – im Gegensatz zu einer Zeichnung.
- **Digitale** oder **„virtuelle"**: ein dreidimensionales, mit dem Computer erzeugtes **Image** oder eine **Zeichnung**, üblicherweise für einen hohen Grad an Realismus gerendert.

Rendering
Eine Zeichnung, üblicherweise dreidimensional, die entweder mit dem Computer oder von Hand erstellt wurde und Farbe und Farbtöne verwendet.

Technische Zeichnung
Es gibt zwei Arten von technischen Zeichnungen:

- Maßstabsgetreue auf einem Computer mit entsprechender Zeichnungssoftware oder von Hand unter Verwendung der traditionellen Instrumente wie Messschieber, Geodreieck, Zirkel, (Blei-)Stift.
- Eine Zeichnung, üblicherweise maßstabsgetreu, manchmal auch eine Freihandzeichnung, zur Übermittlung von technischen Informationen.

Visualisierung
Eine genaue dreidimensionale, üblicherweise farbige Darstellung eines Innenbereichs, früher mit traditionellen Instrumenten handgefertigt, heute häufiger mit dem Computer generiert.

Register

Kursiv gesetzte Zahlen beziehen sich auf Abbildungen.

A
Atmosphäre 8, *10, 46,* 60, 101, 134, 136, 142/143
Aufrisse
computergenerierte *86/87, 109*
handgezeichnet 38, *40, 51, 75*
Innen- *36, 45,* 66/67
Produktionszeichnungen *165*
Ausschnitte
als Produktionszeichnungen 56, 160, *168*
aus Messbegehungen 26, 28
computergenerierte *7, 12,* 17, *32*
Farbe *45,* 50, *56, 101/102, 108, 140*
grafische Möglichkeiten 28–31
handgezeichnet 37, 50, *51*
in Präsentationen 101/102
Tönung in 30, *31,* 37, 56, *140*
Zweck 28, 50, 101
Axonometrische Projektionen 32, 42/43, 103, *106,* 107/108, 136

B
Begehungen *siehe* Messbegehungen
Bildecken 18, *75, 108,* 114–117

C
CAD (computer-aided design) 17, 86
CAM (computer-aided manufacture) 17, 86
Collagen 52–55, 94, *122, 142*
Computerzeichnungen
als „echte" Zeichnung 9, 82
Aufrisse *86/87, 109*
beim kreativen Denken 18/19, 88/89
Drahtrahmen *12, 114/115, 128, 142*
Drehung *7, 33,* 66, 82, 110
dreidimensional *6, 8, 14,* 17, 32/33, 80, 84, *86/87, 103*
Endbearbeitung *18,* 101, *103,* 118–121, *122,* 134, 140
Fallstudien 18/19, 54, *55, 122, 142*
Farben in *6,* 80, *84, 89,* 97, *112,* 138
Formen 13, *52, 62/63,* 84, 86, *87,* 140, 142, 176
Geräte 82/83, 88
Grenzen 10, 15, 111/112
Grundrisse *7, 12,* 17, *32, 98,* 100
Hardware 12/13, 17
individueller Ausdruck 14/15, *16,* 18, 21
Kompositbilder 84/85, 176
Konzeptionsprozesse 80, 82–89
Konzeptzeichnungen *6, 18,* 60, *62/63*
Lichteffekte in *13,* 32, 80, 84, *118/119, 120, 123*
Materialien *10, 13,* 80, 84, *87,* 88, 101, *106,* 118, *119,* 134, 140, 142
maßstabsgetreue Zeichnungen *8, 11,* 17, 28, 68, *87*
Nutzen 9–11, 15
perspektivische Ansichten 32, 80, *85,* 94, 108, 109–113, *118,* 120
Produktionszeichnungen 11, 161, 163/164, 168
Skizzen 47, *62, 107,* 138
„Skizzieren" 82/83, 111/112
Software 11, 12–14, *16,* 17, 88
Strukturen *6,* 10, *13/14,* 138, 142
Text 144/145
Tönung in *33, 84, 94, 98,* 140/141, 164
und Aufrisse *7, 12,* 17, *32*
Vergleich mit Handzeichnungen 6, 9/10, 14, 21, 82, 84, 86
Zukunft 17
zweidimensional *6,* 86, 88

D
Designer
Arbeitsmethoden 21
individueller Ausdruck 4–15, *16,* 18, 21
Persönlichkeit 93
Rolle im Produktionsprozess 156–158

E
Endbearbeitung
Collagen 52
computergeneriert *18,* 101, *103,* 118–121, *122,* 134, 140
handgezeichnet 50, 76, *100*
in Produktionszeichnungen *165,* 174, 177

F
Fallstudien
Computerzeichnungen 18/19, 88/89
Form in *8,* 76
Fotokopieren 47, 51, 56
Handzeichnungen 56/57
Konzeptentwicklung 70/71, 76/77
Kreatives Denken 18/19, 88/89
Messbegehungen 26/27
Modellbau 152/153
Präsentationen 56/57, 94/95, 104/105, 136/137, 142/143, 152/153
Produktionszeichnungen 166/167
Fertigungsprozess
Baufirmen 156–158, 174, *175*
Kosten und Budgets 157/158, 174

Probleme 157/158
Proportion *8,* 37/38
Rolle des Designers 156–158, 174
Zeichnungen *siehe* Fertigungszeichnungen
Zweck des Zeichnens 6–8
Fertigungszeichnungen
Abschnitte 156, 160, *168*
Änderungen 173
Anmerkungen 168, 170–172
Aufrisse *165*
computergenerierte 11, 161, 163/164, 168
Detailzeichnungen 162–165, 168/169
dreidimensionale Zeichnungen 157, 163, 176, *178, 181*
Endbearbeitung *165,* 174, 177
Fallstudien 166/167
Farbe in 157, *165,* 166, *167*
Figuren *164/165*
grafische Möglichkeiten 160/161, 164, 166
Grundrisse 156, 160, *161, 164,* 166/167
handgezeichnet 160/161
Konstruktionsabfolge 176–181
maßstabsgetreue Zeichnungen 157, *158,* 160, *161,* 162, *165,* 166/167, *168*
Materialien in 57, 159, 162, *164/165,* 166, 170, 172
Möbel in *168,* 173, *175*
Nummerierung 172/173
Probeskizzen 162, *163*
Punkte zu Betrachtung 159, 174
Querbeziehungen 172
Regeln 160/161, 166/167
Tönung im 157, *158,* 164, 166
Zeichnungen der Baufirma 174, *175*
Zweck 156
Figuren 130–133
für Maßstab und Kontext *18, 20, 80, 85/86,* 101, 130/131
in Collage *55, 80, 87*
in Modellen *20, 149, 151*
in Produktionszeichnungen *164/165*
Form
computergeneriert 13, *52, 62/63,* 84, 86, *87,* 140, 142, 176
in Handzeichnungen *8,* 76
Fotografien 25, *53, 109,* 121, *122,* 130, 133
Fotokopieren 47, 51, 54, 56
Freihandzeichnung *siehe* Handzeichnung

G
Gebrauch von Farben *6,* 44, *45, 46,* 50, 56, *75,* 76, *100*
Geräte 8, 34, 48/49, 56, *100*
Grenzen *15,* 34, 36, 66
Größenangaben 47, 50, 70
Grundlagen 37–40, 79
Grundrisse 37, *47,* 64/65, *79,* 100
im Konzeptionsprozess 74–79, 80, 84, 86
Geräte
Bastelskalpell *148*
Bleistifte 34, *48, 53,* 56, *100, 148*
digitale 82
Farbstifte *53,* 56, *100*
Filzstifte 8, *48, 60, 75,* 76
Gouachefarbe *46*
Klebstoff *149*
Kompass *48*
Kreisschablone *49,* 80
Kurvenlineal *49,* 80
Lasermessgeräte 25
Lineale *49, 148*
Maßbänder 25
Pastellfarben *62, 75*
Reißschiene 48, *49,* 56
Schablonen *49,* 144
Zeichendreieck *43, 49,* 56, *64*
Zeichenschiene 48, *49, 64*
Zeichenstifte 8, 34, *48, 60, 75,* 76, *100*
Glas *46, 78, 84,* 102, *120, 122,* 148, 166, *167*
Grafische Möglichkeiten
Abschnitte 28, *29,* 30/31
Grundrisse 28/29, 30/31, *47, 64, 79*
Produktionszeichnungen 160/161, 164, 166
Grundrisse
als Produktionszeichnungen 156, 160, *161, 164,* 166/167
aus Messbegehungen 26, 28, *100*
Dimensionen und Proportionen 64/65
Farbe 30, *56, 94, 98/99,* 100
grafische Möglichkeiten 28, *29,* 30/31, *47, 64,* 79
handgezeichnet 37, *47,* 64/65, *79,* 100
im Konzeptionsprozess 64/65
in Präsentationen *93–95,* 98–100, *135,* 136
mit dem Computer erstellte *7, 12,* 17, *32, 98,* 100
siehe auch maßstabsgetreue Zeichnungen
skizzierte 37, *79,* 98, *99, 136, 180*
Tönung in 30, *31,* 37, *94, 98*
und Overlays *61, 64,* 65

H
Handzeichnung
Abschnitte 37, 50, *51*
als „echte" Zeichnung 9, 82
Aufhellung in 42, 76
Aufrisse 38, *40, 51, 75*
bei Präsentationen 46/47, 50/51, 56/57, 94, 97
Dimensionen in 44, *50,* 74, 100
dreidimensional 50/51, 76/77, *79,* 80, *103*
Endbearbeitung 50, 76, *100*

Herunterladen von Bildern *87,* 104, 126, 128
in Handzeichnungen 37, *46, 53, 75, 100*
in Modellen *149,* 152
in Produktionszeichnungen *168,* 173, *175*

I
Isometrische Projektionen 32, 42, 103

K
Kompositbilder 56, *80,* 84/85
Konzeptionsprozess
als Probezeichnungen 60–63, 162, *163*
Aufrisse 66/67
Details 74, *75,* 76, *77,* 78
erste Präsentation 67, 70/71
Fallstudie 70/71, 76/77
Grundrisse 64/65
Konzeptentwicklung 74–78, 86/87
maßstabsgetreue Zeichnungen 68, 74, 76, 78, *87*
Rolle der Handzeichnung 74–79, 80, 84, 86
Rolle der Modelle 72/73, 148, 150, 152
Rolle von Computerzeichnungen 80, 82–89
Teamkommunikation 60, 79/80
Konzeptzeichnungen 34–37, *78/79*
als Probeskizzen *35,* 60–63, 67/68, *77,* 162, *163*
als Skizzen 37, 46, *47,* 51/52, 60/61, *68,* 70/71
computergenerierte 13, 80, 87/88, 106, 119, 134, 142
Computerzeichnungen *6,* 13, *18,* 32, 60, *62/63,* 80, 84, *118–120, 123*
Fotokopieren 47, 51, 56
in Handzeichnungen 42, *75,* 76, *78, 103*
in Modellen *73,* 152, *153*
in Produktionszeichnungen 157, 159, 162, *164/165,* 166, 170, 172
Linien in 37
maßstabsgetreue Zeichnungen 37, 40, 42, 44/45, 47/48, 50, *51,* 68
Materialien in *75, 78, 103*
Möbel in 37, *46, 53, 75, 100*
Nutzen 34, *35/36,* 51
Overlays 44/45, *53,* 76, *78,* 100
perspektivische Ansichten 20, *36,* 37, 38–40, 46/47, *53,* 109
Produktionszeichnungen 160/161
scannen *6,* 47, 51, *80*
siehe auch Endbearbeitung
Skizzen 46/47, 51/52, 70/71, *79*
Strukturen in *34,* 37, *53,* 56, *75*
Tönung in 30, *31,* 34, 37, 56, 79
Vergleich mit Computerzeichnungen 6, 9/10, 14, 21, 82, 84, 86

L
Lichteffekte
computergeneriert 13, 32, 80, 87, 106, 119, 134, 142
handgezeichnet 42, 76

M
Maßbänder 25
Pastellfarben *62, 75*
Reißschiene 48, *49,* 56
Schablonen *49,* 144
Zeichendreieck *43, 49,* 56, *64*
Zeichenschiene 48, *49, 64*
Zeichenstifte 8, 34, *48, 60, 75/76, 100*
Maßstab
Figuren und Möbel *18, 20,* 44, 50, *80, 85/86,* 130/131, *141*
in maßstabsgetreuen Zeichnungen 99
in Modellen 146, *147,* 148, *149,* 150, *151,* 152
Maßstabsgetreue Zeichnungen
als Produktionszeichnungen 157, *158,* 160, *161,* 162, *165,* 166/167
computergenerierte *8, 11,* 17, 28, 68, *87*
handgezeichnet 37, 40, 42, 44/45, 47/48, 50, *51,* 68
im Konzeptionsprozess 68, 74, 76, 78, *87*
Maßstab 99
und Messbegehungen 25/26, 28
Zweck 8
Messbegehungen
Durchführung 24–27
Einfluss auf Grundrisse 26, 28, *100*
Fallstudie 26/27
Geräte 25/26
und maßstabsgetreue Zeichnungen 25/26, 28
Zweck 24, 38
Möbel
für Maßstab und Kontext 44, 50, *86, 98, 104, 127, 141*
Modelle
Bemalung 72, *73,* 146, *150,* 152
computergenerierte *12,* 146, 148, *151,* 152, *153*
Fallstudien 152/153
Figuren *20, 149, 151*
Geräte zur Herstellung *148/149*
Herstellungsmaterialien 72, 148
im Konzeptionsprozess 72/73, 148, 150, 152
in Präsentationen 146–153
Maßstab 146, *147,* 148, *149,* 150, *151,* 152
Materialien in *73,* 152, *153*
Möbel *149,* 152
Probe- 72/73, 148, 150, 152
Struktur bei *73*
Zweck 20, 146

O
Overlays
bei Handzeichnungen 44/45, *53,* 76, *78,* 100
und Grundrisse *61, 64,* 65

P
Papier und andere Zeichenmaterialien
Gewebepapier 50, 52, *56*
Karton *72, 148*
Millimeterpapier 44
Plastikplatte für Modellbau 72
Transparentpapier 44, *53,* 56, *78*
Perspektivische Ansichten
axonometrische/isometrische Projektionen 32, 42, 103, 107/108
computergenerierte 32, 80, *85,* 94, 108, 109–113, *118,* 120
Fotografien 25, *53, 109,* 121, *122,* 130, 133
Fotokopieren 47, 51, 54, 56
handgezeichnet 20, *36,* 37, 38–40, 46/47, *53,* 109
in Präsentationen 109–113
Skizzen 39, 42
Verdrehung 32, 39, *122*
Präsentationen
Abfolgen *96,* 104/105, *106,* 134
Abschnitte 101/102
Bildränder 114–117
erfolgreich 93/94, *95*
Erklärung von Dingen 138–141
erste Präsentationen 67, 70/71, 142
Fallstudien 56/57, 94/95, 104/105, 136/137, 142/143, 152/163
für Kunden 6, 8, 10/11, 46/47, 50/51, 92–95
Grundrisse *93–95,* 98–100, *135,* 136
Handzeichnungen 46/47, 50/51, 56/57, 94, 97
Komponenten von 93–97
Modelle 146–153
perspektivische Ansichten 109–113
Präsentationsblätter 51, 114, 134, 136/137
Punkte in Betracht ziehen 92, 96/97
Seitenkomposition 134/135
Überkopfansichten 108
Wettbewerbe 96/97
Zukunft von 17
Zwischenpräsentationen 96
Probezeichnungen *siehe* Konzeptzeichnungen

R
Reid, Olga Valentinova 13, 88/89

S
Scannen *6,* 47, 51, 54, *55, 80*
Schattierung 26, *30, 33, 37,* 50, *100, 141*
Skizzen
als Grundrisse 37, *79,* 98, *99, 136, 180*
computergenerierte 47, *62, 107,* 138
handgezeichnet 46/47, 51/52, 70/71, *79*
Konzeptzeichnungen 37, 46, *47,* 51/52, 60/61, *68,* 70/71
Nutzen 70
perspektivische Ansichten 39, 42
Smith, Richard 12/13
Struktur
als Produktionszeichnungen 157, 163, 176, *178–181*
axonometrische Projektionen 42/43, 103, *106,* 107/108, 136
Collagen *52*
computergenerierte *6, 8,* 10, *13/14,* 17, 32/33, 80, 84, *86/87, 103,* 138, 142
handgezeichnet 50/51, *76/77, 79,* 80, *103*
in Collagen 52, 54, 142
in Handzeichnungen *34,* 37, *53,* 56, *75*
in Modellen *73*
isometrische Projektionen 42, 103
siehe auch Endbearbeitung
siehe auch Modelle
Sugimoto, Yoshi 18/19

T
Text 144/145
Tönung
computergenerierte *33, 84, 94, 98,* 140/141, 164
in Ausschnitten 30, *31,* 37, 56, *140*
in Grundrissen 30, *31,* 37, *94, 98*
in Handzeichnungen 30, *31,* 34, 37, 56, 79
in Produktionszeichnungen 157, *158,* 164, 166
siehe auch Schattierung
Treppen 31, *35,* 76, *77, 82,* 102, 107

Ü
Überkopfansicht *41,* 70, 108

Z
Zweidimensionale Zeichnungen
computergenerierte *6,* 86, 88
Grenzen *73, 82*
Nutzen 97

Bildnachweis

1 **Hyun Hee Kang**
2–3 **Olga Valentinova Reid**
4–5 **Olga Valentinova Reid**
6 oben links **Louise Martin**
6 oben rechts **Ali Stewart**
6 rechts **Jason Milne**
7 **Olga Valentinova Reid**
8 links **Jason Milne**
8 rechts **Michelle Lillejhem**
9 oben links **Simon Capriotti**
9 oben rechts **Stuart Gordon**
9 unten **Emma Wynn**
10 oben links **Karen Hamilton**
10 links **Neil Owen**
10 rechts **Stephen Noon**
11 **Olga Valentinova Reid**
12 oben links und rechts **Richard Smith**
12 unten links und rechts **Olga Valentinova Reid**
13 oben links und rechts **Richard Smith**
13 unten links und rechts **Olga Valentinova Reid**
14 links **Robert Harvey**
14 oben rechts **Olga Valentinova Reid**
14 unten rechts **Richard Smith**
15 oben links und rechts **Yoon Si Yoon**
15 unten links und rechts **Roseann Macnamara**
16 oben links und oben rechts **Claire Roebuck**
16 Mitte links und Mitte rechts **Olga Valentinova Reid**
16 unten links und unten rechts **Louise Martin**
18–19 **Yoshi Sugimoto**
20 ganz oben **Nathan Napier**
20 unten **James Kaney**
22–23 **Drew Plunkett**
28–33 **Olga Valentinova Reid**
34 links **Drew Plunkett**
34 rechts **Zaheed Khalid**
35 ganz oben **Paula Murray**
35 unten **Zoe Tucker**
36 **Patrick Macklin**
37–43 **Drew Plunkett**
44 ganz oben **Amanda Youlden**
44 unten **Drew Plunkett**
45 **Robert Millar**
46 links **Angela Pignatelli**
46 rechts **Jason Milne**
47 links **Paul Revie**
47 rechts **Drew Plunkett**
50–51 **Tess Syder**
52 ganz oben **John Gigli**
52 unten **Vivien Maxwell**
53 ganz oben **Vivien Maxwell**
53 unten **Amanda Youlden**
54 links **Robert Millar**
54 rechts **Gina Leith**
55 **Lucy Galloway**
56–57 **Robert Millar**
58–59 **Paula Murray**
60 **Jason Milne**
61 ganz oben **Drew Plunkett**
61 unten **Louise Martin**
62 ganz oben **Arlene MacPhail**
62 unten **Olga Valentinova Reid**
63 **Nicky Bruce**
64–65 **Drew Plunkett**
66–67 **Emma Franks**
68–69 **Claire Probert**
70–71 **Jason Milne**
72 **Alex Erikson**
73 ganz oben **Chris Matthews**
73 Mitte links und Mitte rechts **Zaheed Khalid**
73 unten **Nathan Napier**
74 **Craig Tinney**
75 ganz oben **Helen Davies**
75 unten **Val Clugston**
76–77 **Kevin Maclachlan**
78 ganz oben **Grant Morrison**
78 unten **Hyun Hee Kang**
79 **Paula Murray for Graven Images**
80–81 **Jason Milne for Inspire Design**
82 links **Joe Lynch**
82 rechts **Lisa Donati**
83 ganz oben **Ellie McCallum**
83 unten **Lara Cholbi**
84 ganz oben **Louise Martin**
84 Mitte links und rechts **Jason Milne**
84 unten **Nicky Bruce**
85 **Jason Milne for DMG Design**
86–87 **Olga Valentinova Reid with The Curious Group**
88–89 **Olga Valentinova Reid**
90–91 **James Connor**
92 **Hyun Hee Kang**
93–95 **Jason Milne for Contagious**
96–97 **Nomad**
98 ganz oben **Arka**
98 unten **James Connor**
99 ganz oben **Jason Milne for Contagious**
99 unten **Melba Beetham**
100 **Drew Plunkett**
101 **Jennifer Laird**
102 ganz oben **Louise Martin**
102 unten **Gillian Polonis**

103 links **Robert Harvey**
103 rechts **Drew Plunkett**
104–105 **Olga Valentinova Reid**
106 ganz oben **James Connor**
106 unten **Ezra Paris**
107 **Ezra Paris**
108 ganz oben **Petra Probstner**
108 unten **Simon Capriotti**
109 ganz oben **Jennifer Laird**
109 unten **Stephen Noon**
110 **Somya Singh**
111 **Kathryn Taggart**
112 oben links und rechts **Emma Wynn**
112 unten links **Julie McFadden**
112 unten rechts **Sharon Kane**
113 **Morena Marchetti**
114 ganz oben **Martyn Cotter**
114 unten **Api Tunshakul**
115 ganz oben **Aminah Habib**
115 unten **Emma Campbell**
116 ganz oben **Oliver Shields**
116 unten **Gillian Polonis**
117 ganz oben **Jenni Riach**
117 unten **Sharon Kane**
118 **Robbie Crocker**
119 **Api Tunshakul**
120 links **Kathryn Taggart**
120 rechts **Monika Gromek**
121 ganz oben **Stephen Noon**
121 unten **Julie McFadden**
122 **Elliott Rochford**
123 ganz oben **Claire Roebuck**
123 unten **Hok Chun Chau**
124 **Rachel Glue**
125 **Petra Probstner**
126 **Lisa Donati**
127 ganz oben **Lisa Donati**
127 unten **James Connor**
128–129 **Olga Valentinova Reid**
130 links **Paula Murray for Graven Images**
131 ganz oben **Carolyn Maxwell**
131 Mitte und unten links **Scott Mason**
131 unten rechts **Rachel Munro**
132 **Christine Myers**
133 links **Ross Burgoyne**
133 rechts **Richard Smith**
134 **Annmarie Murphy**
135 **Gillian Polonis**
136–137 **Karen Hamilton**
138 ganz oben **James Connor**
138 unten links **Anna Montgomery**
138 unten rechts **Lisa Donati**
139 ganz oben **Jenni Riach**
139 unten **Olga Valentinova Reid**
140 **Xander Gardner**
141 ganz oben und Mitte **Hannah Parker**
141 unten **Jenny Banks**
142 **Lisa Donati**
143 **Lara Cholbi**
144 ganz oben **Olga Valentinova Reid**
144 rechts **Laure Derolez**
145 **Jill Rodger**
146 **Angus Shepherd**
147 ganz oben **James Kaney**
147 unten **Nathan Napier**
150–152 **James Kaney**
153 ganz oben **Stephen Noon**
153 unten **Xander Gardner with Digger Nutter**
154–155 **Petra Probstner**
156–158 **Olga Valentinova Reid**
159 **Drew Plunkett**
160–161 **Sam Booth**
162 links **Petra Probstner**
162 rechts **Jason Milne**
163 **Jason Milne**
164 **Nomad**
165 **Jason Milne with Contagious**
166–167 **Martin Cotter with Graven Images**
169 **Petra Probstner**
170 **Nomad**
171 **Jason Milne with Contagious**
172 **Drew Plunkett**
174 **Jason Milne with Contagious**
175 ganz oben **Elmwood Joinery**
175 unten **Nomad**
176–180 **Olga Valentinova Reid**

Dank des Autors

Ich möchte hiermit jedermann, der zur Arbeit an diesem Buch beigetragen hat, herzlich danken. Mein besonderer Dank gilt Digger Nutter, der mich in die Grundlagen der digitalen Bilderstellung eingeführt hat, Jason Milne, dessen Können im Umgang mit allen Medien ein Beweis dafür ist, dass große Zeichenkunst auf dem Künstler und nicht auf dem Medium beruht, und Olga Valentinova Reid für ihre Forschungsarbeit an den Grenzen der digitalen Bilderstellung sowie ihre Großzügigkeit, aus der heraus sie so viele Zeichnungen ausschließlich für dieses Buch angefertigt hat.